北陸新幹線沿線百名山

信越（北信）五岳、黒姫山（左）と妙高山（右）。飯綱町丹霞郷から

北陸新幹線沿線百名山

裏銀座、黒部源流の山々に沈む夕陽。大天井岳より

日本海
新潟県
長野県
群馬県
北陸新幹線
金沢延伸ルート
2015年3月14日開業
糸魚川
上越妙高
飯山
長野
上田
佐久平
軽井沢
米山IC
米山 36
刈羽黒姫山 37
かきざき
かたまち
柿崎IC
信越本線
関川
なおえつ
名立谷浜IC
上越IC
35 春日山
とおかまち
なだち
のう
能生IC
上越高田IC
たかだ
青田南葉山 34
えちごトキめき鉄道
あらい
中郷IC
せきやま
鉾ヶ岳
33 権現岳
32 大毛無山
おうみ
糸魚川IC
姫川
おやしらず
いちぶり
親不知IC
38 青海黒姫山
29 頸城駒ヶ岳
海谷高地
31 鉢山
25 焼山
40 白鳥山
39 明星山
30 戸倉山
火打山 24
妙高山 23
27 金山
天狗原山
28 雨飾山
ひらいわ
妙高高原IC
みょうこうこうげん
妙高戸隠連山国立公園
野尻湖
信濃町IC
くろひめ
袴岳
13 斑尾山
17 菱ヶ岳
16 天水山
なん
えちごたざわ
もりみやのはら
くわながわ
15 黒倉山
鍋倉山
14 黒岩山
とがりのざわおんせん
飯山線
10 小松原湿原
8 鳥甲山
9 苗場山
7 高社山
11 佐武流山
1 岩菅山
12 白砂山
ゆだなか
長野電鉄
2 志賀山
信州中野IC
4 笠ヶ岳
横手山 3
白根山 5
6 雁田山
上信越高原国立公園
41 黒岩山
42 朝日岳
43 雪倉岳
44 白馬乗鞍岳
46 白馬岳
小蓮華岳 45
47 杓子岳
白馬鑓ヶ岳
唐松岳 48
五竜岳 49
鹿島槍ヶ岳 51
爺ヶ岳 50
26 堂津岳
みなみおたり
22 高妻山
20 黒姫山
戸隠山 21
19 霊仙寺山
18 飯縄山
豊田飯山IC
むれ
とよの
うなづき
黒部峡谷鉄道
僧ヶ岳
越中駒ヶ岳
勝山 58
又山 59
けやきだいら
はくば
中山 57
剱岳 56
大日岳
別山 54
雄山（立山）
浄土山
針ノ木岳 52
蓮華岳 53
黒部湖
大糸線
しなのおおまち
師岳 69
烏帽子岳 66
68 赤牛岳
水晶岳
野口五郎岳 67
鷲羽岳 70
燕岳
三俣蓮華岳 71
祖父岳 60
大天井岳
槍ヶ岳
常念岳
部五郎岳
72
62
蝶ヶ岳
穂高連峰
73
中部山岳国立公園
焼岳
乗鞍岳
須坂長野東IC
しののい
更埴IC
長野IC
四阿山
上信越自動車道
やしろ
とぐら
篠ノ井線
さかき
坂城IC
上田菅平IC
東部湯の丸IC
浅間山
なかかるいざわ
ひじりこうげん
麻績IC
しなのまつかわ
長野自動車道
あかしな
ほたか
とよしな
安曇野IC
上田電鉄
べっしょおんせん
しなの鉄道
小諸IC
こもろ
みよた
佐久IC
碓氷軽井沢IC
うすだ
小海線（八ヶ岳高原線）
こうみ
しなのかわかみ
松本IC
まつもと
松本電鉄
しんしましま
塩尻北IC
塩尻IC
岡谷IC
しおじり
おかや
諏訪湖
かみすわ
ならい
中央道
ちの
諏訪IC
伊北IC

北陸新幹線 沿線 百名山

JR 北陸新幹線・金沢延伸ルート／沿線百名山

北陸信越

北陸新幹線沿線

新たな山旅へ…

北陸信越の山

金沢延伸ルートエリアは本州の大分水嶺をなす脊梁山脈の北に位置する。山脈は大河で刻まれ、河口部は平野を形成して日本海に注ぐ。山地とその間を流れる河川を、北東から南西に向けて説明する。東端に三国山脈が立ちはだかり、東頸城山陵との間に千曲川が流れる。その先は関川、西頸城山地と信越(北信)五岳、姫川、北アルプス後立山連峰、黒部川、北アルプス立山連峰、常願寺川、飛騨高地北部、庄川、両白山地北部と宝達丘陵、手取川、能美山地と江沼丘陵と並ぶ。それぞれの山地は異なった地形と風土を有するが、いずれも多雪地帯である。

各山地に対応するように、東から上信越高原、妙高戸隠連山、中部山岳、白山の各国立公園が指定されている。

新たなる山旅の楽しみ〈車窓から眺める山〉

長野以北金沢延伸に伴い山旅の可能性が広がった。いろいろな楽しみ方が予想されるが、車窓(推定)、或は沿線から眺める山岳風景の変化は興味深い。

金沢駅に向かって長野駅を出ると、東側に菅平や志賀高原などの上信越高原の山が見えてくる。新潟県では、高田平野からは南に妙高連峰が見える。富山県の新幹線沿線の眺望は素晴らしい。特に、黒部宇奈月温泉駅から先の展望は注目に値する。剱岳を始めとする北アルプスの高峰と僧ヶ岳などの前衛の山が、新幹線のスピード感を持って次々と現れる。富山駅を過ぎて新高岡駅あたりからは南に牛岳や八乙女山のなだらかな姿が眺められ、間もなく列車は石川県に入る。

山々を繋ぎ、駅を結ぶロングトレイル

高峰の稜線を宿泊しながら縦走するロングトレイルは、新幹線を利用すればより楽しめる。北アルプスの黒部川最上流部の三俣蓮華岳を起点にする二つのコースはよく歩かれる。裏銀座の烏帽子岳を経て、針ノ木岳、白馬岳、朝日岳に至る後立山連峰を縦走するコースと、薬師岳、立山、剱岳の立山連峰コースである。

ほかには、西頸城山地の妙高山から火打山、雨飾山に至るトレイル、あるいは白山を中心に別山と釈迦岳を結ぶトレイルもよく歩かれる。平成17年に整備された信越トレイルは、関田山脈の斑尾山と天水山を結ぶ新ルートである。

公共交通機関、あるいは自動車を利用して、エリア内の新幹線駅間を移動することもできる。最も人気があるのは、長野駅から大町市を経て富山駅を結ぶ立山黒部アルペンルートである。上高地を中間点として長野県松本市と富山市を結ぶ日本海縦断プランや、岐阜県高山市経由、石川県白山への三県横断プランなども新たな山旅となるだろう。

北陸新幹線金沢延伸ルート（長野～飯山駅）

上フォト：後立山連峰（爺ヶ岳・鹿島槍ヶ岳・五竜岳・唐松岳・白馬連峰）と青木湖。大町市権現山から

「妙高戸隠連山」

モルゲンロートの妙高山

新国立公園に…

これまでの上信越高原国立公園は、群馬県、長野県、新潟県にまたがるエリアで構成されており、千曲川を挟んで東部地区と西部地区に分かれていた。東部地区は火山が中心であり、西部地区は火山でない山も含まれる。この度、西部地区が独立した国立公園として指定されることが決まり、2015年1月に正式な名称が発表された。

妙高山・火打山・焼山…妙高火山群の優雅な山容。独自の景観をみせる雨飾山・海谷山塊

新公園の北半分、主に新潟県に属する山塊はアルペンムードにあふれる。中でも標高2400㍍を越える妙高山、火打山、焼山が含まれる特別保護地区が最も自然がゆたかである。この多雪地帯の高山は北アルプスと似た環境で、分布する動植物も共通点が多い。火打山はこの地域で唯一、ライチョウが生息する。

妙高山は美しい複式火山であり、焼山は今も活動を続ける活火山である。西部の金山から雨飾山はゆたかな山容とお花畑が美しい。さらに、海川をめぐる海谷山塊は、標高は低いが荒々しい山容を見せ、アルピニストの心を引く。

日本海から吹き付ける雪雲は多雪をもたらし、標高差のある適度な斜面には、大規模なスキー場が開発されている。

戸隠連峰最高峰、「戸隠富士」高妻山。全山絶壁、懸崖の戸隠表山・西岳

新公園の南半分は主に長野県に属する。そのなかで、戸隠連峰は登山者に人気が高い。高妻、乙妻山はその高さと行程の長さが、戸隠表山縦走はスリルが魅力である。西岳はハイレベルの登山者だけの難ルートで、荒々しい懸崖に神の存在を感じる。

「トガクシ」の名が冠せられた動植物がある。トガクシシジミはアサマシジミの亜種で、戸隠表山で初めて採集された。トガクシショウマはメギ科の希少植物で、戸隠連峰に分布する。

飯縄山、黒姫山は美しい成層火山で、善光寺平（長野盆地）から見た山の姿はやすらぎを感じさせる。山に登れば信越国境の山々や北アルプス連山の眺望に優れる。

北信濃、故郷の山並。信越（北信）五岳

善光寺平の北部からは、右から斑尾山、妙高山、黒姫山、戸隠裏山（高妻山）、飯縄山が望める。地元の人々は、それぞれの山の頭文字を取って親しみを込めて「ま・み・く・と・い」と呼ぶ。平地から見る五岳は均等に並び、仰角がほぼ等しい。

雨飾山。小谷村大網から

戸隠連峰と鏡池

飯縄山（左）、黒姫山（中央）、戸隠連峰（黒姫山後方）、妙高山（右）と野尻湖。斑尾山・大明神岳から

山麓の高原には大小の湖沼、野生の花々、野鳥たち…歴史探訪や温泉巡りも

高峰に挟まれた山麓エリアも魅力的である。野尻湖は北信最大の湖であり、水深も深い。湖の周囲は古くからの避暑地であり、宣教師たちが明治時代から別荘を構えた。

戸隠高原は手軽に安全なハイキングが楽しめる。戸隠奥社に通じる杉並木や中社・宝光社巡りは心が安らぐ。また、野鳥がさえずる森林植物園や植物が豊富な越水ヶ原など見どころが多い。

新公園エリアは火山帯であり、妙高山の山麓などには古くからの温泉が多い。泉質もさまざまで、宿泊施設、日帰り入浴施設ともに充実している。

たそがれの信越（北信）五岳。山ノ内町夜間瀬から

『北陸新幹線・沿線百名山』の思い

北陸新幹線・長野以北延伸ルートは長野・新潟・富山・石川の四県を繋ぎ、その沿線には信越（北信）五岳、頸城山塊、北アルプス北部の栂海新道、劔岳、立山連峰、中南部の黒部源流、槍・穂高連峰などの高峰、さらに日本三名山の霊峰・白山を始め、多くの山々が座しています。

これらの山々は各県、各地域を代表するシンボルマウンテンであり、地元に愛される故郷の山でもあります。また、人々の生活に必要な水や森林資源や山の幸を得る場であり、農作業の目安であり、信仰の対象でもありました。さらに都市部に住む多くの人々にも安らぎや活力を与えてくれます。

今、金沢延伸ルート開通により、長年、信州の山々に親しんできた私達にも、新しい山々が見えてきました。信越北陸四県それぞれの山域には新しい発見があり、未知の魅力があります。2015年3月のこの機に新たな目標の山、新たな山行計画、新たな山域探訪を始めたい…との思いから、この出版となりました。

私達は北陸新幹線沿線の広大な山域から百名山の候補を挙げ、山行を重ね、山々の魅力等を確認しました。ここに紹介した百山は私達三人の百名山ではありますが、皆さんの心にある一山が入っていないかも知れません、百名山は一人ひとりの心にあるものです。この一冊が新たな山行の一助になれば幸いです。

栗田貞多男・市川董一郎・伊久間幸広

選考基準

一　北陸新幹線長野以北延伸ルート、長野〜金沢間の沿線各地域を代表するシンボルマウンテン。

二　北陸新幹線各駅（或は最寄りの高速自動車道IC）から登山口まで約50キロメートル以内であること。

三　北陸新幹線（或は最寄りの高速自動車道IC）を利用して各山域を縦走する山行、各県を縦断するロングトレイル等、新たな山行スタイルを可能とする山。

四　ファミリーハイキング、日帰り登山、山小屋・テント泊登山等、それぞれの登山スタイルに適した初〜上級向けの四県を代表する山。

五　整備された登山道があり、一般の登山が可能で、山行の魅力・価値があること。
※ただし残雪期のみ登山可能の山（堂津岳等）も含まれる。

六　有名無名にかかわらず、歴史的・美学的価値があり、山岳景観・自然生態的にも優れている山。

※本著はそれぞれの地域の代表的な山岳を多面的に紹介する本で、登山ガイドだけを目的としたものではありません。登山に際しては各種登山ガイドブック、登山地図、インターネット情報等を入手して、登って下さい。

秋の信越（北信）五岳。中野市延徳より

凡例について

❶掲載順

北陸新幹線長野以北延伸ルートに沿って長野〜金沢沿線の山という掲載順とし、1〜100の通し番号を付けました。

❷山名・地名

本著の主要テーマである「北陸新幹線・沿線の山」を念頭に、地元で呼び慣わされている呼称を優先掲載しました(例・佐武流山／さぶりゅうやま)。地名等についても同様です。

❸標高・標高差

国土地理院二万五千分の一図(二〇一四年版)の各山標高(最高地点)及び、紹介したコースの登山口との概略標高差を掲載しました。

❹標準的山行(行程)

ごく一般的な成年男女の歩行時間を基準に日帰り(半日・一日)、一泊〜としました。特に注意すべき点があるものは別記しました。

❺紹介コース

本著の主要テーマである「北陸新幹線・沿線の山」として、最寄りの北陸新幹線各駅、及び高速自動車道ICから登山口までの概略交通経路、及び代表的、或はその山の魅力を感じさせる登山コースを紹介しました。

❻グレード

体力度、技術度、危険度について、それぞれ三段階表示しました。ただし、この表示はごく一般的な成年男女を基準としたもので、各自の年齢・経験や登山方法等によりグレードは異なります。、山行の参考として下さい。

1 体力度

★☆☆ 歩行3時間以内程度。半日くらいまでのハイキング・里山歩き向き。

★★☆ 歩行3〜8時間以内程度。一般登山者は充分な体調・体力・装備が望ましい。

★★★ 歩行9時間以上程度。健脚者向き。一般登山者はコースと体力を考慮し登山計画のこと。熟達者同行か、一泊も考慮したい。

2 技術度

★☆☆ 里山ハイキング程度。登山道整備され難所等なし。

★★☆ 標高差1000メートル程度以上。あるいは一部に難所等あり。

★★★ 難所・コース未整備等あり。岩場・沢登り・冬山・ルートファインディング・読図技術・装備等必要。

3 危険度

★☆☆ 特に岩場・難所等、危険箇所なし(道脇の滑落には注意)。

★★☆ 登山道に一部、岩場・鎖場・危険箇所等あり。整備はされているが、転倒・滑落には要注意。

★★★ 登山道に岩場等危険箇所多くあり。また、コース未整備等により熟達者のみ登山可。

＊危険は自分の心の中にあるもので、山に危険があるのではありません。事前の下調べ、計画書を作成することが大切です。また、当日の体調、天候等によって危険度は大きくなります。

❼登山適期

各山の登山が、より安全かつ魅力ある時期を記しました。

❽略図と登山コースタイム

概略図及び概略コースタイムですので、登山に際しては正式なエリア別登山地図、又は国土地理院の二万五千分の一地形図等を必ず携行して下さい。

エリア
長野・群馬県／上信越高原国立公園

見どころ
原生の山・ユネスコエコパーク

行程
日帰り（一日）

登山適期
6〜10月

登山口
■北陸新幹線／JR長野駅から車で約1時間強（岩菅山）
■マイカー／上信越自動車道・信州中野ICから約40分

1 岩菅山《いわすげやま》

■標高／2295．3メートル　■標高差／約1000メートル
■紹介コース／東館山コース（上り・3.5時間／下り・2.5時間）
■グレード／体力度★★☆　技術度★☆☆　危険度★☆☆

2 志賀山《しがやま》

■標高／2035．7メートル　■標高差／約650メートル
■紹介コース／四十八池コース（上り・3時間／下り・2時間）
■グレード／体力度★★☆　技術度★☆☆　危険度★☆☆

ノッキリ手前からの岩菅山

冬の岩菅山。横手山山頂から

岩菅山山頂

岩菅山山頂

山裾を流れる雑魚川

ニッコウキスゲ。東館山

志賀高原の主峰、手つかずの雄大な山容。
岩菅山

　岩菅山は志賀高原の北東部にある高山で、裏岩菅山は志賀高原の山の中では最も標高が高い。二つの山は一《いち》の瀬《せ》から奥志賀高原にかけての雑魚《ざこ》川上流部からは、丸みを帯びてどっしりとした重量感のある姿として望める。

　岩菅山は志賀高原の中では最も登山者が多い山である。特に初夏から夏にかけて、中高校生の集団登山者で賑わう。登山は標高2000メートル間近の東館《ひがしだて》山ゴンドラリフト頂上駅から始まる。寺小屋《てらこや》スキー場を経て寺小屋峰に登れば、ここからは快適なスカイライン・コースが続く。足元は季節の花々が咲き、周囲の針葉樹木が開けたところでは、上信越の山々が望見できる。数回上り下りを繰り返すとノッキリに着き、そこから上部は志賀高原の山には珍しくお花畑が発達している。初夏にはハクサンイチゲを始めとする高山植物が迎えてくれるだろう。山頂直下は急で足元が悪く、苦しい登りが続くが山頂は近い。

　急坂を登りきって山頂手前の平坦部に着くと、大きなモニュメントが目に飛び込んでくる。昭和4年の秩父宮の登頂記念の石碑である。今から85年も前から、この山は皇族を始めとする多くの人に登られてきたことに驚く。

　山頂には立派な避難小屋がある。天候が急変した時などは頼もしい。ここからは裏岩菅山に続く尾根はゆったりしていて歩きやすい。この先も高山植物が多く、志賀高原の裏岩菅山は最高峰であるので、ゆとりがあったらぜひ訪ねてほしい。下りはノッキリから一の瀬方面に下るコースが一般的である。

（市川董一郎）

山と池沼を巡るユネスコエコパーク。
志賀山

　志賀山は志賀高原の中心にあるシンボルマウンテンで、登山道は変化に富んでいるうえ手軽に登れるため登山者が多い。また、志賀山を中心としたエリアは上信越高原国立公園の特別保護地域でありながら、ユネスコより人と自然との共存関係が認められた「ユネスコエコパーク」にも指定されており、人により守られてきた貴重な自然を垣間見ることができる。美しい針葉樹に囲まれて小さな池沼が点在し、足元にはアカモノを始めとする高山植物が咲く。裏志賀山山頂に着けば眼下にエメラルドグリーンの水をたたえた大沼池が見える。

四十八池と志賀山、裏志賀山（右）

裏志賀山山頂付近から大沼池を望む

裏志賀山から志賀山へ

志賀高原の台地上は典型的な火山地帯で、多くの特徴的な火山地形が観察できる。特に志賀山の西面、北面は流れ出た多量の溶岩が右回りに渦巻状に流れ下って、複雑な地形を作った。

複雑な地形は昔は山仕事に入る地元の人には恐怖だったらしく、「おたの申す平」は「迷いこんだら神仏にお祈りする」ことから名付けられたという。志賀高原には大沼池を始めとする多くの溶岩せき止め湖があり、四十八池は浅い水たまりが高層湿原化したものである。志賀山の山腹には常に水をたたえた火口湖がある。（市川董一郎）

大沼池と裏志賀山

四十八池を望む

四十八池の池塘と浮島

岩菅山・登山コースガイド ●東館山コース（周回・約６時間）

東館山ゴンドラリフト (0:06) 又は高天ヶ原サマーリフト (0:05) →東館山 (1:20) →金山沢ノ頭 (1:20) →ノッキリ (0:50) →岩菅山 (2:30) →一の瀬

●交通アクセス
マイカー／上信越道・信州中野ICから志賀中野道路、志賀草津高原ルート（国道292号）県道471号経由で約40分。

●登山口情報
（発哺温泉・高天ヶ原）

駐車場／高天ヶ原スキー場：約90台。発哺温泉山麓駅：約70台。一の瀬周辺：約180台。

トイレ・売店／東館山山頂にトイレ・売店。

●山行アドバイス
東館山へ登り寺小屋峰からノッキリまで展望のよい稜線を行く。ノッキリから山頂までは短いが急登。だが花が多い。

●見どころ
山頂からは志賀高原全域を一望でき、ハクサンコザクラやシナノキンバイなどの高山植物が多い。アライタ沢と武右衛門沢の沢水は上条用水路に取り入れられ約18km流れて麓の水田を潤す。よく手入れされた水路にそって歩くとき、先人たちの水の確保に対する情熱に感心する。

●問い合わせ　山ノ内町観光商工課　0269-33-1107
志賀高原観光協会　0269-34-2404

●2万5000図　岩菅山

COLUMN

志賀高原のマスコット
小さな猛獣
オコジョ

亜高山帯に棲息するイタチ科の小動物。小さなネズミほどの大きさながら獰猛な肉食獣で山の神の使いとも…。夏はほぼ褐色、冬は白毛となる。

志賀山・登山コースガイド ●四十八池コース（周回・約５時間）

木戸池温泉 (0:40) もしくはほたる温泉 (0:15) →渋池 (0:15) →四十八池分岐 (0:20) →志賀山 (0:30) →裏志賀山 (0:20) →四十八池 (0:50) →大沼池 (1:10) →大沼池入口

●交通アクセス
マイカー／湯田中から志賀草津高原ルートで木戸池、前山夏山リフト駐車場まで約30分、定期バスも多い。

●登山口情報
駐車場／木戸池、前山夏山リフト前に駐車場（約30台）。

トイレ・売店／木戸池・ほたる温泉ともに駐車場にトイレ、近くのホテルに売店。

●山行アドバイス
前山の夏山リフトを利用すれば30分ほど歩行短縮できる。志賀山は急登。山頂に登らずシ周遊コースを歩く登山者も多い。

●見どころ
四十八池はモウセンゴケや高山トンボが見られる。信州大学自然教育研究施設内には、「おたの申す平」を始めとする自然観察地形や、高原の貴重な動植物が観察できる。長池の静かな湖畔でゆっくり過ごすのもよい。

●問い合わせ　山ノ内町観光商工課　0269-33-1107
志賀高原観光協会　0269-34-2404

●2万5000図　岩菅山

エリア
長野・群馬県／上信越高原国立公園

見どころ
北信と北アルプス大展望

行程
日帰り（半日〜一日）

登山適期
6〜10月

登山口
■北陸新幹線／JR長野駅から車で約1時間強（横手山）
■マイカー／上信越自動車道・信州中野ICから約40分

3 横手山《よこてやま》

■標高／2305.0メートル　標高差／約600メートル
■紹介コース／草津峠コース（上り・3時間／下り・2時間）
■グレード／体力度★★☆　技術度★☆☆　危険度★☆☆

4 笠ヶ岳《かさがたけ》

■標高／2075.9メートル　標高差／約150メートル
■紹介コース／笠岳峠コース（上り・25分／下り・20分）
■グレード／体力度★☆☆　技術度★☆☆　危険度★☆☆

熊の湯から望む横手山

厳冬の横手山山頂

山頂付近は冬、樹氷のモンスターとなる

登山道はよく整備されている

四十八池からの登山道

渋池と横手山

熊の湯付近の登山口から

草津峠の分岐

日本海・太平洋の大分水嶺、歴史ある草津峠から。

横手山

この山は日本列島を縦断する大分水嶺上にある山の中でも、極めて重要な山として位置付けられる。気象的にも日本海気候と内陸気候の境界線上にあるし、交通の要として、また、かつては関東と北信越を繋ぐマイクロウエーブ中継地点としても重要であった。標高は2300メートルを越える高山だが、近くを国道292号が通り、渋《しぶ》峠からは山頂まで夏山リフトが通じている。

山頂付近は冬はスキー場になり、夏季もリフトでたやすく山頂に登れるが、この山の登山の醍醐味は高度差600メートルの整備された登山コースを快適に登ることである。草津峠経由のコースが一般的だが、見晴らしのよいゲレンデ内の登山道を登るのも楽しい。山頂からの眺望は特に優れている。

昔から長野県平《ひら》穏《お》村（現・山ノ内町）沓《くつ》野《の》と群馬県草津町は草津街道で結ばれていた。現在の志賀草津高原ルートは横手山の南西山腹ののぞきを通過しているが、昔の道は硯《すずり》川から草津峠に登り、そこから横手山の北東部の山腹を巻くように通過して、芳ケ平《よしがだいら》を経て草津町に伸びていた。この道は草津街道と呼ばれ、物資の輸送路としても重要であり、人の往来も多くあった。江戸時代には関所のない裏街道であったので、侠客の往来もあったという。実在したかは定かではないが国定忠治もこの峠道を往来したとされる。

（市川董一郎）

横手山山頂から笠ヶ岳と信越五岳（右）、北アルプス遠望

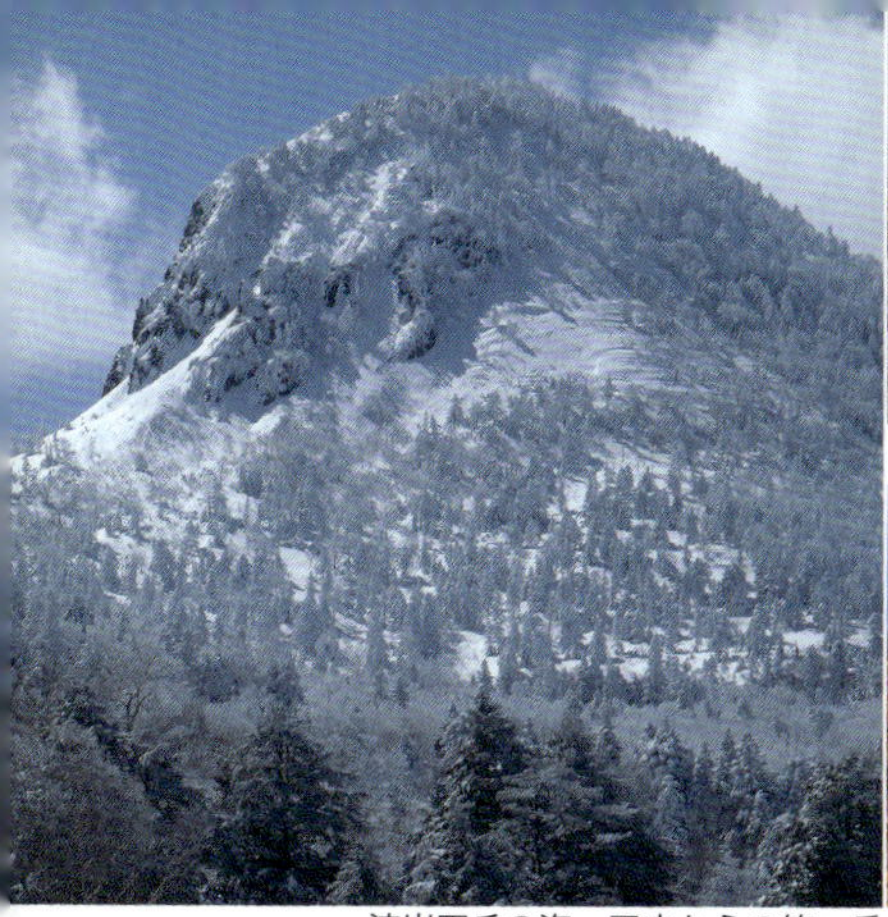

溶岩円丘の姿、平床からの笠ヶ岳

笠ヶ岳山頂の石祠

笠ヶ岳山頂

紅葉の山頂付近

急登だが整備された登山道

端正な山容を見せる笠ヶ岳。横手山から

ピラミダルな尖峰、笠ヶ岳

数ある志賀高原の名峰の中でも、笠ヶ岳は最も美しい山である。この山は見る角度によって形が変わって見えるのもおもしろい。善光寺平からは右上がりの鞍に乗った小さなピークだが、南側の横手山から見ると整ったピラミッドである。それが、東側の熊の湯からは両端がスパッと削がれたドームに見える。

登山には、昔は熊の湯からトラバース道で山の北側に出て、そこから急斜面をよじ登るルートが一般的であった。今は高山村の山田牧場から笠ヶ岳の西側の鞍部の峠を経て、志賀高原の平床《ひらとこ》に至る車道ができてから、登山が手軽になった。登山道は急だがよく整備されていて、距離も短いのでファミリー登山も楽しめる。岩場も家族で協力し合って安全を確保しよう。

岩山なので山頂からの見晴らしは優れている。西側には善光寺平が望まれ、目を凝らせば見覚えのあるランドマークが見えるかも知れない。遠くは北アルプスが見えるだろう。

笠ヶ岳は典型的な溶岩円丘の火山だが、火山に付きものの温泉も魅力がある。山の北東側にある「熊の湯」は淡い緑色をしており泉質がよく、古くから知られた老舗温泉である。熊の湯温泉付近にはほたる温泉のほかに、平床《ひらとこ》の国道沿いにも常時、噴気を上げている湧き出し口があり、温泉の雰囲気が濃い。

（市川董一郎）

朝陽を浴びる笠ヶ岳

紅葉の笠ヶ岳

笠ヶ岳・登山コースガイド

● 笠岳峠コース（往復・約 45 分）

豊野南志賀公園線・笠岳西側鞍部登山口 (0:25) →笠ヶ岳 (0:20) →西側鞍部登山口

● 山行アドバイス

アプローチは志賀高原平床及び高山村の山田牧場から行える。車道は狭い個所があるので自家用車の場合は気を付けて運転したい。
登山道は短いが急登で、かつ山頂付近は難路なので充分な足回りが必要。
峠には小さな茶店があり、気さくな店主に山の様子を聞いてから登るとよい。

● 見どころ

山頂は輝石安山岩の巨岩が積み重なる溶岩円頭丘。西方を望むと、足元の山田牧場から善光寺平・信越五岳、さらにはるか北アルプスまで大パノラマが展開する。

● 問い合わせ

高山村役場　026-245-1100
山ノ内町観光商工課　0269-33-1107

● 2万5000図　中野東部、御飯岳

● 交通アクセス

マイカー／上信越道・須坂長野東 IC から国道 403 号、県道 14 号など経由で約 30㎞、50 分で山田牧場。県道 66 号、約 15 分で登山口。

● 登山口情報（笠岳西側鞍部登山口）

駐車場／約 10 台。
トイレ・売店／春～秋、登山口に茶店。
県道は平床まで舗装。残雪・工事等により通行止めも多いので事前確認のこと。

横手山・登山コースガイド

● 草津峠コース（往復・約 5 時間）

熊の湯 (1:00) → 草津峠 (2:00) → 横手山 (2:00) → 熊の湯

● 交通アクセス

マイカー／湯田中から志賀草津高原ルートで熊の湯・横手山のぞきまで約 30 分。定期バスも多い。

● 登山口情報（熊の湯登山口）

駐車場／横手のぞき約 80 台。熊の湯スキー場に約 80 台。
トイレ・売店／横手山山頂ヒュッテにレストラン・売店・トイレあり。

● 山行アドバイス

草津峠から等高線に沿って南下する旧草津街道は、寒沢セギ取り入れ口の先で廃道になっている。また、ガラン沢はここから下流は険しい渓谷となって人を寄せ付けない。このあたりは、以前は遭難者が多かったが、今も不用意に沢に入り込まない方がよい。

● 見どころ

横手山頂からは信越五岳と、はるかに北アルプス連山の大パノラマが展開する。高齢者や幼児のファミリーでも横手山のぞきからスカイレーターと夏山リフトに乗り、山頂に登れる。

● 問い合わせ　山ノ内町観光商工課　0269-33-1107
志賀高原観光協会　0269-34-2404

● 2万5000図　岩菅山

山頂の湯釜、異次元の世界

白根山と本白根山（奥）。志賀高原渋峠から。

志賀草津高原ルートからの白根山

本白根山。足元にはコマクサの群落

山腹からは絶えず噴煙が上がる

雪化粧した白根山

志賀草津高原ルート

池塘と森が織り成す芳ヶ平湿原

5

白根山《しらねさん》（本白根山《もとしらねさん》）

■標高／2160メートル　標高差／約50メートル
■紹介コース／火口湖見学コース（上り・10分／下り・5分）
■グレード／体力度★☆☆　技術度★☆☆　危険度★☆☆

エリア
群馬県／上信越高原国立公園

見どころ
山頂火口湖・コマクサ

行程
日帰り（半日）

登山適期
5〜10月

登山口
■北陸新幹線／JR長野駅からバス・車等で約1.5時間
■マイカー／上信越自動車道・信州中野ICから約1時間

山頂は一列の火口湖、白根山。コマクサハイキングの本白根山

白根山は、有史以来盛んに噴火を繰り返してきたため、火山灰、火山礫などの滞積により夏でも全山が白く輝くように見える。いまだ山頂周囲は樹木が欠如し、丈の低いイネ科の植物を散見するだけで、山容は異次元の印象を与えている。遠くから見ると灰色の火山灰が雨水で浸食されて、線状の溝が出来ている。

白根山山頂には水を湛えた爆裂火口が一列に並び、真ん中の湯釜《ゆかま》が最も大きい。湯釜の水は強酸性で、エメラルドグリーンの神秘的な湖水をひっそりと湛えている。

白根山一帯は酸性土壌を好む高山植物クロマメノキ（アサマブドウ）の群落が多い。これを幼虫の食樹とする高山蝶ミヤマモンキチョウも夏には姿をみせる。

本白根山は、地元の人々と子供たちの努力でコマクサが復活し、7月中旬頃、赤味の濃い美しい花が一面に咲くようになった。往復三時間余りとハイキング登山には最適で、山頂の中央火口跡は直径500メートルほどもある。

（白根山は2015年1月現在、噴火警戒レベル2で火口周辺規制となっている。）

（市川董一郎）

本白根山・登山コースガイド

●本白根山コース
（往復・約3時間）

弓池（0:30）→本白根山登山口（1:00）→中央火口（1:00）→登山口（0:30）→弓池

●山行アドバイス
本白根山は往復約3時間のハイキング登山コース。

〈白根山火口湖見学コース〉

白根山は今も盛んに活動している火山で入山規制あり。最新情報を確認して山行してほしい。

弓池駐車場から白根山湯釜山頂に至る遊歩道は10分足らずでよく整備されているので、家族や団体観光客が多い。山頂から見える湯釜は神秘的に静まりかえり、感動的である。

●問い合わせ
草津町役場　0279-88-0001
●2万5000図　上野草津

●交通アクセス
マイカー／志賀草津高原ルートは冬期閉鎖。

上信越道・信州中野ICより国道292号・志賀草津高原ルートで約1時間。
※火山活動状況により通行規制あり

●登山口情報
駐車場／弓池駐車場は500台（有料）。

トイレ・売店／白根レストハウス。
※火山活動の為、閉鎖の場合あり

特集 北陸新幹線「あさま」と浅間山

信州の表玄関。
優美にして躍動する活火山
浅間山

浅間山は長野県北佐久郡軽井沢町と群馬県吾妻郡嬬恋村の境にある標高2568mの複合火山である。現在も噴煙を上げている世界でも有数の活火山だ。本州の中央分水嶺上にあり北側の水は利根川から太平洋へ、南側の水は千曲川から日本海へと流れる。

西側の烏帽子岳から湯ノ丸山、篭ノ塔山、水ノ塔山、三方ヶ峰、高峰山、黒斑山と続く稜線は浅間連峰もしくは浅間・烏帽子火山群と呼ばれている。いずれも火山だが活動は停止していて浅間山の前掛火山がもっとも若い火山で、わずか8500年程前から活発な活動を繰り返している。

火山活動により破壊的被害をもたらしてきた浅間山だが、平穏時には優美な姿と恩恵を麓に与えてくれる。周囲の山もとても美しい。西側第一外輪山の黒斑山も浅間山の展望台として人気の山となっている。車坂峠から緩やかな斜面を上がってトーミの頭に出ると、東側の断崖の向こうに噴煙を上げる浅間山が見える。夏は豊富な高山植物が咲き誇り、厳冬期でも冬山入門者が登ることのできる山である。展望もすばらしく北アルプスから奥秩父、富士山まで望める。

高峰高原から東篭ノ登山、水ノ塔山、三方ヶ峰周辺も驚くほどゆたかな高山植物の花々で溢れている。湯ノ丸山、烏帽子岳も気軽に登ることができてレンゲツツジに覆われた斜面が美しい。

沿線のシンボル・浅間山と
北陸新幹線「あさま」

北陸新幹線は、金沢延伸ルート開通後も東京・長野間の便は従来どおり「あさま」の名が使われる。1998年冬季オリンピック以来、親しんできたこの名は長野県民としても愛着がある。

東京発の新幹線に乗り、関東平野をひた走り、やがて群馬県境の山々をトンネルで抜けて信州・軽井沢に到着する。高原の清涼な大気を感じ、おおらかな浅間山の姿に心がなごむ。軽井沢は追分あたり、ほんの数分だけ車窓から浅間山が望める。その秀麗な姿には、おもわず見とれてしまう。

1・厳冬浅間山。カラマツも早朝、霧氷をまとう　2・晩秋の湯の平。カラマツの紅葉
3・朝陽と浅間山　4・新雪の浅間山。軽井沢町追分から　5・浅間山と高原野菜畑。軽井沢町追分から
6・千曲川とJR北陸新幹線。後方は浅間連峰

エリア
長野県／小布施町・中野市他
見どころ
史跡・高井富士
行程
日帰り（半日〜）
登山適期
5〜11月
登山口
■北陸新幹線／JR飯山駅から車で約20分（高社山）
■マイカー／上信越自動車道・信州中野ICから約20分

6 雁田山《かりだやま》

■標高／759．3メートル　標高差／約400メートル
■紹介コース／すべり山周回コース（上り・1時間／下り・1.5時間）
■グレード／体力度★★☆　技術度★☆☆　危険度★☆☆

7 高社山《たかやしろやま》

■標高／1351．4メートル　標高差／約900メートル
■紹介コース／赤岩登山口コース（上り・2.5時間／下り・2時間）
■グレード／体力度★★☆　技術度★☆☆　危険度★☆☆

北信濃・小布施のシンボルマウンテン。雁田山

夕映えの雁田山

雁田山山頂から小布施町

姥石

大城

大城

リンゴ畑と雁田山

すべり山登山口

岩松院

北陸新幹線に乗れば、長野市北部で東方に千曲川を隔てて雁田山が見える。日中は背後の山に溶け込んでしまうが、陽が傾くと陰影のメリハリがはっきりしてきて存在感が出る。雁田山は栗と葛飾北斎《かつしかほくさい》の町、小布施《おぶせ》町のシンボルマウンテンで、町の人はその姿を、「鳳凰《ほうおう》が羽を休めた姿」のようだと称する。江戸時代の小布施の文人、高井鴻山《こうざん》の「鴻」は「雁」を表すとも言われる。鴻山は北斎とも親交があり、岩松《がんしょう》院には北斎筆と伝えられる鳳凰の天井画がある。山の麓に雁田《かりた》と言う地籍があり、もともとこの地に雁が飛来していたのだろう。

善光寺平（長野盆地）北部東側の雁田山、中野市の鴨ヶ岳、箱山、さらに高社山にかけては一連の古い火山帯の山である。そこには屏風を並べたように低いが傾斜感のある山が連なっている。

雁田山登山は岩松院登山口、千僧《せんそう》坊《ぼう》、三角点山頂、すべり山登山口をめぐるコースが一般的である。稜線上には、縦走路から外れた滝ノ入《たきのいり》城址、姥《うば》石、東屋のある展望台、反射板跡などの見学ポイントが多い。姥石には雁田山の北西に広がる遠洞《えんどう》湖にまつわる秘話がある。遠洞湖は千曲川の遊水地で葦《あし》原と池沼であった。昔は水害の常襲地帯であったが、今は延徳田圃《えんとくたんぼ》と呼ばれる穀倉地帯である。　（市川董一郎）

雁田山・登山コースガイド

●すべり山周回コース（周回・約2.5時間）

岩松院近く駐車場 (0:20) →すべり山登山口 (0:45) →雁田山 (0:40) →千僧坊 (0:30) →岩松院 (0:20) →すべり山登山口

●交通アクセス

マイカー／上信越道・須坂長野東ICから国道403号で小布施町岩松院まで。

●登山口情報（岩松院登山口）

駐車場／岩松院近く小布施町営無料駐車場。
トイレ／すべり山登山口30m先。
売店／なし。

●山行アドバイス

すべり山登山口からの登りは土ですべりやすいので注意。一等三角点山頂はすべり山から登ってすぐの所にある。岩松院からの登山道は傾斜がきつい。

●見どころ

岩松院からすべり山登山口の間は「せせらぎ緑道」と言う遊歩道として整備されている。岩松院本堂の葛飾北斎作の鳳凰天井画はぜひ見たい。

●問い合わせ

小布施町役場　026-247-3111

●2万5000図　中野西部

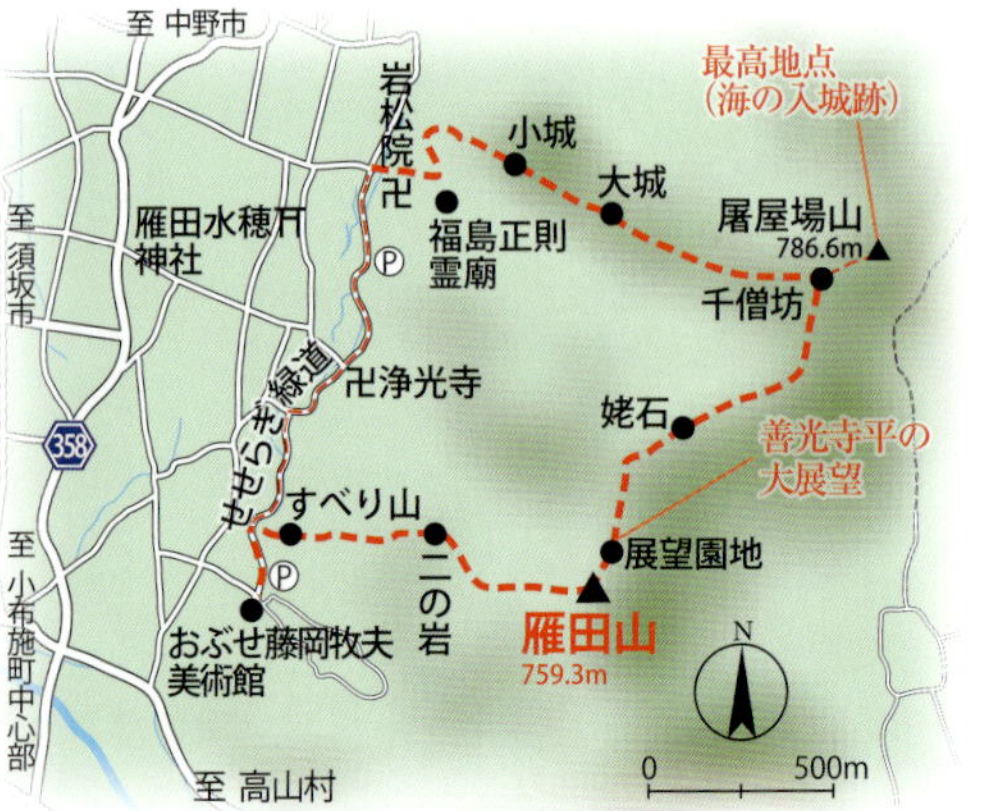

「高井富士」の愛称。冬の高社山

高社山山頂

天狗岩

大黒岩

阿弥陀如来

高社山山頂から中野市街

十三崖と高社山

中野市七瀬から

高社山と千曲川。飯山市から

史跡と巨岩奇岩、「高井富士」の愛称。高社山

高社山は善光寺平の北部に巍然《ぎぜん》と聳えている。北陸新幹線はこの山をトンネルで通過する。列車は高社山南西部山麓でトンネルに入り、高社山の寄生火山の虚空蔵《こくぞう》山西面で抜け、飯山駅に至る。新幹線の開通で高社山周辺はすっかり変わった。

高社山は信仰の山である。中野市赤岩の谷厳寺《こくごんじ》登山口から山頂にかけて、随所に線刻された石仏が並ぶ。十三仏があり、昔の人はこの石仏を見てどこまで登って来たかを知ったのだろう。不動明王から始まり、途中の胴結場《どようば》には阿弥陀如来が安置してあり、頂上の虚空蔵菩薩で終わる。この山は仏教史跡ばかりでなく、神道の石造り社殿があちこちにあり、いかに里の人たちの信仰心を集めてきたかが分かる。

高社山は、巨岩、奇岩が多く、その代表的な岩には名前が付けられている。赤岩側山頂近くの薬師岩は大きな岩窪の下に薬師如来が祀ってある。付近の天狗《てんぐ》岩や大黒《だいこく》岩は麓からも見え、岩自体も信仰の対象になった。

高社山は善光寺平と飯山盆地を隔てる位置にあり、冬は積雪が多い。南東面から北面に4か所のスキー場があり、20本以上のリフトが設置されている。夏は南東斜面のゲレンデから山頂に至る登山道がよく利用される。

（市川董一郎）

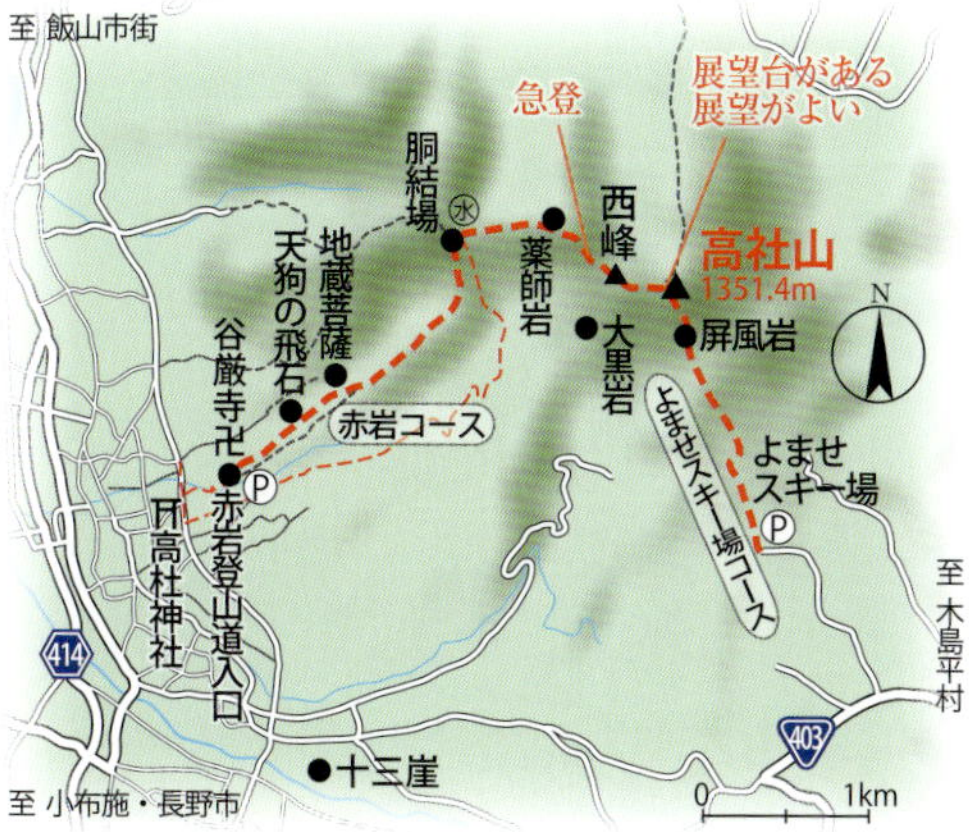

高社山・登山コースガイド

● 高杜神社赤岩登山口コース（往復・約 4.5 時間）

高杜神社赤岩登山口 (1:30) →胴結場 (0:45) →高社山 (0:30) →胴結場 (1:15) →高杜神社登山口

● 交通アクセス

マイカー／上信越道・信州中野 IC から高杜神社登山口へ。谷厳寺が目印。

● 登山口情報

（赤岩登山口）

駐車場／登山口付近（共同墓地）道路脇駐車。

トイレ／高杜神社前に登山者用トイレ。

売店／なし。

● 山行アドバイス

危険個所はないが西峰直下が急登となる。西峰下に岩室、覗きの断崖があり、注意する。胴結場から赤岩口下山近道もあり植林帯の中を下り林道へ出て谷厳寺脇赤岩口登山口へ出る。

● 見どころ

山頂から信越五岳が望める。南側斜面には天狗岩、大黒岩、屏風岩などの奇岩がある。麓の夜間瀬川右岸の十三崖には天然記念物のチョウゲンボウの繁殖地がある。

● 問い合わせ

中野市役所商工観光課　0269-22-2111

北志賀高原観光協会　0269-33-6000

● 2万5000図　夜間瀬・替佐

8

鳥甲山《とりかぶとやま》

■標高／2037.7メートル　標高差／約1200メートル
■紹介コース／ムジナ平コース（上り・4時間／下り・3時間）
■グレード／体力度★★★　技術度★★☆　危険度★★☆

岩稜続く孤高の山、厳しさと静かさ、不可欠な経験と体力。近年は登山道も整備、鳥甲山

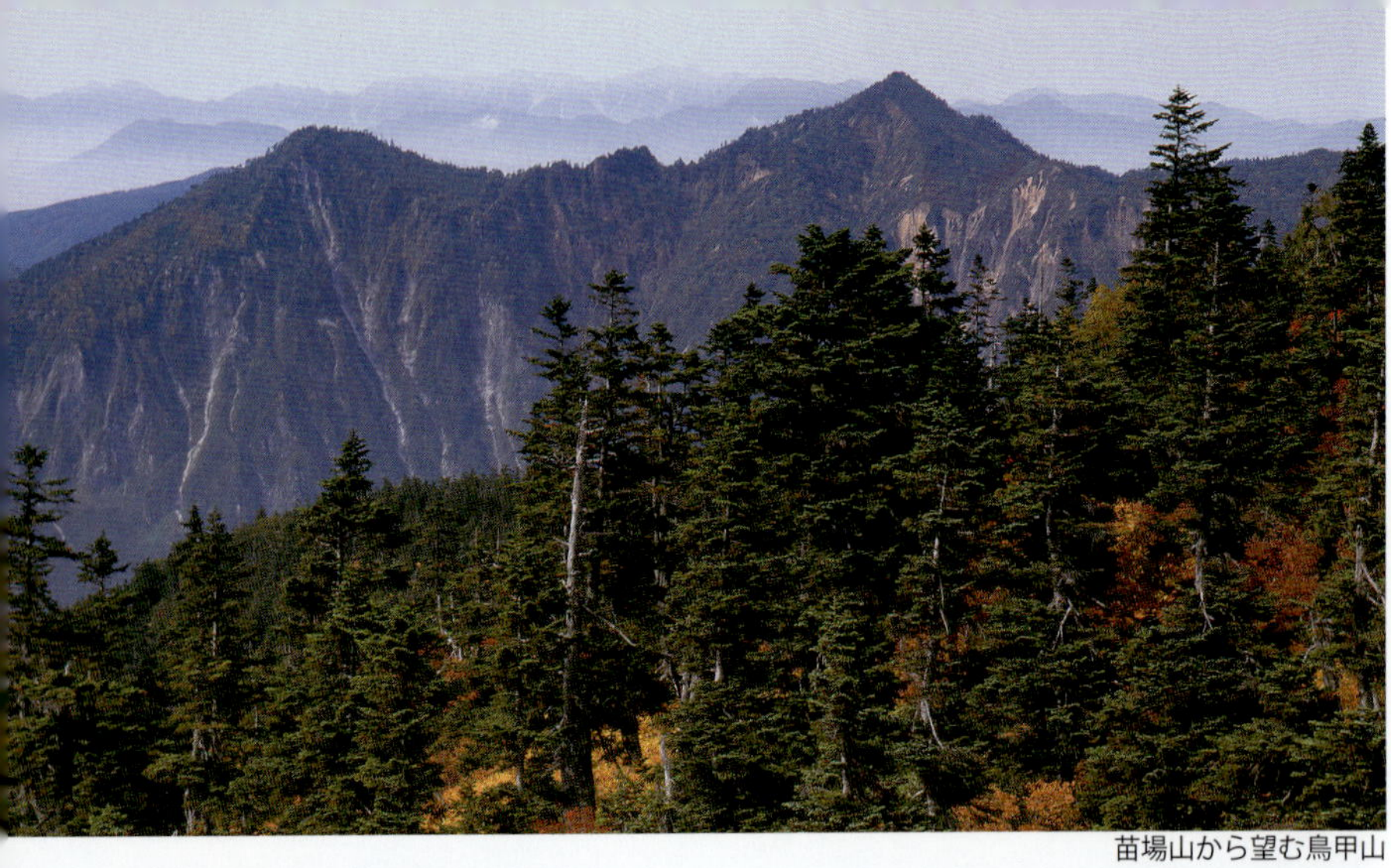
苗場山から望む鳥甲山

万仏岩の難所

林道秋山線屋敷付近からの鳥甲山

栄《さかえ》村秋山郷《あきやまごう》の中津川渓谷から屹然と立ちあがる鳥甲山は、登山家のあこがれの山である。特に、積雪期に和山《わやま》温泉付近から見上げる鳥甲山東斜面はヒマラヤ襞《ひだ》が見られ、標高が2000メートルをわずかに越える山とは思えない。40年ほど前、筆者がこの山に初めて登った頃は、荒削りの険しい山であった。その後は登るたびに登山道は整備され、今は中級者なら体力さえあれば安全に登ることができる。

登山道は稜線のナイフリッジが魅力なので、貉平《むじなだいら》登山口から入るとよい。白嵓《しらくら》の頭から上部は鎖に導かれて快調に登ることができる。山頂近くは比較的穏やかな山容となり、のんびり歩けば平坦な山頂が待っている。

帰路は赤嵓《あかくら》稜線を下る。主稜線は快適に下れるが、屋敷登山口下降点から下はきつい。この山は高度差が1200メートル弱もあり、登りはともかく、下りはいくら下っても麓に着かず、いい加減嫌になる。膝ががくがくしてくる頃、ようやく堰堤が見えて来て下降の終了が近いことを知る。厳しかった山行だが、この大きな山を征服した満足は何物にも代えがたい。

（市川董一郎）

秋山郷のよさの里、天池から望む

苗場山から。美しい紅葉

地元から…山ファンから…

「二度と…だがもう一度…」

登山を始めて日が浅い時に鳥甲山を登った。快晴で紅葉もきれいだったが、岩山で「カミソリの刃」という場所もあって緊張した。対岸には山頂が平らな苗場山が見える。山頂に着いた時に雨がポツポツ降りだした。下山は長く、下りても下りても、まだ下りる。足は滑りもう歩くのが嫌だという頃にやっと下山口の屋敷トンネルに着いた。温泉で汗を流して帰りたかった。二度と行きたくない山のひとつだが、もう一度挑戦したい山でもある。

（山学山遊会／吉田 節子さん）

エリア
長野県／上信越高原国立公園

見どころ
大岩稜・秘境秋山郷

行程
日帰り（一日）

登山適期
6〜10月

登山口
■北陸新幹線／JR飯山駅から車で約2時間
■マイカー／上信越自動車道・豊田飯山ICから約2時間

COLUMN　秋山郷と信越国境、豪雪の地。

[秘境秋山郷]

江戸代末期に鈴木牧之によって紹介された当時の秋山郷は、里と隔絶した独特の文化を維持していた。今は交通が発達して昔とはすっかり様相が変わっているが、近年まで狩猟、採取の生活が残っていた。

その１　熊狩猟は春先の残雪期に行われた。鳥甲山の北の屋敷山、台倉山、西ノ岩菅あたりが猟場であった。明治以降は秋田マタギがこの地まで来てクマ獲りを行った。

その２　イワナは中津川本流、魚野川、雑魚川に多く、ひところは１回の漁で数百匹も釣り上げたという。

その３　今も行われている木鉢づくり・・・・栃の一本木をそのまま生かした大ぶりのコネ鉢は、蕎麦打ちには欠かせない。

[信越国境・日本有数の豪雪地帯]

信越国境に位置する長野県栄村は新潟県十日町などとともに「特別豪雪地帯」となっている。栄村の中心にある森宮野原駅では、1945 年 2 月 15 日に 7.85m の積雪を記録し、構内と駅には JR 日本最高積雪地点を示す標識が立てられている。

[北信濃きって・野沢温泉村の道祖神祭り]

雪深い野沢温泉の小正月に行われる火祭り。
初子の祝い・厄年のお祓いなどのため、火をめぐる豪壮な攻防戦が行われる。

1・ツキノワグマ　2・イワナ　3・雪の秋山郷　4・木鉢づくり
5・野沢温泉村・道祖神祭り　6・野沢温泉村・道祖神祭り

鳥甲山・登山コースガイド

● 鳥甲山・屋敷山縦走コース
(縦走・約７時間)
ムジナ平登山口から鳥甲山に登り、屋敷山を経て屋敷登山口に下るコース。

ムジナ平登山口 (2:30) → 白嵓ノ頭 (1:00) → 鳥甲山 (1:00) → 赤嵓ノ頭 (1:00) → 屋敷山 (1:30) → 屋敷口

● 山行アドバイス
ムジナ平からの登山コースはスリルがあって楽しい。いまは鎖が設置されていて安全に登れるが、急峻な岩尾根の登行は気が抜けない。

● 見どころ
鳥甲山はかなり登りがいのある山なので、秋山郷の民宿などで１泊する計画を立てて温泉と山の味覚を楽しむのもよい。

● 問い合わせ
栄村役場秋山支所　025-767-2202
栄村秋山郷観光協会　0269-87-3333

● 2万5000図　鳥甲山・切明

● 交通アクセス
マイカー／上信越道・豊田飯山 IC から国道 117 号、国道 405 号で秋山郷に入り、ムジナ平まで約 70km、約 2 時間 15 分。奥志賀林道経由が近道。

● 登山口情報 (ムジナ平)
駐車場／登山道入口に約 20 台。休日はやや混雑（※屋敷コース登山口には駐車場なし）。
トイレ・売店／なし。

● 周辺情報
温泉は中津川沿いにいくつかある。切明温泉保養センター・雄川閣 (ゆうせんかく) の露天風呂など。

白嵓の頭付近からの稜線

山頂付近の登山道

ムジナ平登山口から

ムジナ平登山口

エリア
長野・新潟県／上信越高原国立公園

見どころ
山頂池塘群と大湿原

行程
日帰り（一泊）

登山適期
6～10月

登山口
■北陸新幹線／JR飯山駅から車で約2時間（苗場山）
■マイカー／上信越自動車道・豊田飯山ICから約2時間

9 苗場山《なえばさん》

■標高／2145.2メートル　標高差／約800メートル
■紹介コース／小赤沢コース（上り・3.5時間／下り・2.5時間）
■グレード／体力度★★☆　技術度★☆☆　危険度★☆☆

10 小松原湿原《こまつばらしつげん》

■標高／1860メートル（日蔭山）　標高差／約1000メートル
■紹介コース／林道コース（上り・5時間／下り・4時間）
■グレード／体力度★★★　技術度★☆☆　危険度★☆☆

苗場山頂の池塘群。はるかに上信越県境の山々も望める

湿原と原生林、さらにコバイケイソウの彩り

樹林帯の登山道

九合目付近

池塘を彩るワタスゲ

苗場山山頂付近

山頂部には広大な高層湿原、大小一〇〇〇余りの池塘。信越県境の別天地

苗場山

苗場山頂付近は広大な平坦地で、地形学的には準平原である。準平原の西側は、深く渓谷が刻まれた幼年期地形で、このあたりでは地形輪廻がよく観察できる。山頂部の平坦地は山頂から南西方向に扇状に3キロほど広がり、総面積は約6.6平方キロメートルもある。平坦地はミズゴケが厚く堆積した高層湿原で、そこには多くの池塘が点在する。この様子は苗代《なわしろ》を連想させ、苗場山の山名の由来である。

たそがれの池塘は感動的

秋、ウラシマツツジのみごとな紅葉

この山は上信越高原の山深いところに位置するため、里からはほとんど眺められない。しかし、周辺の高山からはよく望め、この特徴的な平坦な山頂の姿から山岳同定は容易である。

苗場山は長野・新潟県境にあり、登山コースは大きく分ければ長野県側の中津川渓谷からのものと、新潟県側の清津《きよつ》川渓谷のものがある。どちら側からも複数のコースがあり、さらに県境沿いの縦走コースも加えれば多彩である。山頂の湿原の中の木道歩きはこの山でしかできないのでぜひ体験してほしい。

（市川董一郎）

地元から…山ファンから…

「心躍る広大な湿原」

苗場山の魅力は広大な高層湿原に咲く高山植物の花々である。長い時間をかけ急坂を登りきったときに目の前に現れるお花畑は心打たれる感動の瞬間である。まるで極楽の世界に飛び込んだような思いになり、湿原を眺めていると、心が和み登山の疲れが一気に取れる。四季を通し草原の景色も変わり、別世界の幻想的な趣をみせつけてくれる魅力的な山で、何度でも訪れてみたくなる。

（長野市在住／宮澤 仁志さん）

小松原湿原上ノ代。静かな山域

苗場山頂から北東、越後三山方面 の山々

日蔭山山頂から霧ノ塔

日蔭山山頂方向

小松原湿原中ノ代、イワショウブが咲く

「小尾瀬《こおぜ》」の愛称、湿生植物と池塘の小松原湿原

苗場山頂に広がる平坦地は硫黄《いおう》川の渓谷でいったん途切れるが、その北の日影《ひかげ》山からは再び準平原となり、ここが小松原湿原である。小松原湿原は標高１３００メートルから１５００メートルにかけて階段状に分かれ、それぞれ下ノ代《しものしろ》、中ノ代、上ノ代と名付けられている。ここは登山者が少ないため、湿原はよく保存され美しい。湿性植物も豊富で、筆者が訪れたときは、イワショウブがひっそりと咲いていた。

苗場山と小松原湿原の信越県境上に縦走路がある。コースは神楽《かぐら》ヶ峰、霧ノ塔、日影山と顕著なピークの上り下りを繰り返しながら標高を下げる。ここはメインルートと外れているので、静かな登山が楽しめる。

（市川董一郎）

小松原湿原・登山コースガイド

●林道コース（往復・約９時間）

林道ゲート (2:00) →小松原湿原入口 (1:30) →避難小屋 (1:30) →日蔭山 (4:00) →林道ゲート

●山行アドバイス

歩行距離 25km あまりのロングコースなので体力の配分に注意したい。時間があれば日蔭山に登りたい。

●見どころ

中ノ代、上ノ代湿原はサワラン、トキソウ、ヒメシャクナゲなどが咲き誇る。湿原と林が織り成す自然の庭園風景。

●問い合わせ

十日町市役所中里支所
025-763-3111

●２万5000図

苗場山・赤沢

●交通アクセス

マイカー／上信越道・豊田飯山 IC から十日町～津南町へ。さらにグリーンピア津南から登山口。

●登山口情報（林道登山口）

駐車場／林道ゲート近くに数台。ゲートからしばらく林道を歩く。
トイレ／なし。

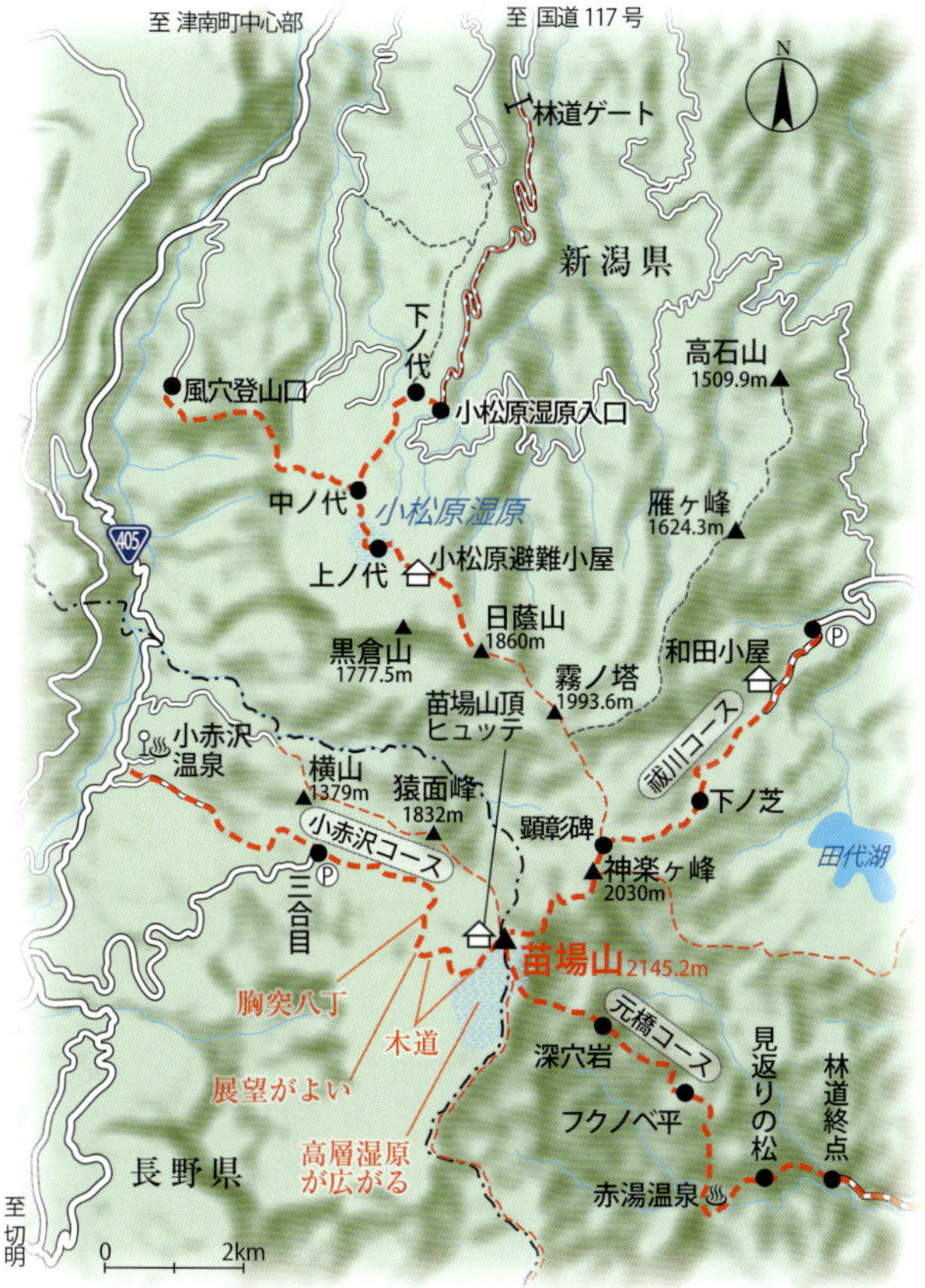

苗場山・登山コースガイド

●小赤沢コース（往復・約６時間）

小赤沢三合目 (2:30) →九合目 (1:00) →苗場山 (2:30) →小赤沢

●山行アドバイス

７月まで雪が残ることもある。樹林帯の登山道は急登もある。日帰り可能だが山頂のヒュッテに泊まり、朝夕のみごとなシーンを見たい。

●見どころ

山頂一帯の高層湿原は大小無数の池塘と湿性高山植物の宝庫。朝夕には池塘が赤く染まる。

●問い合わせ

栄村秋山郷観光協会
0269-87-3333
栄村役場秋山支所
025-767-2202
津南町役場
025-765-3111

●２万5000図

苗場山・土樽・佐武流山

●交通アクセス

マイカー／小赤沢三合目駐車場まで入ると、日帰りでもゆっくりと山行できる。

●登山口情報
（小赤沢三合目登山口）

駐車場／約 100 台。ベストシーズンは混雑するので、早朝駐車などを心がけたい。
トイレ／あり。

エリア
群馬・長野・新潟県／上信越高原国立公園

見どころ
上信越国境最奥の山

行程
日帰り（一日）

登山適期
7～10月

登山口
■北陸新幹線／JR飯山駅から車で約2時間（佐武流山）
■マイカー／上信越自動車道・豊田飯山ICから約2時間

11 佐《さ》武《ぶ》流《りゅう》山《やま》

■標高／2191.6メートル　標高差／約1150メートル
■紹介コース／切明国道405号線登山口コース（上り・5.5時間／下り・4時間）
■グレード／体力度★★★　技術度★★☆　危険度★★☆

12 白《しら》砂《すな》山《やま》

■標高／2139.8メートル　標高差／約600メートル
■紹介コース／野反湖コース（上り・3.5時間／下り・2.5時間）
■グレード／体力度★★☆　技術度★★☆　危険度★★☆

苗場山から佐武流山

秋山郷から佐武流山

国道405号線登山口

ワルサ峰から猿面峰

ワルサ峰の下部針葉樹林

物思平から月夜立岩と背後に鳥甲山

信越最奥の「二百名山」神秘秘めた佐武流山

「さぶりゅうやま」語感からは時代小説に出て来そうな山名である。この山は長野、新潟県境の白砂山と苗場山のほぼ中間に位置するが、独立峰ではなく、中津川を挟んだ対岸の岩菅《いわすげ》連峰からは目立たないピークとしてかろうじて望めるだけである。昭和三十年代の山岳部活動が盛んな時期には尾根を縦走する登山道があったが、その後歩く人も少なく長い間忘れられた山であった。

このあたりの山はチシマザサが密生していて、毎年刈り払わなければ数年で踏み跡は消失してしまうが、平成十二年に地元のボランティアの協力で登山道が開かれた。山名の不思議な語感と相まって、近年は日本二百名山の一山として注目されるようになったが、登山口からは長い難路が続くため一般の登山者は少なく、本当に山好きの人にとって静かな登山が楽しめる。（市川董一郎）

ワルサ峰下部

眺望よい稜線コース、野反湖から白砂山

長野、群馬、新潟県境に位置する高山である。隣の佐武流山とは目と鼻の距離だが、尾根道は激しいヤブで縦走は不可能である。最寄りの新幹線駅は佐武流山が飯山駅（もしくは越後湯沢駅）だとすると、この白砂山は高崎駅であり、そのため関東圏の登山者が多い。登山口は群馬県吾妻郡中之条町（旧・六合《くに》村）の野反《のぞり》湖である。

野反湖は中津川の最上流部を長野、群馬県境でせき止めた湖で、ここは他県からの河川が長野県に流れ込む珍しい場所である。野反ダムの水は下流の切明で発電用水として利用される。野反湖を潤す流域面積は驚くほど狭いがこのあたりは豪雪地帯で、雪解け水を有効に発電用水にするためにこのダムが設けられたのではないだろうか。

白砂山本体は樹林帯より上部にあるため、登山中の景色がよい。背の低いシナノザサ越しに三県の名だたる高山が見渡せ、小さなピークを越えるたびに変わる景色は見あきない。

山頂からの尾根は東方向に群馬、新潟県境を進み、北方向に長野、新潟県境を走る。野反湖から白砂山山頂まではよく整備されているが、その先はチシマザサの密生した藪で春先の残雪期のみ通行できる。（市川董一郎）

志賀高原渋峠から白砂山

猟師ノ頭から白砂山

富士見峠から野反湖とノゾリキスゲ

野反湖コース白砂山登山口

金沢レリーフから佐武流山（左端）

富士見峠から野反湖

白砂山山頂

堂岩山から白砂山

白砂山・登山コースガイド

● 野反湖コース（往復・約 6 時間）
野反湖レストハウス前 (2:30) →堂岩山 (1:00) →白砂山 (2:30) →野反湖

● 山行アドバイス
登山口からハンノキ沢までの下りが滑りやすいので注意する。堂岩山直下の小広場から 100m 北に北沢の水場がある。富士見峠から八間山経由コースも展望がよく高山植物も多くおすすめコースである。

● 見どころ
高原の静かな野反湖は美しい。ノゾリキスゲの時期にはいちめん黄色の花で覆われる。八間山への斜面にはコマクサも咲く。白砂山山頂からは富士山も見えて展望がよい。

● 問い合わせ
中之条町観光協会　0279-75-8814

● 2万5000図　野反湖

● 交通アクセス
マイカー／長野原から国道 292 号、国道 405 号線を野反湖まで約 1 時間。

● 登山口情報
駐車場／野反湖レストハウス前。
トイレ・売店／野反湖レストハウス前。

佐武流山・登山コースガイド

● 切明国道 405 号線登山口コース（往復・約 9.5 時間）
国道 405 号線 (1:30) →檜俣川渡渉点 (4:00) →佐武流山 (4:00) →国道 405 号線

● 山行アドバイス
雨の後など檜俣川渡渉時、増水に注意する。渡れない時もある。ザイルなどで確保して渡る。佐武流山を越えて白砂山へは登山道はない。藪漕ぎとなる。苗場山へは登山道が開かれた。白砂山間は主に残雪期に歩かれている。

● 見どころ
苗場山との分岐を過ぎると池塘があり花も多い。途中の稜線からは志賀高原の展望がよい。苗場山もよく見える。山頂は樹林に覆われていて樹間からわずかに展望がある。

● 問い合わせ
栄村秋山郷観光協会　0269-87-3333
栄村役場秋山支所　025-767-2202

● 2万5000図　佐武流山

● 交通アクセス
マイカー／豊田飯山 IC より国道 117 号、405 号を通り、約 1 時間 40 分で秋山郷・切明温泉。

● 登山口情報
駐車場／登山口の国道脇に数台。
トイレ／なし（切明温泉まで下る）。
売店／切明温泉。

エリア
長野県／信越トレイル

見どころ
信越五岳・野尻湖

行程
日帰り（半日）

登山適期
5〜10月

登山口
■北陸新幹線／JR飯山駅からバス等で約30分
■マイカー／上信越自動車道・豊田飯山ICから約30分弱

13

斑《まだら》尾《お》山《さん》

■標高／1381.5メートル　標高差／約400メートル
■紹介コース／かえでの木コース（上り・1.5時間／下り・1時間）
■グレード／体力度★☆☆　技術度★☆☆　危険度★☆☆

斑尾山山頂付近

山頂から大明神岳へ

斑尾山と野尻湖。黒姫山から

斑尾高原から

野尻湖と斑尾山

野尻湖周遊道から斑尾山

「信越トレイル」南の起点

世界的に有名なロングトレイルのアパラチアントレイルを踏破した作家、加藤則芳氏が「いいやまブナの森倶楽部」の事務所「なべくら高原・森の家」をふらりと訪れたことから、日本初のロングトレイル「信越トレイル」は関田山脈に誕生した。

総延長80キロメートルに及ぶ信越トレイルは垂直のピークハントではなく、水平の里山歩きを楽しむコースだ。基本的な理念は生態系の保全、地域の歴史や文化、そこで暮らす人々とのふれあいをなにより大切にすることだ。自然の中を歩き、自然に触れて、自然と人との共生のあり方を感じ取っていくことが、このロングトレイルの魅力である。

（伊久間幸広）

信越（北信）五岳の東端、やさしく優美な山容。

信越トレイル南の起点は斑尾山山頂である。山頂へは斑尾高原スキー場のゲレンデ内を登るルートが一般的である。リフト最上部からは、北方に信越トレイルのある関田《せきだ》山脈が延々と続いているのが見える。斑尾山の山頂は木立に囲まれた静かな広場になっている。

「信越トレイル」1 2 県境80キロメートル、斑尾山頂からトレイル・スタート

斑尾山頂 ― 万坂峠 ― 袴岳 ― 赤池 ― 希望湖 ― 涌井

斑尾山山頂の約３００メートル南西の大明神岳《だいみょうじん》からは眼下に野尻湖が見え、その先に飯縄山、黒姫山、妙高山が等間隔で並んで望める。この位置からは北信に住む里人が戸隠山と呼んでいる高妻山は黒姫山の真裏になるため見えないが、信越五岳の位置関係がよく分かる。

斑尾山の標高は１３８２メートル余りで最も低いにもかかわらず、善光寺平北部からは信越五岳はほぼ同じ高さに見える。この山は五岳の中では東端に位置し、里から近いので視覚的には負けていない。それゆえ、里人の暮らしに密着した山でもある。特に山の東面、南面は山ひだ深くまで集落が入り込み、谷沿いに水田耕作がおこなわれている。さらに、山の西側の野尻湖からは優しい山容が望め、避暑客や観光客に親しまれている。

斑尾山とその北部は火山地形が広がる。袴岳《はかま》は均整のとれた溶岩丘であり、希望湖《のぞみ》は溶岩せき止め湖をかさ上げした湖である。袴湿原、沼の原湿原は湿性植物が豊富であり、赤池周囲はブナ林が美しい。

（市川董一郎）

大明神岳山頂から。眼下に野尻湖

袴湿原

トキソウ

名画にも描かれた希望湖

テントサイトのある赤池

斑尾山・登山コースガイド

● **斑尾山～赤池 1**
（トレイル・約６時間）
レストハウスチロル前 (1:30) → 斑尾山 (1:10) →万坂峠 (1:10) →袴岳 (1:20) →赤池

● **赤池～涌井 2**
（トレイル・約４時間）
赤池 (0:35) →沼の原湿原 (0:35) →希望湖 (0:35) →毛無山 (1:45) →涌井

● **山行アドバイス**
1 2 は休憩ポイントやトイレがよく整備されている。信越トレイルオフィシャルマップを持って歩きたい。さまざまな安全便利文化情報が載っている。

● **見どころ**
斑尾山の大明神岳からは眼下に野尻湖、正面には飯縄山、黒姫山、妙高山がパノラマのように広がり、はるかに北アルプス連山も望める。

● **問い合わせ**
信越トレイルクラブ　0269-69-2888
信州いいやま観光局　0269-62-3133
斑尾高原観光協会／まだらお高原・山の家 0269-64-3222
信濃町商工観光課　026-255-3111

● **2万5000図**　飯山・替佐

● **交通アクセス**
マイカー／上信越道・豊田飯山ICから国道117号、県道97号等で16km、約25分。
バス／JR飯山駅から飯山市コミュニティバスで約30分。

● **登山口情報（斑尾高原登山口）**
駐車場／斑尾高原スキー場内、赤池駐車場、沼の原湿原入口駐車場、希望湖駐車場。
トイレ／赤池遊森の館、沼の原湿原公衆トイレ、希望湖入口トイレ。

斑尾山頂近くからの飯山盆地

地元から…山ファンから…

「アウトドアのアクティビティ満喫」

北信五岳（信越五岳）の中で唯一、東に離れて鎮座する斑尾山。標高1382mと五岳の中で最も低いが、独立峰ならではの開放的な眺めが魅力です。標高1000mの斑尾高原は、スキーはもちろん、トレッキングやさまざまなアクティビティが楽しめるスポーツリゾート。冬のスノーシューもおすすめです。

（まだらお高原・山の家／佐藤 豊さん）

万坂峠

信越トレイル案内板

エリア
長野・新潟県／信越トレイル

見どころ
ブナ美林・国天然記念物

行程
日帰り（半日）

登山適期
6～11月

登山口
■北陸新幹線／JR飯山駅から車で約50分（鍋倉山）
■マイカー／上信越自動車道・豊田飯山ICから約1時間

14 黒岩山《くろいわやま》

■標高／911メートル　標高差／約120メートル
■紹介コース／桂池コース（上り・1時間／下り・1時間）
■グレード／体力度★☆☆　技術度★☆☆　危険度★☆☆

15 鍋倉山《なべくらやま》（黒倉山《くろくらやま》）

■標高／1288.8メートル　標高差／約160メートル
■紹介コース／関田峠コース（上り・2時間／下り・1.5時間）
■グレード／体力度★☆☆　技術度★☆☆　危険度★☆☆

「信越トレイル」3
国指定・天然記念物 豊かな生物相、黒岩山

涌井 ― 富倉峠 ― 黒岩山 ― 仏ヶ峰登山口

涌井《わくい》集落から急坂を登ると、その先は既存の林道歩きとなる。富倉《とみくら》峠はかつて越後と信濃の往来の重要な峠で、上杉謙信の軍用道路でもあった。いまの峠道は草むす小道である。その先、北峠近くのソブの池は勾玉の形をしている。ちなみに「そぶ」は、北陸では泥水をさす。

北峠からは徐々に高度を上げ、黒岩山に至る。ここは、ギフチョウとヒメギフチョウの混棲地として知られてきたが、自然観察エリアとして充実している。黒岩山だけを目当てに登山するハイカーも多い。関田山脈はモリアオガエルやミドリシジミ類、さらにササユリ、トキワイカリソウ、トキソウなどの希少な動植物が観察できる。

黒岩山の下りにある太郎清水は緑に囲まれていて、まろやかな水がおいしい。その先、仏《ほとけ》ヶ峰登山口までは主稜線の東側の緩斜面をたどる。そこは戸狩温泉スキー場の最上部である。

（伊久間幸広・市川董一郎）

飯山市外様から黒岩山

山上湖の桂池

黒岩山山頂の東屋

ブナ林の下、太郎清水

往時を伝える富倉峠

黒岩山、桂池

ブナ林の中の登山道

ソブの池

「信越トレイル」4
ブナ美林と残雪。鍋倉山・黒倉山

仏ヶ峰登山口 ― 鍋倉山 ― 黒倉山 ― 関田峠

仏ヶ峰登山口から、登山道は傾斜を増してくる。このあたりは信越トレイルの中核部である。仏ヶ峰の山頂は平坦だが、この先で尾根は狭くなる。冬期に鍋倉山から見ると、このあたりは雪庇が発達していて、積雪の多さと季節風の強さがわかる。やせた尾根は、美しいブナ林となり、やがて関田山脈の最高峰の鍋倉山に到着する。

山頂から東に伸びる稜線の下に「巨木の谷」がある。ここは南北に尾根に挟まれたU字型の谷で、強風が吹かない地形となっている。さらに、谷の下部が急速に狭まって麓の里人が入りにくい。近年ではブナの森の保護活動が高まり、皆伐を免れたため、「森太郎《もりたろう》」を始めとする巨樹が残存した。

鍋倉山と黒倉山を繋ぐ稜線の長野県側にも美しいブナ林が広がる。ここは、里の人が入りやすかったため、炭焼き窯がたくさん作られ、ブナは適当に更新されたため、いまは百年くらいの巨木で占められている。

関田峠をはさんで、新潟県側には光ヶ原牧場、長野県側には茶屋《ちゃや》池とブナ観察林があり、観光客が集まる。

（市川董一郎・伊久間幸広）

鍋倉山と千曲川。野沢上ノ平から

鍋倉山山頂

山麓の田茂木池

残雪と芽吹きのブナ美林、鍋倉山

曲がりくねったブナ

関田峠付近

ブナ美林の登山道

ブナの巨木・森太郎

鍋倉山（左）と黒倉山（右）

鍋倉山から仏ヶ峰

地元から…山ファンから…

「ブナ美林と残雪のコントラスト」

日本の森ベスト10にも選ばれた原生的ブナ林が残る鍋倉山。里山でありながら、冬季は8ｍの積雪がある豪雪地帯のため、ほぼ完全に近いブナの純林が残り、地衣類の付着が少なくブナ本来の灰白色の木肌も大変きれいです。春の新緑と一緒に一面に残る雪とのコントラストや朝陽を受けて輝く森の姿は一見の価値があります。

（なべくら高原・森の家／高野 賢一 さん）

COLUMN

春の女神 ギフチョウ

早春の里山に姿をみせるギフチョウは春の女神とも呼ばれる。黄と黒のだんだら模様は美しいが、春先の枯葉にまぎれて目立たない。信越県境の春の里山歩きでは、その出会いも楽しみ。

鍋倉山・登山コースガイド

● 涌井～仏ヶ峰登山口 3
（トレイル・約6時間）
涌井 (1:00) → 富倉峠 (2:00) → 黒岩山 (1:00) →桂池 (1:40) →仏ヶ峰登山口

● 仏ヶ峰登山口～関田峠 4
（トレイル・約6時間）
仏ヶ峰登山口 (2:00) →小沢峠 (2:30) → 鍋倉山 (0:20) →黒倉山 (1:00) →関田峠

● 山行アドバイス
コースは危険箇所はない。緩やかなブナ林の尾根道を歩くことができる。

● 見どころ
豪雪により根曲がりとなったブナ林、残雪の中で咲くユキツバキなど多雪地帯特有の自然に注目したい。
黒岩山から下ると熊ノ巣池がありモリアオガエルやクロサンショウウオの卵塊を見ることができる。

● 問い合わせ
なべくら高原・森の家／信越トレイルクラブ
0269–69–2888

● 2万5000図 猿橋・野沢温泉

● 交通アクセス
マイカー／上信越道・豊田飯山ＩＣより、国道117号で飯山市戸狩まで。主要地方道・上越飯山線にて温井経由、約40㎞、約1時間で関田峠。※冬期（例年11月上旬～5月末）は温井から上部は雪のため通行止め。

● 登山口情報（関田峠登山口）
駐車場／関田峠5台。茶屋池10台など。
トイレ／桂池テントサイト、とん平、茶屋池、グリーンパル光原荘。

16 天水山《あまみずやま》

■標高／1088メートル　標高差／約200メートル
■紹介コース／深坂峠コース（上り・1時間45分／下り・1時間45分）
■グレード／体力度★☆☆　技術度★☆☆　危険度★☆☆

17 菱ケ岳《ひしがたけ》

■標高／1129.2メートル　標高差／約450メートル
■紹介コース／キューピットバレイスキー場コース（上り・1.5時間／下り・1時間）
■グレード／体力度★☆☆　技術度★☆☆　危険度★☆☆

エリア
長野・新潟県／信越トレイル

見どころ
ブナ美林・野々海池

行程
日帰り（半日）

登山適期
7～11月

登山口
■北陸新幹線／JR飯山駅から車で約1時間強（天水山）
■マイカー／上信越自動車道・豊田飯山ICから約1時間強

天水山山頂

登山口の深坂峠

天水山。栄村口方面から

深坂峠ルートのブナ美林

ブナ巨木

雪深い山麓の野々海池

「信越トレイル」5 6
ブナの森を往く天水山
関田峠 ― 伏野峠 ― 深坂峠 ― 三方岳 ― 天水山

関田峠から東部の山稜はこれまでの顕著な尾根から、徐々に穏やかな丘陵に変わる。長野県側は主稜線と千曲川の間に段丘が発達して、そこは集落や耕作地が広がる。ひきかえ、新潟県側は山間深くに集落が散在する。

長野県側と、新潟県側の集落の間に多くの峠道が築かれ、物資や人の交流が行われた。関田山脈には16の峠があり、特に東部に多い。飯山市の古老の話では、「昔は新潟県側の集落でお祭などがあると、こちらで採れた作物を持って峠を越えて、あちらの特産を持ち帰った」そうだ。

さらに、県境の稜線上を信越トレイルは東進し、野々海《ののみ》峠に至る。峠の直下に、灌漑用のせき止め湖の野々海池がある。池の周囲はブナ林が広がり、自然がゆたかである。三方岳からは稜線はやせ、信越トレイル最北地点の天水山に至る。緩やかな稜線上の一角で、長かったトレイル全ルートの踏破を振り返る。

（市川董一郎・伊久間幸広）

● 交通アクセス
マイカー／
国道117号経由、JR飯山線・平滝駅前より野々海高原まで約40分。深坂峠まで約10分。この道は6月末まで積雪のため通行不能の年も多いので事前確認のこと。

● 登山口情報
（天水山・深坂峠登山口）
駐車場／道沿いに約5台。
トイレ／野々海高原キャンプ場。
売店／なし。

天水山・登山コースガイド

● 関田峠～伏野峠（トレイル・約5.5時間）
関田峠 (2:00) →牧峠 (1:20) →宇津ノ俣峠 (2:15) →伏野峠

● 伏野峠～天水山（トレイル・約4.5時間）
伏野峠 (1:30) →野々海峠 (0:45) →深坂峠 (0:40) →三方岳 (1:10) →天水山

● 山行アドバイス
深坂峠からは三方岳などの尾根道を2～3度登り返す。ブナ林の中の道だが西面は急斜面なので滑落に注意したい。

● 見どころ
ブナ林が美しい。国内きっての豪雪地ともいえる野々海池は6月でも雪に覆われている。

● 問い合わせ　栄村振興公社　0269-87-3115
信越トレイルクラブ　0269-69-2888

● 2万5000図　柳島・松之山温泉

COLUMN

越後松之山「森の学校」
キョロロ

雪に育まれた里山「雪里」の宝物を、みんなで調べ、つなぎ、伝え、行動することで、地域を創る新しい科学館。ユニークな展示、ユニークな建物、ぜひ一度訪れてほしい。

〈TEL〉025-595-8311
〈入館料〉大人500円／小中高生300円（小学生未満は無料）
〈開館時間・休館日〉
9：00～17:00（入館は16：30）まで
火曜日休館（火曜が祝日の場合は水曜日、8月は無休）、12/26～31（年末休館）

上越・頸城平野からはるかに望む異形の山
菱ヶ岳

　菱ヶ岳は和銅年間に、裸形上人が薬師如来を奉納したと伝えられている。また鈴木牧之は『北越雪譜』でこの山を紹介している。新潟県側の旧安塚《やすづか》町から見ると、角ばった山の形が、いかにも菱ヶ岳と呼ぶのにふさわしい。

　この山は、信越トレイルが走る関田山脈の主稜線とは少し外れる。地形からして火山と思われる。山の南は緩斜面だが、三方は険しい崖に囲まれる。それゆえ、山頂からの眺望はすこぶるよい。頸城《くびき》山塊の山、頸城平野、日本海の眺めが楽しめる。

　菱ヶ岳の山麓には大規模な観光施設とスキー場が開発されている。上越市、あるいは北越急行ほくほく線とのアクセスもよく、観光客やスキー客であふれる。

　最後に、信越トレイルを振りかえってみると、このコースの魅力はブナ林が持つふくよかさであることを感じる。それに、雄大な関田山脈の持つ包容力と、多雪地帯であること、そこに住む人の生活や風土のゆたかさである。

（伊久間幸広・市川董一郎）

特異な山容。伏野峠からの菱ヶ岳

菱ヶ岳山頂付近

山頂の薬師堂

菱ヶ岳。山麓の安塚から

山頂への急登

残雪の登山道

菱ヶ岳・登山コースガイド

●キューピットバレイスキー場コース（周回・約4時間）

グリーンパーク (1:30) →菱ヶ岳 (0:40) →須川峠 (0:45) →ゴンドラ山頂駅 (0:30) →グリーンパーク

●交通アクセス

マイカー／　国道 253 号、虫川Ｔ字路より約 30 分。スキー場センターハウス手前を左折しグリーンパーク駐車場へ。

●登山口情報
（菱ヶ岳・グリーンパーク登山口）

駐車場／約 10 台。下のスキー場に約 500 台。

トイレ・売店／スキー場センターハウスにレストラン・売店・トイレ。

●山行アドバイス

菱ヶ岳周辺だけでもいくつものハイキングコースがある。伏野峠から少し下った登山口から小黒川に下る不動滝コースも変化があっておもしろいコースだ。残雪期に信越トレイルと合わせて登るとブナ林の新緑がすばらしい。

●見どころ

菱ヶ岳山頂からの展望がすばらしい。ゴンドラ山頂駅から左へ下る湿原コースもミズバショウやリュウキンカなどの湿原植物が咲いている。

●問い合わせ　雪だるま高原キューピットバレイ　025-593-2041

●2万5000図　柳島・松之山温泉

エリア
長野県／妙高戸隠連山国立公園

見どころ
信越五岳・長野市民の山

行程
日帰り（一日）

登山適期
一年中

登山口
■北陸新幹線／JR長野駅からバス・車で約40分（飯縄山）
■マイカー／上信越自動車道・長野ICから約1時間

18 飯《いい》縄《づな》山《やま》

■標高／1917.3メートル　標高差／約800メートル
■紹介コース／南登山道（上り・3時間／下り・2時間）
■グレード／体力度★★☆　技術度★☆☆　危険度★☆☆

19 霊《れい》仙《せん》寺《じ》山《やま》

■標高／1875メートル　標高差／約900メートル
■紹介コース／正面登山道コース（上り・3時間弱／下り・2時間弱）
■グレード／体力度★★☆　技術度★★☆　危険度★☆☆

善光寺平のシンボル 飯縄権現の霊山。たおやかな飯縄山。

飯縄山群は信越（北信）五岳の中では最南部に位置し、主峰の飯縄山と数個の支峰よりなり、裾野まで含めると直径約8キロメートルの円板に乗る。善光寺平からは主峰と霊仙寺山がバランスよく並んで、一塊の成層火山に見えるが、北側から見ると山頂がバラけてこれが飯縄山か？と思うほど姿が異なる。飯縄山群は飯縄山、霊仙寺山のほかに、瑪瑙《めのう》山、怪無《けなし》山、高《たか》デッキ山などで形成される。

飯縄山登山は飯綱高原の一《いち》の鳥居から登る南登山道が一般的である。この山は長野市民に親しまれており家族連れの登山者が多いが、山頂までの標高差が800メートル近くあり、決して楽ではない。北西方向に目をやれば戸隠、妙高連山が眼前に広がり、特に葉が繁る前の残雪期の眺望に優れる。

戸隠中社から登る西登山道は、変化に富んでいる割に標高差が少なく、登りやすいので人気がある。萱《かや》ノ宮神社からは尾根道なので眺望がよく、高山植物も豊富である。

（市川董一郎）

地元から…山ファンから…

「一日の始まりは飯縄山確認から」

私の一日は、我が家の窓から飯縄山の姿を確認することから始まる。山の見え方を○△×で記録している。
又、体力維持のために、週一回は登ることを心掛けている。独立峰だけあって、360度、第一級の展望が広がる。四季いつでも安全に登山でき、短時間でその眺めに接することが出来るのも魅力だ。残雪の北アルプスをバックに紅紫の花、ムラサキヤシオツツジの咲くころの飯縄山が一番好きだ。

（山学山遊会／村田 悦男さん）

飯縄山山頂から信越（北信）五岳北部の山々

飯綱高原大谷池湿原からの飯縄山

西登山道、萱ノ宮

富士見の水場

飯縄山山頂から北アルプス連山の山並

９合目近くのお花畑

たそがれの飯縄山。桃の花咲く善光寺平から

飯綱高原からの飯縄山

山稜連なる飯縄山（左）と霊仙寺山（右）

霊仙寺山山頂

山頂の巨岩

山岳仏教の遺構礎石

霊仙寺山登山口

創始は鎌倉時代以前、山岳仏教の修験地。その遺構を伝える霊仙寺山

里からは一体に見える飯縄山塊の、北側のピークが霊仙寺山である。山容は穏やかだが見るからに大きな山で、登山口から山頂まで標高差で1000㍍近くあるので、登るにはそれなりに覚悟がいる。上り下りがない分、ひたすらあえぎながら登ることになるが、頂上に着いた時は達成感がある。

登山口の霊仙寺《りょうぜんじ》地区は、鎌倉、室町時代には規模の大きい山岳仏教の僧院があった。今も樹木に囲まれた広場に遺構が残っていて、当時の隆盛が偲ばれる。間もなく平坦な林道を横切るが、この道は、かつては木材を運搬するトロッコ道の跡である。林道は霊仙寺山の山麓をとり囲むように北に向かって伸びている。豊富な森林資源を盛んに活用した時期があったことが分かる。

登山道は徐々に傾斜がきつくなり、リゾートスキー場からの登山道を合するあたりから、高山植物が目に留まるようになる。ウラジロヨウラクやサラサドウダンなどのツツジ科の小灌木の花が美しい。

霊仙寺山頂からは全方向に眺望がある。東方に目をやれば善光寺平の向こうに上信越高原の山々が見える。山頂から藪の中を南方の飯縄山本峰への登山道が伸びているが、この道は意外に歩きにくい。

（市川董一郎）

飯縄山・登山コースガイド

●南登山道（往復・約５時間）

一の鳥居苑地 駐車場 (0:10) →大鳥居登山口 (1:20) →駒つなぎの場 (0:45) →中社登山道分岐 (1:00) →飯縄山 (2:00) → 一の鳥居苑地駐車場

●山行アドバイス

長野市民の山として一年中登山者の絶えることはない。冬でもトレイルがつき登山可。（念のため六本爪アイゼン、スノーシュー持参したい）充分な水も必携。

登山コースにはトイレはない。山頂手前に携帯トイレ用ブースがあるので、携帯トイレ持参のこと。

●見どころ

７月上～中旬、９合目付近はハクサンフウロ・ベニバナシモツケ・トリアシショウマなどが咲き乱れる。山頂からは信越五岳をはじめ北アルプス連山の大パノラマが楽しめる。

●問い合わせ

長野市観光振興課 026-224-8316
飯綱高原観光協会 026-239-3185

●2万5000図 戸隠・若槻

●交通アクセス

マイカー／上信越道・長野 IC から県道 117 号等と戸隠バードライン経由約 20㎞、約 50 分で一の鳥居苑地駐車場。

●登山口情報（一の鳥居苑地駐車場）

飯縄山の南側、戸隠バードライン沿い。登山口まで徒歩 10 分。登山口は駐車禁止。

駐車場／約 40 ～ 50 台。大型バスも可（無料）。

トイレ・売店／トイレあり。売店なし。

●交通アクセス

マイカー／上信越道・信濃町 IC から国道 18 号、県道 36 号、404 号等経由で約 12㎞、約 20 分。

●登山口情報（正面登山口）

駐車場／霊仙寺跡駐車場に約 10 台分。

トイレ・売店／なし（霊仙寺湖東側湖畔にトイレ２ヵ所）。

霊仙寺山・登山コースガイド

●正面登山道コース（往復・約５時間弱）

霊仙寺跡駐車場 (0:10) →五社権現奥ノ院跡 (1:00) →スキー場分岐 (1:40) →霊仙寺山 (1:50) →霊仙寺跡駐車場

●山行アドバイス

途中からは急登となるが、花々も多い。標高差 1000m 近く、体力配分にも留意してゆっくり登りたい。霊仙寺山山頂から飯縄山山頂へは意外ときついので要注意。

●見どころ

奥ノ院跡などの遺構が登山口から続いている。

●問い合わせ 信濃町産業観光課 026-255-3114

●2万5000図 若槻

エリア

長野県／妙高戸隠連山国立公園

見どころ

信越五岳・複式火山

行程

日帰り（一日）

登山適期

6～10月

登山口

■北陸新幹線／JR長野駅から電車・車で約1時間
■マイカー／上信越自動車道・信濃町ICから約10分

20

黒《くろ》姫《ひめ》山《やま》

■標高／2053.4メートル　標高差／約1350メートル
■紹介コース／表登山道コース（上り・4.5時間／下り・3.5時間）
■グレード／体力度★★★　技術度★☆☆　危険度★☆☆

山頂近く。視界も開ける

妙高高原から新雪の黒姫山。山体は大きい

眺望のよい稜線を行く

黒姫山山頂

黒姫山山頂から山頂火口原とカルデラ湖。後方は高妻山

山頂火口原の大池

山麓から徐々に道はきつくなる

信越五岳の中央に位置、風格ある佇まい。黒姫山

善光寺平北部から信越（北信）五岳を眺めたとき、最も整った形をしているのが黒姫山である。山体はどっしりしていて、五岳の中でも最も重量感がある。東側から見た黒姫山は典型的な成層火山に見えるが、北西側にある妙高連山の標高の高いところから見ると、三角点のある黒姫山頂が外輪山の一部で、御巣鷹《おすだか》山が中央火口丘であることが分かる。この角度から見る黒姫山群も美しい。実際に登ってみると、外輪山上の山頂三角点と御巣鷹山の間には小規模ながらカルデラ湖の名残りもあり、この山は複式火山であることが分かる。

黒姫山の東の中野市には、黒姫山にまつわる民話がある。かつて信濃の北部を治めていた高梨家に黒姫と言う美しい姫がいた。志賀高原の大沼池に住む大蛇が若者に姿を変えて求婚したが城主が許さず、怒った大蛇が中野の街を洪水で襲う。悲しんだ黒姫が黒姫山頂の池に身を投げてからは洪水が鎮まったという。

長野県北部から新潟県にかけて黒姫山あるいは単に黒姫と呼ぶ山が合計四座ある。新潟県の刈羽《かりわ》黒姫山は「機織《はたお》りや水耕の守り神」とされているそうで、信越における黒姫崇拝は雨乞いや洪水よけを願う信仰のようだ。中野市付近では、黒姫山に入道雲がかかるとその後雷雨になるという。

（市川董一郎）

残雪の黒姫山とリュウキンカ群落。黒姫高原御鹿池近くから

たおやかな裾野を伸ばす黒姫山と蕎麦畑、黒姫高原から

COLUMN 一茶の故郷・柏原

江戸時代の俳人、小林一茶は現信濃町柏原の生まれで、晩年は柏原で過ごした。信濃町には一茶の俳句にまつわる史跡がたくさん残っており、野尻湖周囲の散策とあわせて訪れるとよい。一茶は黒姫山を読んだと思われる俳句もある。

うらの山雪ござったぞはやばやと

文政八年（一茶 六十三歳）

複式火山の形状。妙高高原笹ヶ峰から

山頂の石碑

黒姫山・登山コースガイド

● 表登山道・小泉登山道コース（往復・約8時間）

黒姫高原スキー場方面から一気に登る。登り4時間30分の健脚向けコース。小泉コースは登り1時間ほど短縮可。

信濃町町民の森登山口 (4:00) →黒姫乗越との分岐 (0:20) →黒姫山 (3:30) →黒姫高原スキー場

● 山行アドバイス

黒姫山登山には大きくは信濃町口と戸隠口があり、これを結べば山頂三角点を通って外輪山をほぼ半周するコースとなる。信濃町口は黒姫スキー場から登る小泉登山道と、赤渋から町民の森を経由する表登山道がある。黒姫山は大きな山で登頂にはそれなりの苦労もあるが、健脚家にとっては達成感のある山である。

戸隠口から登る西登山道入り口には種池と古池の大きな溜池があり、戸隠高原を散策する時に立ち寄るとよい。

● 問い合わせ

信濃町観光案内所 026-255-3226
長野市戸隠支所　026-254-2326

● 2万5000図　高妻山・信濃柏原

● 交通アクセス

マイカー／上信越道・信濃町 IC から、国道18号、県道36号等経由で約5km、約10分。

● 登山口情報（表登山道）

駐車場／入口（町民の森入口）に約10台分。草地。
トイレ／駐車場隣接の休憩所に簡易水洗。

● 登山口情報（西新道登山道）

駐車場／大橋林道入口に約10台分。砂利。
トイレ・売店／トイレ等なし。

大橋登山口

古池登山口

エリア
長野・新潟県／妙高戸隠連山国立公園

見どころ
信越五岳・山岳修験の霊峰

行程
日帰り（一日）

登山適期
6〜10月

登山口
■北陸新幹線／JR長野駅からバス・車で約1時間（高妻山）
■マイカー／上信越自動車道・長野ICから約1時間

21 戸隠山《とがくしやま》

■標高／1904メートル　標高差／約1000メートル
■紹介コース／表山コース（上り・4時間／下り・3時間）
■グレード／体力度★★★　技術度★★☆　危険度★★★

22 高妻山《たかつまやま》

■標高／2353.0メートル　標高差／約1300メートル
■紹介コース／戸隠牧場コース（上り・5時間／下り・4時間）
■グレード／体力度★★★　技術度★★☆　危険度★★☆

初冬の戸隠連峰。西岳（左）と表山（右）。鏡池から

戸隠表山最大の難所・蟻の塔渡り

修験の地でもあった百間長屋

ミズバショウ咲く森林植物園

山岳修験道の霊峰、岩屏風の戸隠表山

まさに岩屏風そのもの。垂直の岩峰がそそり立つ。天手力男命《あまのたじからおのみこと》が投げた大岩が戸隠山になったという故事があるが、戸隠は神話と山岳宗教の一大中心地である。平安時代から神仏混合の山岳修験道のメッカとして栄えてきた。近世になって徳川家康の庇護で急速に拡大したが、明治時代の廃仏毀釈の影響で神道の戸隠神社だけが残った。

隋神《ずいしん》門から奥社に至る参道は樹齢二百年余りの杉並木が連なり、荘厳な雰囲気を持つが、パワースポットとしても人気が高い。山川草木悉皆成仏…古来のアミニズム信仰から最近のパワースポットまで、この山の荘厳さは不思議な魅力を湛えている。

パワースポット奥社杉並木

奥社からの表山登山コースは険しく、登山道には百間《ひゃっけん》長屋や蟻《あり》の塔《と》渡りなどの、山岳修験道のさまざまな遺跡や難所が残っている。一不動《いちふどう》を経て戸隠牧場へ下るコースは危険個所も多く、7時間余りの難コースなので充分な体力と装備が必要である。　（市川董一郎）

戸隠連峰の主峰、高妻山

富士山を思わせる峻峰・高妻山

仏教遺跡の少ない戸隠連峰ではあるが、高妻山登山道には一不動から五地蔵山、さらに乙妻山に至る道々に十三仏が祀ってある。二普賢《ふけん》、三文殊《もんじゅ》と数えながら急登を行くのは趣きがある。

高妻山は、深田久弥の日本百名山にも数えられるが、アプローチは長く1500メートル近い標高差もある健脚向けコースである。途中には一不動避難小屋があるが、非常時以外は使用を避けたい。

頂上直下はお花畑もみごとで、登山道沿いには6月頃、シラネアオイが美しい。稀少種のムシトリスミレに出会えれば幸運だ。　（市川董一郎）

戸隠山八方睨からの高妻山

高妻山山頂

五地蔵山から高妻山への登山道

残雪の高妻山。信濃町から

五地蔵山から高妻山への十三仏

COLUMN 奥信濃の味覚 霧下《きりした》蕎麦《そば》

蕎麦は冷涼を好み土壌を選ばないため、信州では各地の高原や山間地で栽培されている。特に名を知られているのが「霧下蕎麦」。高山の麓で、霧がよく発生する高原に育つ蕎麦のことで、昔から最高の品質とされてきた。信越国境の黒姫・妙高・戸隠山麓が「霧下蕎麦」の本場とも言われる。栄養分の少ない火山性土壌、冷涼な気候、日差しと昼夜の温度差などが絶品の蕎麦を育てる。

戸隠表山（左）と高妻山（右）。戸隠高原より

新雪の西岳と鏡池

戸隠山／高妻山・登山コースガイド

● 牧場・高妻山登山道コース（往復・約9時間）
戸隠牧場 (1:00 強) →帯岩 (水場あり・0:30) →一不動避難小屋 (2:00) →八丁ダルミ (1:00 強) →高妻山 (4:00) →戸隠牧場

● 表山縦走コース（周回・約7時間）
奥社入口 (0:40) →奥社 (2:00) →戸隠山・八方睨 (1:00) →九頭龍山 (1:30) →一不動 (1:30) →牧場

● 山行アドバイス
高妻山は高度差 1300 m強、歩行時間 9 時間あまりのきついコース。八丁ダルミからの急登では残雪時、滑落事故が多発。危険度が高い。表山は蟻ノ塔渡りなど岩場の難所多く、特に注意。どちらも長いコースなので携帯トイレ持参のこと。西岳・乙妻山は熟達者のみ。

● 見どころ
高妻山は一不動〜五地蔵岳を経て高妻山、さらに乙妻山となるが要所に十三仏の石像がたたずむ。山頂直下の登山道沿いのシラネアオイもみごと。

● 問い合わせ
長野市戸隠支所　026-254-2326

● 2万5000図　高妻山・戸隠

● 交通アクセス
マイカー／上信越道・長野 IC 〜県道 35 号、国道 117 号、19 号、406 号、県道 506 号、戸隠バードライン等経由で約 40km、約 1 時間。

● 登山口情報
（戸隠牧場入口）
駐車場／約 50 台。
トイレ・売店／キャンプ場入口にトイレ。牧場入口にそば店。
（表山・奥社参道入口）
駐車場／約150台。　トイレ・売店／トイレあり。そば店、売店あり。

● 周辺情報
奥社参道の杉並木はパワースポット。奥社入口から徒歩 1 時間ほどの鏡池はみごとに戸隠連峰を映し込む。

シラネアオイ

戸隠神社奥社

鷲が両翼を広げたかのような山容。多くの名作絵画にも登場した。妙高高原いもり池から

妙高市大洞原からの山容

燕新道・称明滝

妙高サンシャインから。火打・焼山も望める

23

妙高山《みょうこうさん》

■標高／2454メートル（南峰）　標高差／約1300メートル

■紹介コース／燕登山口コース（上り・5時間／下り・4時間）

■グレード／体力度★★★　技術度★★☆　危険度★★☆

信越（北信）五岳の雄、両翼を広げる「越後富士」

信越（北信）五岳最高峰で、美しい複式火山である。山体の東側は大倉《おおくら》谷と北地獄谷が落ち込んでいるが、西半分は欠損がまったくない外輪山で取り囲まれている。長野県北部の平野からは、背後に外輪山を従えた妙高山の雄姿が望める。

妙高山は信仰と結びついた呼び名である。インドの仏教ではヒマラヤ山脈のカイラス山（須弥《しゅみ》山）を聖山として崇めるが、妙高山もそれにあやかったのではないだろうか。須弥山はインド語のスメールの音読漢字で、意訳すると妙高となるそうだ。一方、妙高山は古称「越の中山」（外輪山に囲まれた真ん中の山の意？）と呼ばれ、「名香山」（なかやま・みょうこうさん）から妙高山に転訛して両方の名が結び付いた。

大きな山なので登山コースはいくつかあるが、燕《つばめ》温泉から北地獄谷、天狗堂経由で登る燕コースが一般的である。妙高山頂までは山小屋がなく、登山道が急傾斜で標高差が1300メートルもあるため、日帰りの往復は厳しい印象もあるが、距離が短く登り下りがないので、あせらずじっくり登れば山頂は意外に近い。下りはそのまま時計回りに燕新道を下るとよい。（市川董一郎）

COLUMN 関山神社と宝蔵院跡

妙高山は古来より里に住む人にとっても信仰の山とされてきた。妙高市関山には関山神社があり、妙高山を神体山として祭っている。その北の、今は寺跡だけが残る宝蔵院の石組みの庭園は、正面に妙高山を望み、その手前に滝を配した遺跡である。

地元から…山ファンから…

「険しさと美しさを持つ山」

妙高山は男性的な容姿と言われているが、とても美しい女性の姿にも感じる。緩やかに伸びる稜線が裾野に広がり、田園を含め遠くから眺めた時の姿には心打たれる。多くの画家が題材にしているのがわかる。

山は険しさを持っており、登山の醍醐味を感じる。それだけに山頂に立った時の360度の眺望は、至福の境地を感じる魅力ある山だ。

（長野市在住／宮澤 仁志さん）

エリア　新潟県／妙高戸隠連山国立公園

見どころ　信越五岳の最高峰

行程　日帰り・一泊

登山適期　6〜10月

登山口

■北陸新幹線／JR上越妙高駅から車で約30分

■マイカー／上信越自動車道・妙高高原ICから約30分

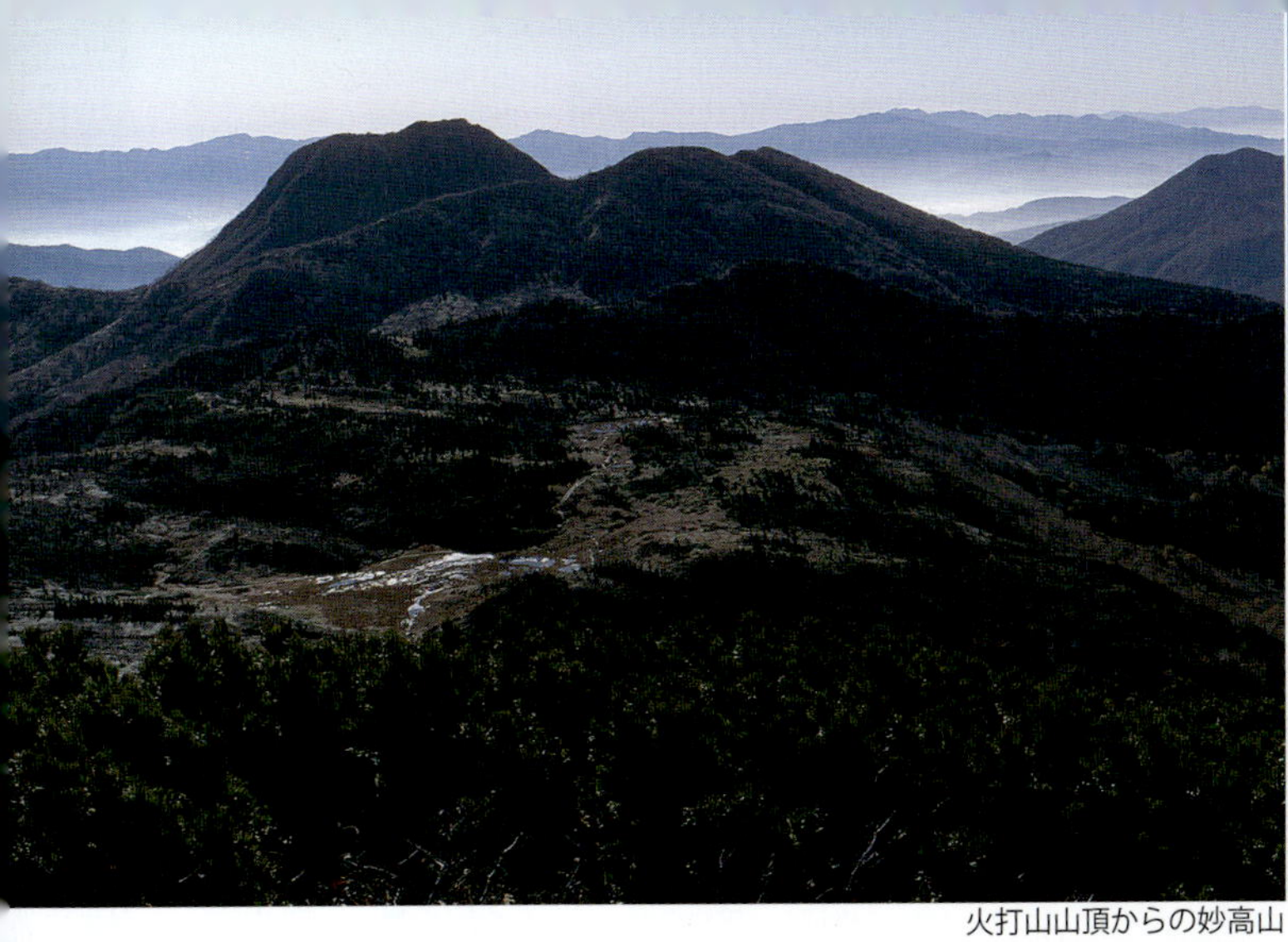

火打山山頂からの妙高山

妙高山山頂（南峰）。山岳信仰の石像など

山頂付近は溶岩が堆積する

妙高山山頂（北峰）

鎖場

風穴

光明池

燕登山道

いもり池から

妙高山・登山コースガイド

●燕登山口コース
（往復・約９時間）
燕登山口 (3:00) →光善寺池 (2:00) →妙高山 (4:00) →燕登山口

●山行アドバイス
燕温泉からのコースは崖道からの転落や胸突八丁での落石などに注意が必要。

山頂近くには山小屋はない。火打山側の黒沢ヒュッテなどに泊まるか、ハード山行だが日帰りがよい。

例年７月中旬～ 11 月上旬まで赤倉温泉からのスカイケーブルも運転。これを利用すると約５時間弱で山頂に登れる。

●見どころ
山麓には赤倉・関・燕など名湯も多い。

苗名滝・野尻湖などの周辺観光も楽しみたいので、できれば山麓で一泊したい。

●問い合わせ
妙高市役所観光商工課　0255-74-0022
妙高市観光協会　0255-86-3911

●２万5000図　妙高山・赤倉

●交通アクセス
マイカー／上信越道・妙高高原 IC から国道 18 号経由、30 分で燕温泉。中郷 IC からは 25 分。

えちごトキめき鉄道・関山駅から燕温泉行きバスあり。

●登山口情報（燕登山口）
駐車場／燕温泉下に登山者用駐車場（約 30 台）。

トイレ・売店／登山口近くに露天風呂、トイレ。売店は各温泉・ホテルなど。

燕登山口

妙高山といもり池

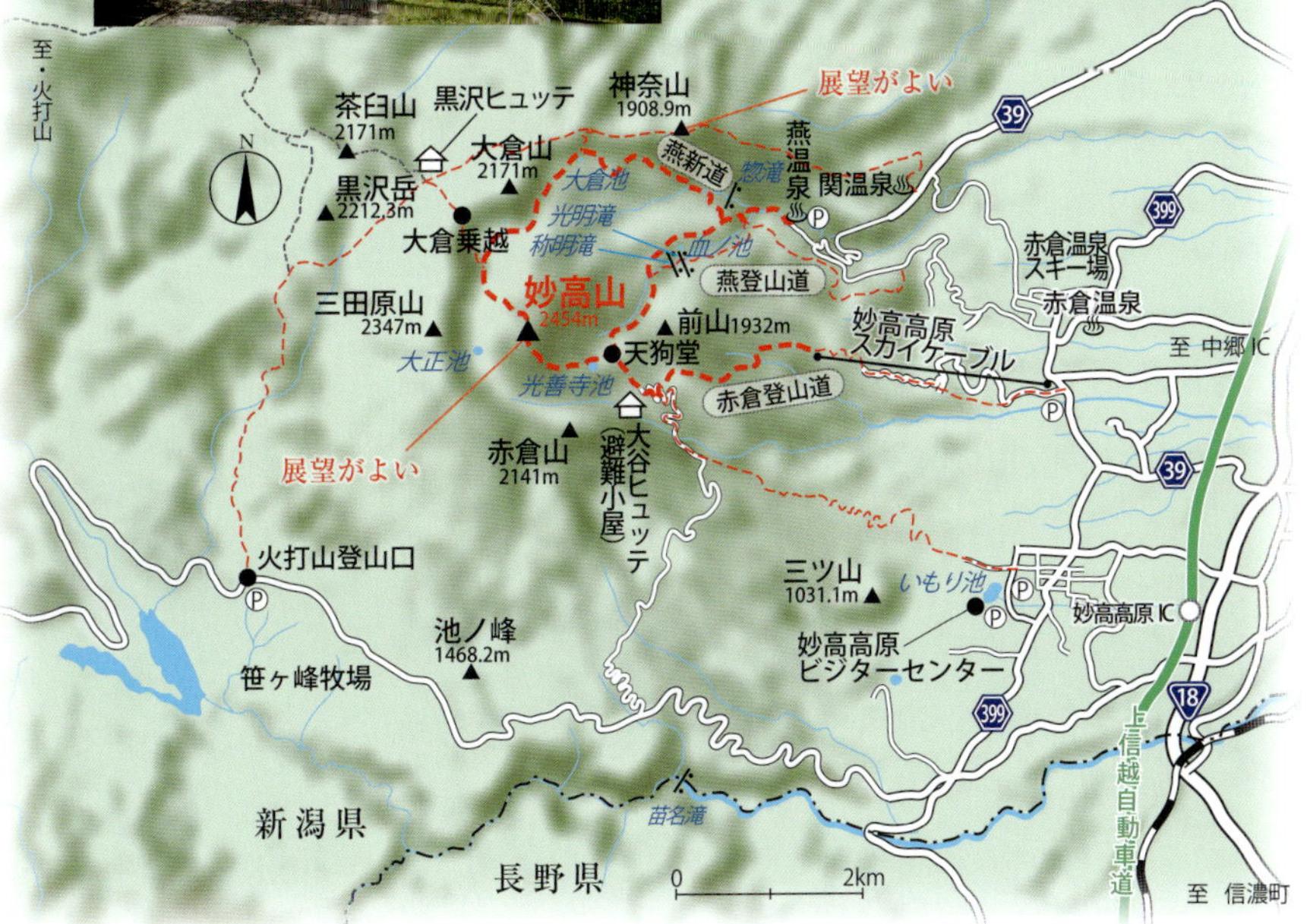

エリア

新潟県／妙高戸隠連山国立公園

見どころ

池塘・高山植物

行程

一泊〜

登山適期

6〜10月

登山口

■北陸新幹線／JR上越妙高駅から車・バスで約1時間
■マイカー／上信越自動車道・妙高高原ICから約40分

24 火打山《ひうちやま》

■標高／2461.7㍍　標高差／約1100㍍
■紹介コース／笹ヶ峰コース（上り・5時間／下り・4時間）
■グレード／体力度★★☆　技術度★☆☆　危険度★☆☆

25 焼山《やけやま》

■標高／2400.3㍍　標高差／約1000㍍
■紹介コース／杉の沢橋コース（上り・4時間／下り・3時間）
■グレード／体力度★★☆　技術度★☆☆　危険度★☆☆

火打山・天狗の庭から

黎明の妙高山。火打山から

夕映えの高谷池

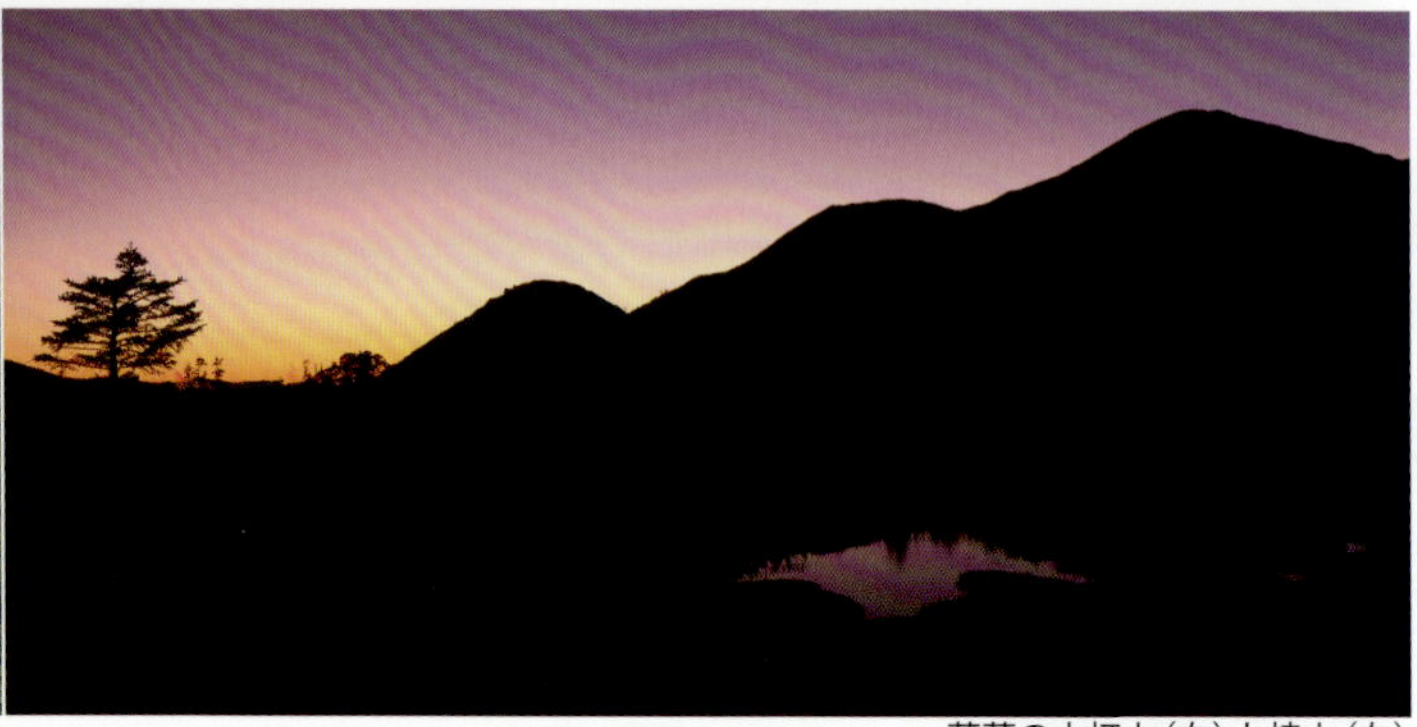

薄暮の火打山（右）と焼山（左）

高谷池と火打山

頸城山塊、そして新潟県最高峰。花と池塘を訪ねる火打山

火打山は頸城《くびき》山塊では最高峰である。そして、日本では火打山より北に火打山より高い山はない。長野県内からは妙高連山の後ろ側に隠れてしまいあまり広範囲には見えないが、飯山市以北や新潟県中頸城あたりからは整ったピラミッド型の山容がよく見える。特に、雪を頂いた姿は清々しく気品がある。

この山の特徴は、まず高山植物の美しさがあげられる。特に山麓の高谷《こうや》池周辺のハクサンコザクラが美しい。ハクサンコザクラは6月に入って残雪が消えるとすぐに芽生え、ほかの高山植物の丈が伸びないうちに開花する。あたり一面がハクサンコザクラの花で覆われるとみごとである。

登山口の笹ヶ峰から山頂まで標高差が1100㍍を超えるので、日帰りにはきついかもしれない。さいわい、高谷池には宿泊のできる山小屋があるので、それを利用するのもよいだろう。

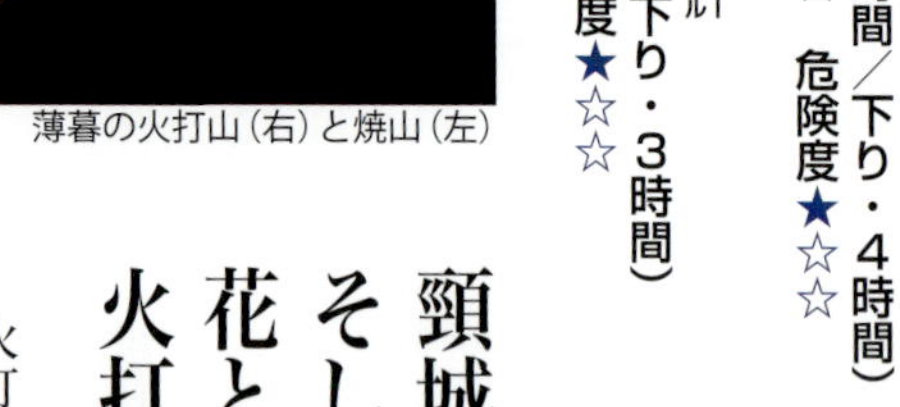

火打山山頂から高妻・乙妻山

行きか帰りに妙高山経由で燕温泉を通るコースも考えられる。

火打山塊は標高2400㍍を越えるうえ、北アルプスの主たる山より北にあるので、高山の雰囲気にあふれる。岩礫帯に咲く高山植物、池溏をたたえた湿原、残雪、等々アルペンムードあふれる夏山は、登山者を魅了する。

また、残雪期には笹ヶ峰までの道路が除雪されると、高谷池ヒュッテは春山スキーヤーで賑わう。最近はテレマークスキーの普及で、火打山からの滑降に人気がある。

（市川董一郎）

地元から…山ファンから…

「感動と感謝の山旅…火打山」

妻の長年の夢であった火打山を訪れたのは、10月。十二曲がりの紅葉が急登の疲れを癒してくれた。天狗の庭に映る逆さ火打に見とれつつ、山頂に。そこには北アルプスの峰々や佐渡島、遠くに富士山を望む絶景が待っていた。誘ってくれた妻に感謝の山旅となった。近くに、同姓の藤巻山も発見。花の季節に、再び一緒に登りたい山である。

（静岡市／藤巻 哲男さん）

火打山西方、山頂付近からは噴煙も…活火山・焼山

　焼山は頸城山塊の奥まったところに位置するが、長野県内では小布施町の南部、松川橋あたりからその姿が望める。焼山は活火山で、最近では1983年に小規模噴火し、遠くからも噴煙が望めた。1987年、登山禁止になった。2006年、規制が解かれたが、入山には火山情報を確認してほしい。急な噴火に備えて、最低ヘルメット着用くらいは心がけたい。

　焼山へは火打山から縦走しても登れるが、笹ヶ峰から杉の沢橋、真川経由のコースが一般的である。富士見峠までは沢沿いのコースで見晴らしがなく、小さな沢の渡渉が数ヶ所あるので、ストックの持参が望ましい。泊まり岩から上部は砂礫の急斜面が続き、山頂付近は活火山特有の荒廃した雰囲気が漂う。近くの噴気孔からは、硫黄の臭いのする水蒸気が上っている。

　最近は糸魚川市の笹倉温泉からのコースもよく歩かれるようだ。このコースは標高差があるので健脚向けだが、北面台地から見る山頂の奇怪さ、坊々《ぼぼ》抱き岩などの奇岩の姿、涸れ沢の通過など変化に富んだ風景が楽しめる。

（市川董一郎）

厳冬期の焼山。山頂には噴煙も望める

焼山山頂の噴気

笹ヶ峰から望む焼山

火打山山頂からの焼山

焼山本体に挑む

焼山山頂から火打山、影火打山

登山口の笹ヶ峰

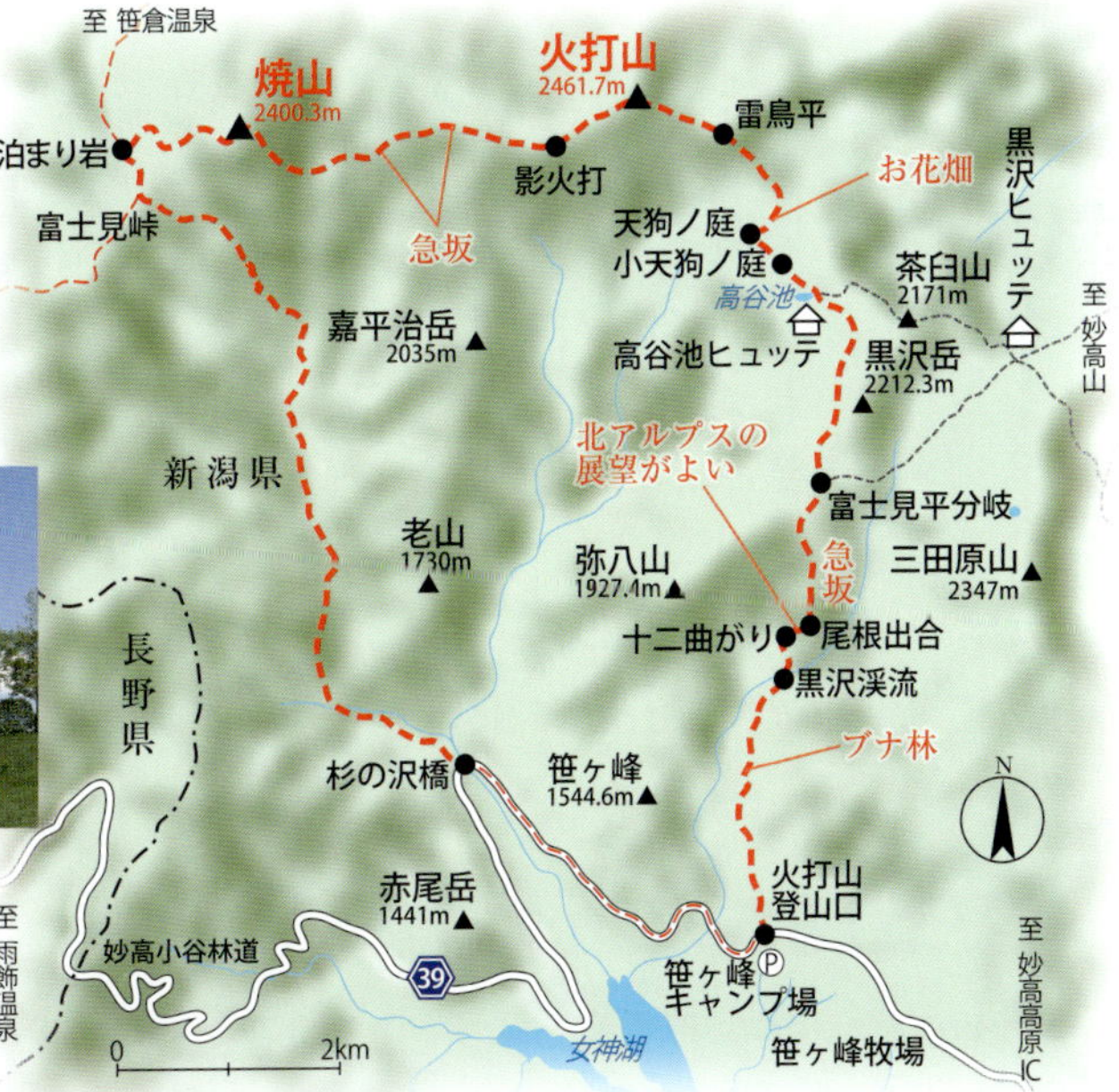

火打山・登山コースガイド　●笹ヶ峰コース（往復・約９時間）

笹ヶ峰 (2:30) → 富士見平 (0:50) → 高谷池 (1:40) → 火打山 (4:00) → 笹ヶ峰

●山行アドバイス
日帰りも可能だが、池塘や高山植物など見どころも豊富なので、できればゆっくり一泊したい。

●見どころ
天狗の庭周辺のハクサンコザクラ大群落は７月上旬開花。

●問い合わせ　妙高市役所観光商工課　0255-74-0022
妙高市観光協会　0255-86-3911

●２万5000図　湯川内・火打山

●交通アクセス
マイカー／上信越道・妙高高原 IC から妙高高原線を約 40 分。

●登山口情報（笹ヶ峰登山口）
駐車場／約 30 台。　トイレ・売店／あり。

焼山・登山コースガイド　●杉の沢橋コース（往復・約７時間）

杉の沢橋 (3:00) →富士見峠 (0:10) →泊まり岩 (1:00) →焼山 (3:00) →杉の沢橋

●山行アドバイス
山頂付近に噴煙も上がる活火山。2014 年秋、焼山山頂の爆裂火口が拡大…との登山者情報あり。要注意。コースは管理されていない。

●問い合わせ　妙高市役所観光商工課　0255-74-0022（笹ヶ峰まで）
妙高市観光協会　0255-86-3911（笹ヶ峰まで）

●２万5000図　湯川内・火打山

●登山口情報（杉の沢橋登山口）
駐車場／登山口付近の林道脇に数台。　トイレ／なし。

エリア
長野・新潟県／妙高戸隠連山国立公園

見どころ
豪雪・高山植物

行程
日帰り（一日）

登山適期
春・夏

登山口
■北陸新幹線／JR長野駅から車で約1.5時間（金山）
■マイカー／上信越自動車道・長野ICから約1.5時間

26 堂津岳《どうつだけ》

■標高／1926.8メートル　標高差／約1100メートル
■紹介コース／奥裾花自然園コース（上り・6.5時間／下り・4.5時間）
■グレード／体力度★★★　技術度★★★　危険度★★☆

27 金山《かなやま》（天狗原山《てんぐはらやま》）

■標高／2245メートル　標高差／約1000メートル
■紹介コース／妙高小谷林道コース（上り・5時間／下り・3.5時間）
■グレード／体力度★★★　技術度★★☆　危険度★☆☆

中西山から堂津岳

堂津岳山頂。背後は火打と妙高山

堂津岳尾根から東山

堂津岳から雨飾山

中西山分岐から堂津岳山頂

奥裾花自然園から中西山

ブナ新緑。奥が山頂

堂津岳山頂から乙妻山

長野県西北部、西山山塊。残雪期だけの山行、堂津岳

裾花《すそばな》川上流部と姫川中流部に挟まれる山塊を、鬼無里《きなさ》、戸隠の人は西山（白馬、小谷《おたり》の人は東山）と呼ぶ。その西山山塊の最北に聳える堂津岳は、奥まったところに位置するためあまり岳人の目に触れることがないが、一度は登りたい山として挙げる人が多い。

かつて、堂津岳の登山道は旧国鉄長野山岳連盟によって開かれたが、間もなくそれは根曲がり竹（チシマザサ）に埋もれてしまった。それ以降は、残雪期に限られた登山者にだけ許された山域であった。

南北に連なる西山山塊は、冬季に風下の東側の斜面に大きな雪庇ができる。初夏になって谷側にせり出した雪庇が落ちると、尾根は残雪の快適なルートになる。ただし、状況によっては垂直に近い雪壁の登攀、下降を強いられることもある。季節が進んで残雪が少なくなると、太いチシマザサが密生して手こずる個所が増えるが、所々で咲くシラネアオイやイワカガミが慰めてくれるだろう。山頂からは眼前に乙妻《おとつま》山の北西斜面が見え、遠方には雨《あま》飾《かざり》山から妙高連山が望める。残雪の中で芽吹くブナ林の緑が美しい。

最近になって地元の観光協会がボランティアの協力を得て、全コースの登山道を整備した。しかし、2014年に奥裾花自然園に通じる道路が土砂崩落で通行止めになってしまった。状況を確認して登ってほしい。（市川董一郎）

堂津岳・登山コースガイド

●奥裾花自然園コース（往復・約11時間）
奥裾花自然園駐車場 (1:00) →休憩舎 (2:00) →中西山分岐 (3:30) →堂津岳 (4:30) →奥裾花自然園駐車場

●山行アドバイス・見どころ
残雪期が最適。熟達者のみ。登山口の奥裾花自然園は日本一のミズバショウ群生地。

●問い合わせ　鬼無里観光振興会　026-256-3188

●2万5000図　高妻山

●交通アクセス
マイカー／上信越道・長野 IC から国道 18 号、国道 406 号を経由し約 1 時間 40 分で奥裾花自然園観光センター。（観光センターから先は一般車両は通行止め。自然園までは春のみシャトルバスあり。）

●登山口情報（奥裾花自然園登山口）
駐車場／奥裾花自然園観光センター（約 300 台）。
トイレ・売店／あり。

たおやかな山容、さまざまな高山植物。金山・天狗原山

雨飾山から金山（左）、天狗原山（右）

富士見峠上から裏金山、金山

キヌガサソウ

スノーブリッジ。天狗原山

天狗原山。金山への登山道から

ハクサンコザクラ。天狗原山

金山（左端）と焼山（右）。天狗原山から

堂津岳から北に伸びる稜線と、妙高山から火打山、焼山と西進してきた稜線、さらに雨飾山から東進してくる稜線は金山で合流する。天狗原山を含めた金山周辺は頸城山塊でも最奥に位置し、手つかずの自然が残る。金山山塊は山深い山域にあるため平地から見えにくいが、中野市街地からは黒姫山と妙高山の間にかろうじて見える。手前の二山に比べて奥にあるため目立たないが、春も遅くまで残雪が残っていて高い山であることがわかる。

多雪地帯でしかも標高が高い山域なので、金山、天狗原山のお花畑はすばらしい。初夏には斜面一面に高山植物が咲き乱れ、北アルプスのお花畑に見劣りしない。長い登山道を苦労しながら登ってきた甲斐がある。

登山道は天狗原山山頂は通らず、その下を巻いている。高山植物の斜面を上がらなくてはならないので無理をして山頂を踏まないようにしたい。

残念なことではあるが、近年の登山ブームで高山植物を求めて、この山域の入山者が増えて、せっかくのお花畑が後退しつつある。たとえ写真撮影だけでも登山道を踏み外してお花畑には立ち入らないことを心がけたい。また、中間部の樹林帯で群落で咲いていたショウキランが、下りで通りかかったら大規模に盗掘されているのを見たことがある。痛ましいことである。

（市川董一郎）

金山・登山コースガイド

●妙高小谷林道コース
（往復・約 8.5 時間）
妙高小谷林道登山口 (2:30) →天狗原山 (0:40) →金山 (0:40) →天狗原山 (3:00) →妙高小谷林道登山口

●山行アドバイス
国内屈指の豪雪地帯なので 7 月中旬まで登山道に雪が残る。道迷いには充分注意したい。
水場はあるが、ごく少量のみ。

●見どころ
なんといっても高山植物が多い。花のピークは 7 月下旬～ 8 月上旬で、チングルマ・ハクサンコザクラ・ミヤマキンポウゲなどが咲き誇る。天狗原山付近から金山までお花畑が続く。

●問い合わせ
小谷村役場　0261-82-2001

●2万5000図
妙高山・雨飾山

●交通アクセス
マイカー／上信越道・長野 IC から国道 19 号、オリンピック道路、国道 148 号などを経由して約 1.5 時間で小谷温泉。
2014 年現在、妙高高原からは笹ヶ峰から先で通行止め。

●登山口情報
（妙高小谷林道登山口）
駐車場／登山口付近の林道脇に約 5 台。
トイレ・売店／なし。小谷温泉にて。

金山山頂

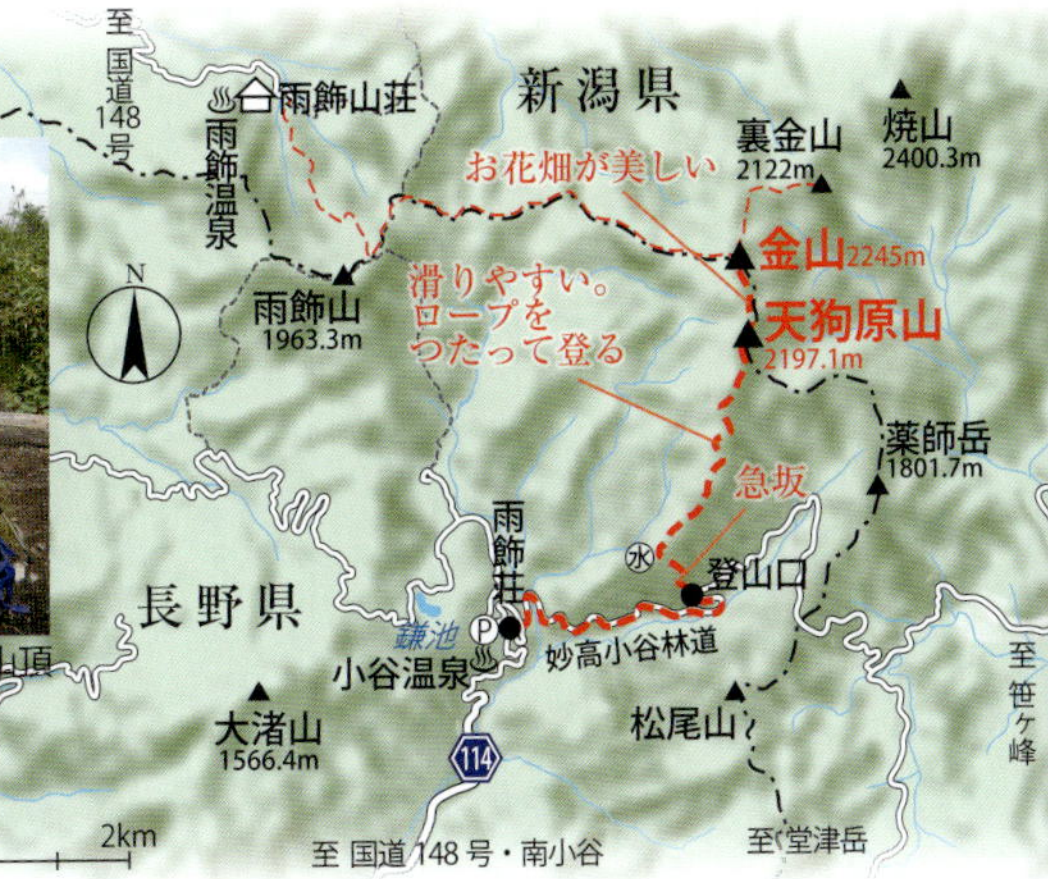

金山登山道の石仏

金山登山口

エリア
長野・新潟県／妙高戸隠連山国立公園

見どころ
日本百名山・大展望

行程
日帰り（一日）

登山適期
6～10月

登山口
■北陸新幹線／JR長野駅から車で約1.5時間
■マイカー／上信越自動車道・長野ICから約1.5時間

28

雨飾山《あまかざりやま》

■標高／1963.3㍍　標高差／約1000㍍
■紹介コース／荒菅沢・薬師尾根コース（上り・3.5時間／下り・3時間）
■グレード／体力度★★☆　技術度★☆☆　危険度★☆☆

早春の雨飾山。雨飾高原から

山頂への稜線。大綱コース

フトンビシの大岩壁。荒菅沢から

荒菅沢登山口

雨飾高原キャンプ場管理棟

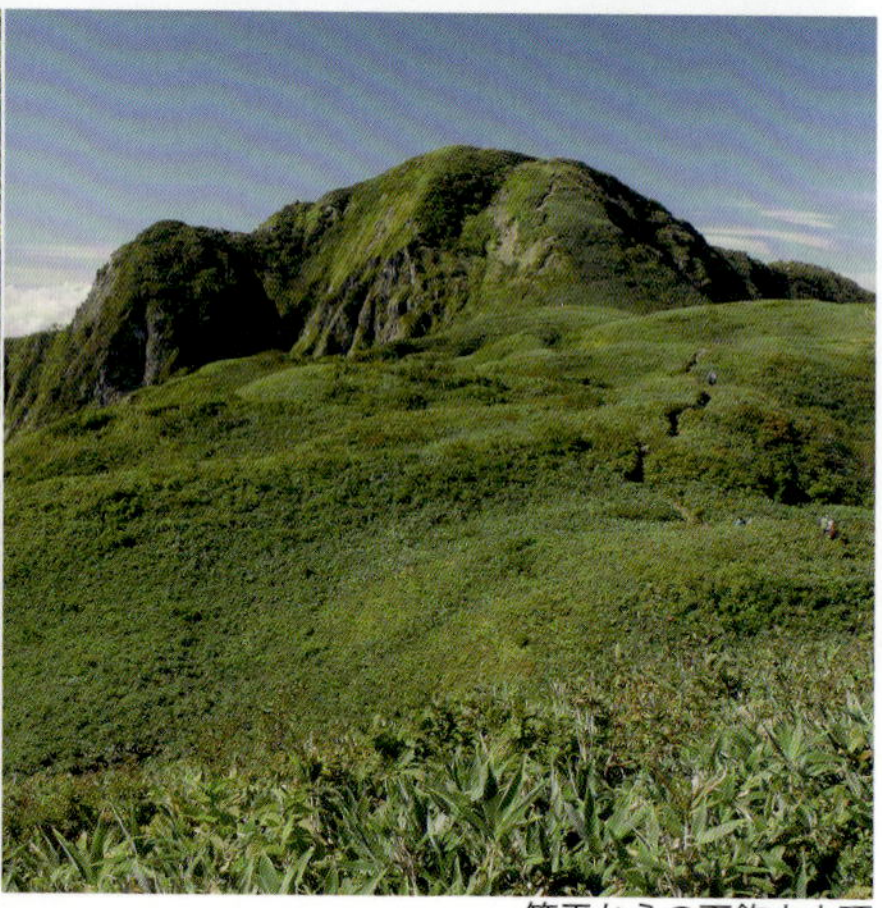
笹平からの雨飾山山頂

信越国境の日本百名山。ダイナミックで変化に富む荒菅沢コース

雨飾山の標高は2000㍍に満たないが、重厚感のある台形状の山体に山頂部が突出した端正な姿は、どの方向から眺めても印象的である。この山は長野、新潟県境に聳える名峰で、深田久弥の『日本百名山』でもある。変化に富んだ登山道と山頂の展望のよさもあって登山者が多い。

荒菅《あらすげ》沢コースは小谷温泉が起点になるが、大海《おおみ》川右岸の標高1160㍍地点まで車が入る。登り始めて荒菅沢を渡るあたりから雨飾山らしさが出てくる。頭上にはフトンビシ（布団菱）の大岩壁や台地上の針峰が見えて、アルペンムードを盛り上げる。急斜面を登りつめると穏やかな台地に出る。荒菅沢から見上げた荒々しさと打って変わった穏やかさがある。

標高1900㍍の台地は広いササ原で、その中の一本道を歩くのは心地よい。最後の急傾斜を登りきれば、見晴らしのよい山頂が待っている。山頂は三角点ピークと石仏のあるピークの二峰に分かれていて、どちらのピークでも登山者が思い思いに憩いを楽しんでいる。山頂からは広々とした日本海が望め、沖をゆく船も見える。北東方向に目をやれば笹平の先に金山と焼山、火打山が望め、その右には樹林帯がみごとな金山、天狗原山が連なる。

雨飾山の麓の小谷《おたり》温泉は歴史のある温泉で、山の帰りに寄れば「雨飾」という懐かしい響きを持った山に登れた幸福感に浸ることができる。

（市川董一郎）

紅葉の雨飾山

地元から…山ファンから…

「つつましやかな美しき山」

荒菅沢から登り切ったところに広がる笹平の1本道は、美しい山頂を仰ぎつつ、一歩ずつ近づいていく喜びを感じさせてくれる。
その山頂は、北アルプス後立山の峰々から、そして北信州の山々からも、遠目にひっそりと、それでいてしっかりそれと分かる姿でそびえているのを望むことができる。再び訪れたい憧れの山である。

（山学山遊会／和田 純子さん）

根知谷から雨飾山北面を望む

薬師尾根コースからの海谷山塊。鋸岳（左）、鉢山（中央）、昼闇山（右）

糸魚川・根知から海谷山塊を望みつつ。薬師尾根コース

薬師尾根コースは糸魚川市の雨飾温泉（梶山新湯《かじやましんゆ》）が登山口になる。取り付きの樹林の密生した急斜面を過ぎると、顕著な尾根の登行となる。背後に、荒々しい姿をした海谷《うみたに》山塊の山々がみえてくる。気がつけば、駒ケ岳、鬼ケ《おにが》面《つら》山と肩を並べる高さまで登ってきている。さらに標高を稼ぐと鋸岳の背後に阿弥陀岳、鉢山が見えてくる。あきることのない山岳大パノラマである。あき台地上で小谷温泉からの荒菅沢コースと合流する。

帰りは「塩の道」を訪ねるのがよいだろう。現在、糸魚川《いといがわ》市と松本市を結ぶ交通路は大糸線と国道１４８号線であるが、その昔は松本街道（千国《ちくに》街道）であった。日本海岸と中央高地を結ぶ極めて重要な街道で、千国街道は全国にあまたある「塩の道」の中でも、とりわけ名の知れた街道である。この街道はほぼ姫川に沿っているが、小滝から平岩の間の姫川渓谷が極端に狭く険しい。この部分は、手前の根知《ねち》からは姫川の支流の根知川に沿って雨飾山の西の台地の上を通ることになる。

糸魚川市根知から根知川に沿って車道で県境を越えると、そこは長野県小谷村の土戸《とど》で、長野県北安曇郡の最北部の地である。この先、小谷村の中心部へ行くのには車道はなく、古い街道跡の歩道をたどる。

（市川董一郎）

雨飾山・登山コースガイド

●荒菅沢コース（往復・約6.5時間）

コースは大きく３段階となる。まず登山口からひと登りし荒菅沢に下る。ひと休みしたら対岸の尾根を急登する。笹平からはわずかの急登で山頂。

荒菅沢登山口 (1:40) →荒菅沢 (1:30) →笹平 (0:20) →雨飾山 (3:00) →荒菅沢登山口

●山行アドバイス

豪雪地帯なので雪解けが遅い。笹平直下の急斜面では雪壁となっているのでアイゼン、ピッケルの携行が望ましい。トップシーズンになると登山者が増えるので落石や行き違いなどには気をつけたい。

●見どころ

神秘的な山で人気が高い。深田久弥の「日本百名山」のひとつだけに遠望して楽しむのもよし、登ったらすばらしい眺望が登山者を魅き付けている。

●問い合わせ

小谷村役場　0261-82-2001
糸魚川市役所　025-552-1511

●2万5000図　雨飾山・越後大野

●交通アクセス

マイカー／上信越道・長野ICからオリンピック道路、国道148号等経由で小谷温泉。さらに林道（舗装）経由で約1時間30分。

●登山口情報（荒菅沢登山口）

駐車場／約50台。
トイレ･売店／休憩所がある場所に併設。

●周辺情報

登山口手前の小谷温泉の上に露天風呂あり。ブナ林に囲まれ香りもたっぷり。（要・入浴協力金）

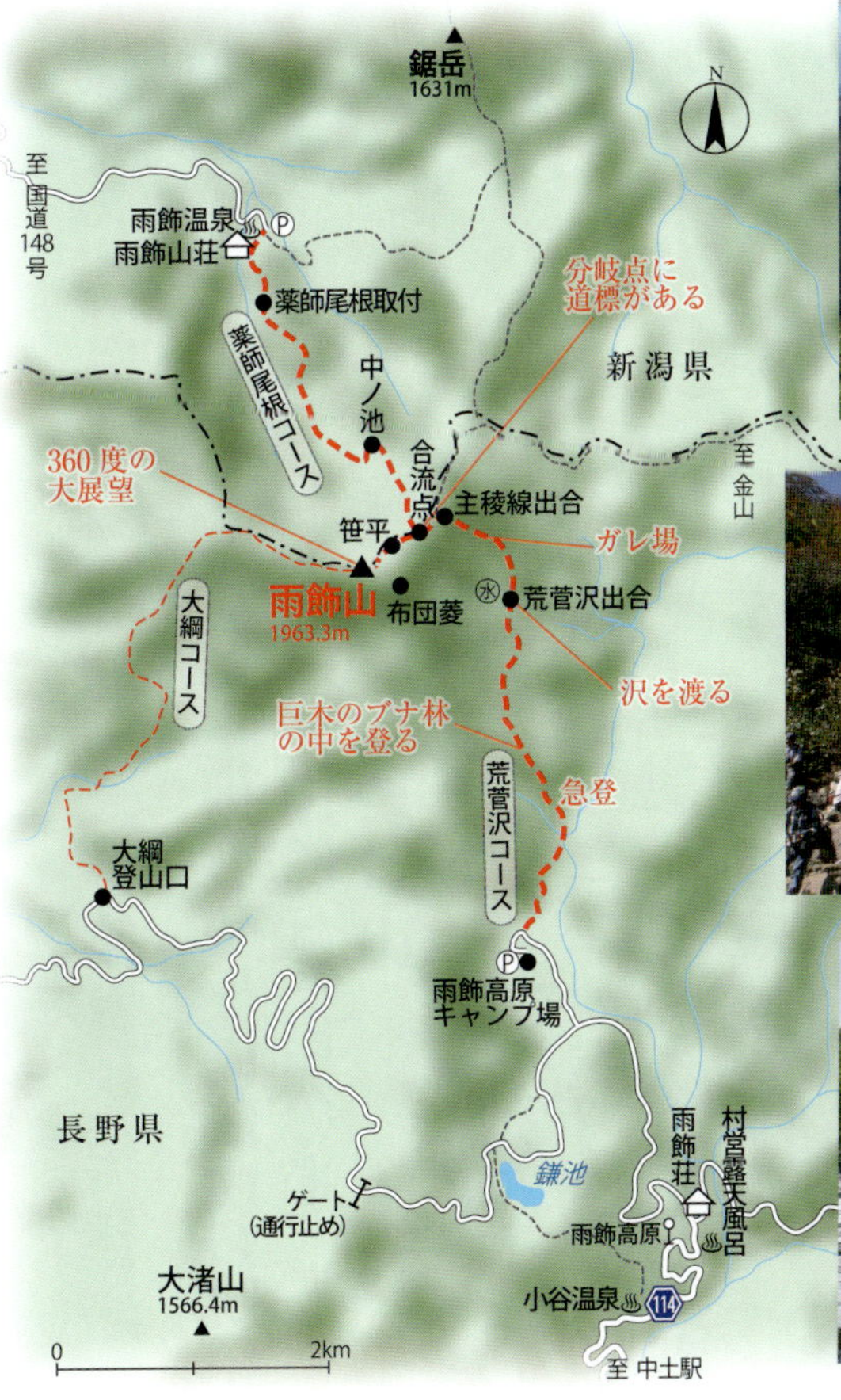

山頂近くの広大な笹原、笹平

荒菅沢からフトンビシを見上げる

早春の鎌池。残雪とブナの新緑

エリア
新潟県／糸魚川市

見どころ
海谷山塊眺望・塩の道

行程
日帰り（半日〜）

登山適期
6〜10月

登山口
■北陸新幹線／JR糸魚川駅から車で約50分（頸城駒ヶ岳）
■マイカー／北陸自動車道・糸魚川ICから約50分

29 頸《くび》城《き》駒《こま》ヶ《が》岳《たけ》（鋸《のこぎり》岳《だけ》）

■標高／１４８７．４メートル　標高差／約８００メートル
■紹介コース／三峡峠コース（上り・2.5時間／下り・1.5時間）
■グレード／体力度★★☆　技術度★★☆　危険度★☆☆

30 戸《と》倉《ぐら》山《やま》

■標高／９７５．６メートル　標高差／約４００メートル
■紹介コース／原の館コース（上り・1.5時間／下り・１時間）
■グレード／体力度★☆☆　技術度★☆☆　危険度★☆☆

さながら根知谷のテーブル・マウンテン。頸城駒ヶ岳

「駒」は、「子馬」、転じて「馬」を意味する。頸城駒ヶ岳は麓の根知《ねち》谷から見ると駒の名のごとく、背が高く重量感のある山体をしている。一方、南にある雨飾山からは平坦な山頂部が左下がりのテーブル状で、馬の鞍を連想する。

頸城駒ヶ岳から南東に伸びる稜線は南東に向かって鬼ヶ面《つら》山、鋸岳と続き、雨飾山で終わる。この山域の山は険しく、特に鬼ヶ面山周辺は高度差がある梯子《はしご》の連続で、崩落により通行止めになっていたが解除された。しかしベテラン登山者だけが入山を許される難路である。一方、鋸岳へは雨飾温泉からなら一般登山者も雨飾山分岐鞍部を経て登頂可能である。鋸岳山頂からは海谷渓谷を隔てて、対岸の阿弥陀山、鉢山、昼闇《ひるくら》山の眺望がすばらしい。

三峡峠《さんきょう》からの登山道は急だが、登り返しがないので思ったより早く登れるだろう。台地まで登れば美しいブナ林が待っている。山頂から鬼ヶ面山方向に少し下ったところからの眺望は申し分ない。その先は一般向きではない。

戸倉山からの頸城駒ヶ岳山群

雨飾山から頸城駒ヶ岳、鬼ヶ面山

頸城駒ヶ岳登山口

鬼ヶ面山

厳冬の頸城駒ヶ岳

頸城駒ヶ岳（左）、鬼ヶ面山（中央）、鋸岳（右）。根知谷から

栂海新道・雨飾山の眺望、山麓は「塩の道」。戸倉山

東西を結ぶ加賀街道と信濃に通じる松本街道（塩の道）が交差する糸魚川にあって、歴史の香り色濃い「塩の道」をたどり頂きを目指す。

よく整備された広い駐車場や研修棟のある雨飾山麓白《しろ》池の森をスタートして、約25分で白池のほとりに着く。

白池を見下ろす諏訪社の祠等を通り抜け、美しいブナ林が見えると角間池に着く。ここから塩の道と別れ、右に戸倉山への登山道となる。ブナ林を抜け林の中の急登を約25分ですばらしい眺望の頂きに着く。東から南にかけて雨飾山から白馬・雪倉・朝日の連山、西に姫川を挟んで明星《みょうじょう》山等の山塊が見え、北に海谷三山の特異な山塊、根知谷から糸魚川、日本海が開け３６０度の展望が楽しめる。

（野呂重信）

根知川と頸城駒ヶ岳

料金受取人払郵便

長野中央局
承　認
3210

差出有効期限
平成27年9月
30日まで

切手不要

郵便はがき

3808790

044

長野市南県町六五七

信濃毎日新聞社

出版部　行

あなたの
お名まえ　男・女

〒　TEL＿＿（　）＿＿

ご住所

学校名学年
または職業

年齢　歳

ご購読の新聞・雑誌名（　）

愛読者カード

このたびは小社の本をお求めいただきありがとうございました。お手数ですが、今後の参考にさせていただきますので、下記の項目についてお知らせください。

〔書　名〕

◆ 本書についてのご感想・ご意見、刊行を希望される書物等についてお書きください。

◇ この本を何でお知りになりましたか。

1．信濃毎日新聞の広告
2．書店・売店で見て　　3．人にすすめられて
4．書評・紹介記事を見て（新聞・雑誌名　　　　　　　　　　）
5．インターネットで見て（サイト名　　　　　　　　　　）

◇ ご感想は小社ホームページ・広告に匿名で掲載することがあります。

購入申込書

このハガキは、小社刊行物のご注文にご利用ください。

ご注文の本は、宅配便あるいはメール便でお届けします。

送料は１回の発送で全国一律300円です。ただし代金引換の場合は別途手数料（300円＋税）が必要です。

長野県内にお住まいで信濃毎日新聞をご購読の方は、信毎販売店からのお届けもできます（送料無料）。

ご注文内容確認のため、お電話させていただく場合があります。

個人情報は発送事務以外に利用することはありません。

書　名	定　価	部 数

https://shop.shinmai.co.jp/books/　　E-mail shuppanbu@shinmai.co.jp

雨飾山を水面に映す戸倉山・白池

戸倉山山頂へ

戸倉山山頂から頸城駒ヶ岳と雨飾山

「塩の道」の標識

頸城駒ヶ岳山群と白池

眺望抜群の戸倉山山頂。南西方向は栂海新道の山々

中腹にある角間池

登山口近く

根知谷からの戸倉山

戸倉山・登山コースガイド

●原の館コース（往復・約 2.5 時間）
原の館 (0:20) →白池 (0:30) →角間池 (0:30) →戸倉山 (1:00) →原の館

●山行アドバイス
登山口からはほぼ平坦で、かつての「塩の道」をゆく。角間池からはブナ林を登る。山頂は 360 度の展望。

●見どころ
白池の水面は、名前の由来となった白く独特の神秘的な色をしており、晴れた日の雨飾山を映す姿は美しい。この池のほとりにはその昔塩物等を運んだ歩荷（ぼっか）宿跡が残されており、往時の歴史を綴った案内板がある。

●問い合わせ
糸魚川市役所　025-552-1511

●2万5000図
越後大野・雨飾山

●交通アクセス
マイカー／北陸道・糸魚川 IC から国道 148 号、県道 225 号を通り、原の館へ約 30 分。

●登山口情報（白池登山口）
駐車場／原の館（約 50 台）。
トイレ／原の館。白池。

戸倉山・塩の道石碑

白池より戸倉山

頸城駒ヶ岳・登山コースガイド

●三峡峠コース（往復・約４時間）
海谷三峡パーク (2:00) →ブナの泉 (0:20) →頸城駒ヶ岳 (1:40) →海谷三峡パーク

●山行アドバイス
豪雪地帯なので春先は残雪が多い。スパッツ、軽アイゼンなど用意したい。ブナの泉から山頂までは海谷側が切れ落ちているので注意。山頂から先は熟達者のみのコース。

●見どころ
春の残雪と新緑、岩壁に映える秋の紅葉。登山口の海谷三峡パークからは千丈ヶ岳の大岩壁と深く切れこんだ海谷渓谷が、見る者を圧倒する。

●問い合わせ
糸魚川市役所　025-552-1511

●2万5000図
越後大野

●交通アクセス
マイカー／国道 8 号から 221 号に入り、根知入口から約 30 分。

●登山口情報
（海谷三峡パーク登山口）
駐車場／約 30 台。
トイレ／水洗トイレ。
売店／なし。

31

海谷高地《うみだにこうち》（阿彌陀山《あみだやま》・鉢山《はちやま》 他）

エリア
新潟県／糸魚川市

見どころ
秘境・大峡谷

行程
日帰り（一日）

登山適期
7〜10月

登山口
■北陸新幹線／JR糸魚川駅から車で約50分
■マイカー／北陸自動車道・糸魚川ICから約50分

■標高／約800㍍（海谷高地）　標高差／約300㍍
■紹介コース／海谷高地コース（上り・2時間／下り・1.5時間）
■グレード／体力度★★☆　技術度★★☆　危険度★★☆

紅葉の海谷高地

千丈ヶ岳の大岩壁と鉢山（右）、海谷三峡パークから

初夏の千丈ヶ岳大岩壁

渡渉点。春は渡渉不可

デブリの滞積する海谷高地ルート

海谷渓谷の源流部、上高地を想わせる海谷高地

新潟県糸魚川市の海川の上流部は、1597年に右岸の千丈《せんじょう》ヶ岳の岩壁が大崩落してせき止められた。現在はその上流部は土砂が堆積して広々とした河原になっている。この河原は、梓川がせき止められてできた上高地になぞらえて、海谷高地と呼ばれる。

海谷高地の入山口の三峡峠《さんきょう》からは正面に鉢山の奇異な姿が目につく。登山道は左下がりの急傾斜地をトラバース気味に進む。渓谷を囲む岩壁のスケールに圧倒される。特に、「つばくろあぶき」と表示された巨岩が覆いかぶさっている地形は見ごたえがある。中間部の巨岩が堆積した渓流の徒渉を経て、約2時間の歩行で海谷高地に着く。ここは732高地と呼ばれるが、地形図を見ると標高は800㍍前後である。

海川第一発電所取水口までは、登山者や釣り人が入れる。取入口から上流は広々とした河原で、周囲の山を眺めながらのんびりするとよい。広い河原の先にはかろうじて鉢山の一部が、その奥に奥金山から金山にかけての稜線が垣間見える。振り返れば右岸に千丈ヶ岳の大岩壁が望める。　（市川董一郎）

大岩壁を連ねる峻険な山々、烏帽子岳・阿弥陀山・鉢山

海川流域の山は太古の海底火山の溶岩でできている。海谷高地をめぐる山岳は急峻で、その多くは人を寄せ付けない。左岸の頸城駒ヶ岳を中心とする西海谷山塊は別項（№.29）で採り上げた。本稿では右岸の海川の北東部に位置する東海谷山塊の山を紹介する。

東海谷山塊は早川の源流部を取り囲むように前烏帽子岳から昼闇山《ひるくら》にかけて連なっている。その中でも烏帽子《えぼし》岳と阿弥陀山は北側の糸魚川市梶屋敷からの眺めがすばらしい。特に残雪期に北陸自動車道を走る時、早川を渡るあたりで見える針峰群は印象的である。さらに、鉢山は三峡峠から望める。

実は、東海谷山塊の山々は一般登山者の登行山域ではない。登山道はほとんどなく、藪こぎと岩壁の登攀技術が必要で、ベテラン登山者のみが登れる山である。残雪期には笹倉温泉からアケビ平を経て吉尾平には入れる。また、昼闇山の登頂記録はあるが、上部はアイスバーンで尾根筋は雪庇崩落の危険があり、ピッケル、アイゼン携行のうえ専門的な技術が必要である。海谷山塊は眺めて楽しむ山である。（市川董一郎）

厳冬、ヒマラヤ襞の阿彌陀山

上高地を思わせる海谷高地。鉢山（左）と奥金山、金山（中央奥）

鉢山・山頂部

アケビ平から阿彌陀山（左）、烏帽子岳（右）

海谷渓谷から垣間見る鉢山

海谷高地・登山コースガイド

● 海谷高地コース
（往復・約 3.5 時間）
海谷三峡パーク (0:50) → 渡渉点 (1:40) →海谷高地 (1:30) →海谷三峡パーク

● 山行アドバイス
春（5 ～ 6 月）は残雪と雪解けの水量がすさまじく、渡渉不可の場合も多いので夏～秋がベストシーズン。渡渉点から第一発電所取水口間の登山道は細く注意が必要。

● 見どころ
渓谷に沿った難路を抜けると、海谷高地は開けた景観で心なごむ。途中は大岩壁とダイナミックな峡谷美を楽しめる。

● 問い合わせ
糸魚川市交流観光課
025-552-1511

● 2万5000図
越後大野

● 交通アクセス
マイカー／北陸道・糸魚川 IC から国道 8 号、221 号を通り、約 50 分で海谷三峡パーク。

● 登山口情報
（海谷三峡パーク登山口）
駐車場／約 30 台。
トイレ／駐車場にあり。
売店／なし。

海谷渓谷から頸城駒ヶ岳

海谷高地登山口

海谷三峡パーク

糸魚川市街から望む海谷山塊

エリア
新潟県／妙高市・上越市・糸魚川市

見どころ
豪雪・岩峰

行程
日帰り（一日）

登山適期
6〜10月

登山口
■北陸新幹線／JR糸魚川駅から車で約30分（鉾ヶ岳）
■マイカー／北陸自動車道・能生ICから約15分

32 大毛無山《おおげなしやま》

■標高／1428.9メートル　標高差／約350メートル
■紹介コース／掘割登山口コース（上り・1時間／下り・45分）
■グレード／体力度★☆☆　技術度★☆☆　危険度★☆☆

33 鉾ヶ岳《ほこがたけ》（権現岳《ごんげんだけ》）

■標高／1316.3メートル　標高差／約1000メートル
■紹介コース／権現岳・鉾ヶ岳コース（上り・3時間／下り・2時間）
■グレード／体力度★★☆　技術度★★☆　危険度★☆☆

早春の大毛無山、上越市中郷から

大毛無山山頂方向。左のピークは小毛無山

大毛無山頂から西方向たそがれ

大毛無山山頂から火打山と焼山

真ん中は阿弥陀山、右が烏帽子岳

大毛無山山頂

麓の妙高市（旧・新井）から大毛無山

尾根に出ると快適な道が続く

豪雪の頸城山塊にひときわ雪深い大毛無山

旧・新潟県新井市（現・妙高市）の人たちは、この山を親しみを込めて「おおげなし」と呼ぶ。朝、夕に山の姿を眺めては季節の変化を知る。上越のこのあたりは名にし負う豪雪地帯で、冬には大毛無山頂の樹木は完全に雪で覆われる。ひょっとしたら積雪は10メートルに達するのではないだろうか。「毛無」の由来である。大量の積雪は初夏まで残り、残雪の中で緑の若葉が芽吹くその姿も美しい。

この山は古くから山スキーのメッカであった。山頂下の膳棚《ぜんだな》と呼ばれる急崖を避けて滑り降りるコースは人気があった。そのような大毛無山に近年、大規模なスキー場が開発され注目を集めたが、残念なことに数年前に閉鎖されてしまった。しかし、スキー場開発のおかげで車道が峠近くまで伸びて、大毛無山の登山がずいぶん楽になった。

掘割《ほりわり》登山口から急な斜面を駆け上がればその先は緩やかな尾根道が続く。やがて尾根の右に山頂から北に延びるやせ尾根が見え、その先左に小毛無山の整ったピラミッドが表れる。山頂近くまで進むと南方向に妙高連山が表れる。大毛無山頂から振り返れば上越平野から日本海、さらに米山や刈羽黒姫山まで見通せ、頸城山塊東部の盟主の面目躍如である。

（市川董一郎）

大毛無山・登山コースガイド

●掘割登山口から往復コース
（往復・約1時間45分）
掘割登山口(1:00)→大毛無山(0:45)→掘割登山口

●山行アドバイス
掘割登山口からはゆったりした稜線でよく整備された登山道。危険個所はなく、とても歩きやすい。麓のスキー場跡からゲレンデを登るコースもあり、迷う心配はない。

●見どころ
頸城平野、妙高火打山から海谷山塊、関田山脈の展望がすばらしい。

●問い合わせ
妙高市役所観光商工課　0255-74-0022

●2万5000図　関山

●交通アクセス
マイカー／国道18号・長森交差点から、南葉山林道を通って12〜13kmで掘割登山口。

●登山口情報（掘割登山口）
駐車場／道路脇に駐車スペース。
トイレ・売店／なし。

大毛無山・登山口

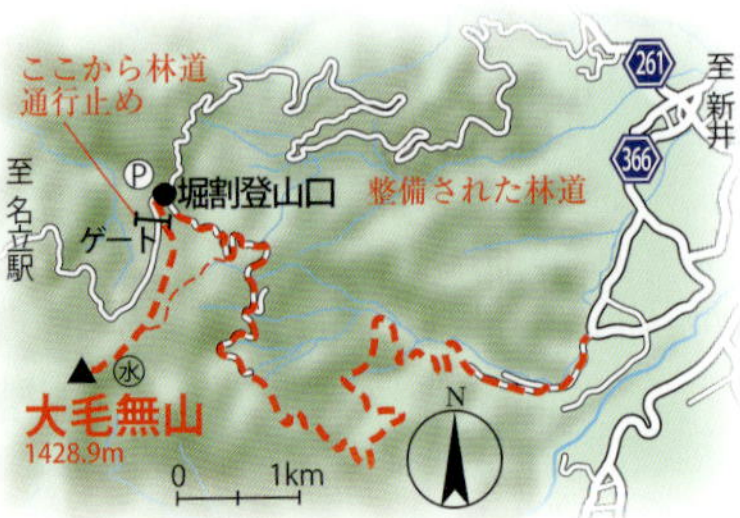

小粒ながら存在感、山稜を連ねる兄弟峰。鉾ヶ岳・権現岳

大岩稜の権現岳東面

権現岳からトッケ峰

権現岳から鉾ヶ岳

トッケ峰から権現岳北斜面

トッケ峰。金冠山取付から

早春の権現岳

量感ある山容。残雪の鉾ヶ岳

能生《のう》川下流部からは、南方に鉾ヶ岳の秀峰が望める。名前のごとく鉾のように空に向かって鋭く聳え、山容は堂々としている。豪雪地帯で、春は遅くまで残雪が残り、新緑とのバランスが美しい。能生の町から登山口にさしかかると、山が眼前に迫りその迫力に圧倒される。鉾ヶ岳山塊は権現岳、トッケ峰を合わせた独立峰であり、これらの峰々からは西頸城の山々がよく見渡せる。

鉾ヶ岳山頂からはトッケ峰を経て権現岳に縦走できる。道は険しいが、登山道沿いには万歳《ばんざい》岩、金冠《きんかんむり》などの奇岩、名勝があり興味が尽きない。

権現岳は鉾ヶ岳から縦走してきて通過することが多いが、ここでは山の東側の柵口《ませぐち》集落から登るコースを紹介する。柵口登山口からの道は急で、麓から見上げた時の期待を裏切らない。胎内《たいない》洞窟、天狗屋敷、ハサミ岩などの名勝をたどりながら白山権現のある権現岳山頂に立つと、眼前にトッケ峰に続く尾根と、その右に鉾ヶ岳が聳えている。

昭和61年1月に権現岳直下から発生した大雪崩が山麓の緩斜面を乗り越えて、麓の柵口（真瀬口）地区を襲い、多くの犠牲者が出たことは記憶に新しい。また、雪崩が発生した急斜面は、ずっと昔に発生した山体岩盤の大崩落のあとであった。これらの大災害を克服して、この地に住む人たちの努力に頭が下がる。

（市川董一郎）

鉾ヶ岳・登山コースガイド

●権現岳・鉾ヶ岳縦走コース
（縦走・約５時間）
柵口登山口 (1:30) →権現岳 (1:00) →トッケ峰 (0:40) →鉾ヶ岳 (0:30) →金冠山 (1:00) →合流点 (0:30) →溝尾登山口

●山行アドバイス
豪雪地なので春先は残雪が多い。特に滑落に注意。標高は低いが岩場が多く、充分な経験と注意が必要。雲がかかると道も迷いやすい。
５月上旬、権現岳はシャクナゲの花が美しい。10月下旬頃、紅葉の名所としても知られ、山行に彩りを添える。

●見どころ
島道登山口には素朴な温泉宿がある。島道鉱泉は冷泉を天然ガスで加温するユニークな温泉である。
春は岩肌と残雪が競い合い、よりダイナミックな姿をみせ山麓の棚田と調和する。

●問い合わせ
糸魚川市役所能生事務所
025-566-3111

●２万5000図　槇

●交通アクセス
マイカー／北陸道・能生 IC から県道 246 号を通り、約 15 分で溝尾登山口。JR 能生駅からバスもあり。

●登山口情報（溝尾登山口）
駐車場／登山口近くに５台ほど。
トイレ・売店／なし。

権現岳

権現岳山麓、柵口の棚田

34 青田南葉山《あおたなんばさん》

■標高／949.1メートル　標高差／約400メートル
■紹介コース／南葉高原キャンプ場コース（上り・1.5時間／下り・1時間）
■グレード／体力度★☆☆　技術度★☆☆　危険度★☆☆

35 春日山《かすがやま》

■標高／180メートル　標高差／約150メートル
■紹介コース／大手道・本丸コース（上り・1時間／下り・20分）
■グレード／体力度★☆☆　技術度★☆☆　危険度★☆☆

エリア
新潟県／上越市

見どころ
市民いこいの山

行程
日帰り（半日）

登山適期
4～11月

登山口
■北陸新幹線／JR上越妙高駅から車で約30分（青田南葉山）
■マイカー／上信越自動車道・上越高田ICから約20分

青田南葉山山頂

南葉高原キャンプ場から青田南葉山

木落坂への登り

ササユリ。明神沢コース

上越市街、北陸新幹線沿線を見下ろす

矢代川からの南葉三山

南葉高原キャンプ場登山口

上越市から南葉三山

上越市民いこいの山、ブナと野の花。青田南葉山

春、桜が咲く頃に上越平野を訪れると、西方向に見える残雪の頸城山塊が美しい。まだ山頂部はすっぽり雪に埋まっていて、その多さに驚く。上越市高田の市街地と妙高市新井の市街地の境界あたりから、頸城山塊方向に目をやれば穏やかな山容の南葉山が見える。南葉山は3つのピークよりなり、それぞれ山麓の地名を付けて、北のピークを青田南葉山、南のピークを籠町《かご》南葉山と呼ぶ。山麓から見ても険しさは感じられず、登山コースには危険個所がなく、市民に親しまれた里山である。

青田南葉山は市民の山としてよく整備され、またハイキングや健康づくりによく利用されている。登山口の南葉高原キャンプ場は設備が整っていて、さらにここからの頸城平野の展望がよい。メインの登山道の木落坂《きおとしざか》コースは登りやすい。明るい広葉樹林帯の道はよく刈り払われている。山頂部は下から見上げた予想のとおり平坦で広く、大勢の登山者が来ても休憩するには最適である。

登山道周囲は丁寧に雑草が刈り払われ、山野草が保護されている。明神沢コースでは見事なササユリを見ることがある。

（市川董一郎）

青田南葉山・登山コースガイド

● 南葉高原キャンプ場（往復・約2.5時間）
南葉高原キャンプ場 (1:00) → 展望広場 (0:30) → 青田南葉山 (1:00) → 南葉高原キャンプ場

● 交通アクセス
マイカー／上信越道・上越高田ICから県道362号で南葉高原キャンプ場まで約20分。

● 登山口情報
（南葉高原キャンプ場登山口）
駐車場／キャンプ場入口に約10台。
トイレ・売店／キャンプ場にあり。

● 山行アドバイス
登山口から木落坂分岐までは平坦な道だが、木落坂はその名のとおり急登する。山頂に近づくにつれ、斜面はゆるくなり、やがて山頂に至る。

● 見どころ
山頂の展望はあまりよくないが、途中にはブナ林もある。眼下には北陸新幹線ルートも望めるだろう。

● 問い合わせ
上越市役所　025-526-5111
南葉高原キャンプ場　025-524-9046

● 2万5000図　重倉山

上杉謙信の居城、壮大な山城の面影。春日山

春日山。山の随所に多くの遺構。大手道より

本丸・天守台跡のある春日山山頂

山頂から上越市街と日本海を見下ろす

山頂から頸城山塊

山頂は広い

権現堂

山城の面影

春、カタクリ咲く

謙信公を祀る春日山神社

春日山の山頂部分は戦国時代の越後を代表する上杉謙信の居城で、上杉景勝の時代に現在の規模に拡張され、堀氏に引き継がれた。今は春日山の近くに高速道路の上越ジャンクションがあり、麓の春日地区には上越市埋蔵文化財センターの大きな建物ができた。現在の春日山は、観光客が行きかい喧騒にまみれているが、鬱蒼と大樹が茂った丘の上の古城跡を見上げれば、往時の隆盛と静寂が偲ばれる。

埋蔵文化センターの先から歴史のある大手道を上る。この道は武士たちの正規の登城ルートであった。山頂の本丸までは標高差で約１５０メートル、ゆっくり歩いても1時間はかからない。大手道は歩道が整備されていて、周囲は山野草が豊富である。山頂稜線上の南三の丸から、大手道と別れて尾根沿いに権現堂（標高１５９メートル）を行く。そこは、観光客はほとんど来ない小ピークで、このあたりは草花が豊富である。

本丸のある山頂周辺は、歴史を示す堀や土塁があり、説明板を読み上げ上杉（長尾）家の功績を知る。山頂からの眺めはよく、この山に城をかまえた上杉家の着眼のよさに感心する。

帰りは春日山神社にお参りして、石段を下れば登山口に着く。（市川董一郎）

COLUMN

日本百名城　春日山城

春日山城は、標高 180m の春日山に築かれた壮大な山城である。

山頂・本丸跡からは謙信公も眺めたであろう日本海や頸城平野、それを取り巻く山並みを一望できるほか、山全体にわたって自然の地形を活かした郭、空堀、土塁などが無数に築かれ、現在でも目にすることができる。

春日山城を巡り、壮大な戦国ロマンを体感したい。（上越市）

春日山・登山コースガイド

●大手道・本丸コース（周回・約 1.5 時間）
大手道駐車場 (0:40) → 南三の丸 (0:20) → 本丸 (0:20) → 春日山神社駐車場

●交通アクセス
マイカー／北陸道・上越 IC から約 15 分。
上信越道・上越高田 IC から約 20 分。

●登山口情報（大手道登山口）
駐車場／約 10 台。

トイレ／春日山神社駐車場。

売店／春日山神社など。

●山行アドバイス・見どころ
春日山神社から山頂の本丸まではゆるやかな傾斜で、歩道も整備され、地形を利用した山城としてのさまざまな遺構がみられる。

本丸のある山頂からは眼下に上越市街が望め、その先には日本海、さらに米山なども。南に目をやると妙高火打山塊から、はるかに頸城山塊西部まで遠望できる。

●問い合わせ
上越市役所　025-526-5111
(公社) 上越観光コンベンション協会　025-543-2777

●2万5000図　高田西部

エリア
新潟県／上越市・柏崎市

見どころ
日本海と里の棚田眺望

行程
日帰り（半日）

登山適期
5～11月

登山口
■北陸新幹線／JR上越妙高駅から車で約1時間（米山）
■マイカー／北陸自動車道・柏崎ICから約40分

36 米山《よねやま》

■標高／992.5メートル　標高差／約400メートル
■紹介コース／水野コース（上り・1.5時間／下り・1時間）
■グレード／体力度★☆☆　技術度★☆☆　危険度★☆☆

37 刈羽黒姫山《かりわくろひめやま》

■標高／891メートル　標高差／約300メートル
■紹介コース／磯之辺コース（上り・1.5時間／下り・1時間）
■グレード／体力度★☆☆　技術度★☆☆　危険度★☆☆

米山山頂、米山薬師堂

米山山頂、大三角点の原三角測點

水野登山口近くから米山

曲がりくねったブナ

ヤセ尾根の稜線

米山山頂、休憩小屋

眼下には日本海。米山山頂から

民謡「三階節」でも親しまれる信仰の山。

米山

柏崎市の日本海岸線近くの、標高1000メートル近い山である。冬の山肌は真っ白に雪をまとい、夏はゆたかな緑で覆われる。頸城平野ではどこからもこの山がよく望め、柏崎の民謡の三階《さんかい》節《ぶし》では「米山さんから…」と歌われ、地元の人に親しまれている。

平地の端に毅然と聳えるだけに、この山は地形測量からも重要な山である。山頂の一等三角点は明治の初めに国土の測量が始まったばかりに置かれた基準点として重要で原三角点と呼ばれ、今も山頂に特異な形の四角錘柱が残っている。

独立峰であり、地元の人に親しまれている山だけに、登山コースは多い。いずれの登山道も登りはきついが、山頂の眺望と施設の充実は満足できる。（市川董一郎）

米山・登山コースガイド

●水野コース（往復・約2.5時間）
水野登山口(1:00)→分岐避難小屋(0:30)→米山(1:00)→水野登山口

●山行アドバイス
4月いっぱいは残雪多く、5～6月のブナ新緑の頃からがベストシーズン。山頂の休憩小屋など整備されている。

●見どころ
柏崎市から十日町市にかけては標高1000mに満たない山地が広がり、東頸城丘陵と呼ばれる。そこは尾根と谷が複雑に交錯し、峠に登れば丘陵の西北端に米山、尾神岳、刈羽黒姫山の3山が望める。
山頂からは眼下に柏崎付近の日本海海岸線が伸びている。春は登山道沿いに白いショウジョウバカマが多い。

●問い合わせ
（水野・水野林道・下牧コース）
上越市柏崎区総合事務所産業グループ
025-536-6707
（大平・吉尾・谷根・野田コース）
柏崎市観光交流課
0257-21-2334

●2万5000図　柿崎

●交通アクセス
マイカー／北陸道・柏崎ICから県道25号などを通り、約40分で水野登山口。

●登山口情報（水野登山口）
駐車場／林道沿いに10台ほど。混雑の場合は林道脇に駐車可。
トイレ・売店／山頂休憩小屋に売店、山頂北側にトイレ。

刈羽黒姫山の西面。折居コース

刈羽黒姫山山頂

山頂近くの三十三観音石仏

登山道沿いのブナ

山麓の磯之辺から

刈羽三山のひとつ。眼下には美しい棚田、刈羽黒姫山

東頸城丘陵の山間部の高地からは、刈羽黒姫山の整った姿が望め、登行意欲の注がれる山である。山の近くまで集落があり、その先にも農道が走っているので、登山のアプローチは容易である。磯《いそ》之《の》辺《べ》ルートは短時間で登れるうえ、登山口の棚田が美しいのでおすすめである。

この山は里の人から深く信仰された山で、山頂直下には鵜《う》川《かわ》神社と石仏群がある。山を取り囲むように里の人の生活が営まれている。山体のすぐ近くまで集落が点在し、棚田の稲作がおこなわれているところをよく見る。山間地の水田を保持するのは大変な努力が必要で、登山のため訪れた柏崎市折《おり》居《い》の圃場でも、地元の人たちが苦労して山間地の圃場を保持する姿が見られた。

平成23年3月の長野県北部地震では、新潟県内では山間の水田も甚大な被害を受けたが、ようやく稲作が復活したところも多い。十日町市の留守原の棚田も最近、復活され、見学する人たちが多く訪れる。

（市川董一郎）

登山道からの磯之辺棚田

刈羽黒姫山・登山コースガイド

●磯之辺コース
（往復・約2.5時間）
黒姫キャンプ場 (1:10) →鵜川神社 (0:10) →刈羽黒姫山 (1:00) →黒姫キャンプ場

●山行アドバイス
登り始めるとすぐにブナ林となる。抜けると展望が開け、眼下には磯之辺の美しい棚田が望める。登りきると、鵜川神社と三十三観音石仏となり約10分で山頂。

●見どころ
高柳町荻ノ島には茅葺き民家が残され公開されている。東頸城丘陵は低い山稜の間に集落や農地が散在し、日本の典型的な中山間地である。山ひだ深くまで棚田が入りこんでいる。刈羽黒姫山の東登山口にあたる高柳町磯之辺の棚田は美しい。

●問い合わせ
柏崎市観光交流課
0257-21-2334
柏崎市高柳町事務所地域振興班
0257-41-2241

●2万5000図 石黒

●交通アクセス
マイカー／十日町駅から国道252号を柏崎方面へ。国道403号から磯之辺まで約30分。

●登山口情報（黒姫キャンプ場登山口）
駐車場／キャンプ場に約10台。
トイレ／キャンプ場。　売店／なし。

地元から…山ファンから…

「信仰の山から生活の山へ」

黒姫山は機織（はたおり）や水耕の神として古くから参拝者が多かった。ブナ林からの豊富な伏流水による稲作、野菜、山菜等肥沃な土地の恵みを受けている。また、山野草や麓の池には貴重な植物が多く見られる。しかし、麓の集落は過疎が進み、棚田は地元の農家が協力して保全管理に頑張っている。

（棚田を守る者／高橋 隆雄さん）

ミツガシワ群落の保護活動（上向の池）

38

青海黒姫山《おうみくろひめやま》

■標高／1221.5メートル　標高差／約1100メートル
■紹介コース／清水倉道コース（上り・4時間／下り・3時間）
■グレード／体力度★★☆　技術度★☆☆　危険度★☆☆

39

明星山《みょうじょうさん》

■標高／1188.5メートル　標高差／約1000メートル
■紹介コース／岡集落コース（上り・4時間／下り・3時間）
■グレード／体力度★★☆　技術度★★☆　危険度★★☆

姫川沿いからの青海黒姫山

青海黒姫山、山頂直下の岩稜

山頂からの明星山

山頂からの西頸城山群

青海川ヒスイ峡と青海黒姫山

清水倉登山口

登山口の標識

日本海から四キロ、全山、石灰岩の独立峰。青海黒姫山

糸魚川市の青海《おうみ》川と田海《とうみ》川下流部には大きなセメント工場がある。二つの川の上流部にある青海黒姫山は全山が石灰岩の山で、ここで採掘された石灰岩は糸魚川市内のセメント工場に送られる。

青海黒姫山からその南の明星山にかけては広大な石灰岩地形が広がる。特に田海川の中上流部から青海黒姫山南斜面にかけては、いまも石灰岩が大規模に採掘されている。周辺には未開発の石灰岩洞窟があり、さらに古生物の希少な化石が含まれる。

以前は青海川沿いの電化原石事務所から登る鉱山ルートが一般的で、登山道に転がっている小石は石灰岩であった。今は鉱山ルートは通行禁止で、青海川をさらに遡った清水《しみずくら》倉道が登山口である。

清水倉道ルートは、急傾斜で粘土質の滑りやすいぬかるみ道である。標高1000メートルから上部は複雑な地形のカルスト台地が南方にかけて広がる。小高い丘を登りきると見晴らしのよい山頂で、形のよい明星山が望める。眼下には石灰岩の採掘後の赤茶けた荒地が広がっている。

（市川董一郎）

地元から…山ファンから…

「日本最深の洞窟も…」

黒姫山の西壁はロッククライミングのゲレンデになっている。
南にあるマイコミ平には、白蓮洞、千里洞、奴奈川洞など、日本最深の洞窟があり、福来口鍾乳洞に通じている。近くには、青海川ヒスイ峡もあります。

（糸魚川勤労者山岳会／佐藤 幸雄さん）

青海黒姫山・登山コースガイド

● 清水倉コース（往復・約7時間）
清水倉登山口 (2:30) → 金木平 (1:30) → 青海黒姫山 (3:00) → 清水倉登山口

● 山行アドバイス・見どころ
新しい登山口の清水倉付近にある青海川沿いの青海川ヒスイ峡が美しい。
登山口からは雑木林の中の急登となる。山頂は見通しがよい。

● 問い合わせ
糸魚川市役所交流観光課　025-552-1511
糸魚川市役所青海事務所　025-562-2260

● 2万5000図　小滝

● 交通アクセス
マイカー／北陸道・糸魚川 IC から国道 148 号・国道８号を経て、県道 155 号に入り、約 20 分。

● 登山口情報（清水倉登山口）
駐車場／登山口に駐車場なし。「青海総合文化会館きらら青海」駐車場を使用。会館から登山口まで徒歩約１時間。タクシーで約 10 分。
トイレ／なし。

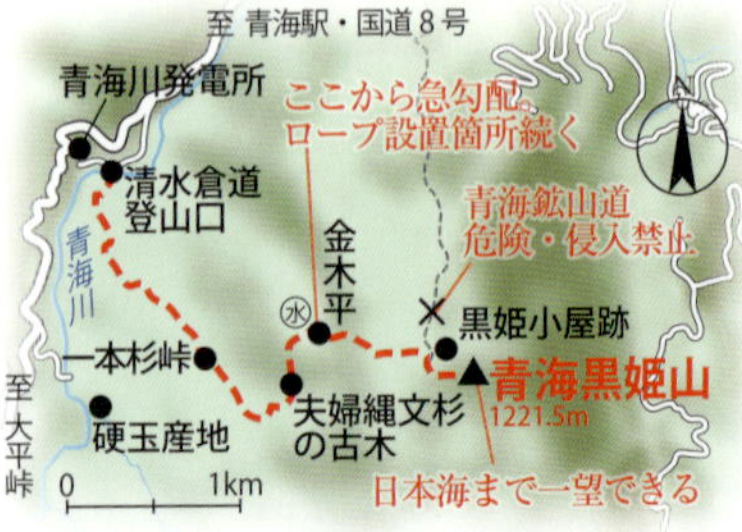

明星山南東面。大岩壁が小滝川に落ち込む

明星山山頂

明星山南面。高浪の池から

岩登りのフィールド

南面の大岩壁

岡集落コース

岡集落コース登山口

小滝川ヒスイ峡

ヒスイ峡から約500メートル、垂直の大岩壁。明星山

糸魚川市の姫川と青海川に挟まれた巨大なカルスト台地上の北側の小ピークが青海黒姫山なら、南の小ピークは明星山である。この二つの山は直線距離で4.9キロメートルしか離れていない。同じ山系だが、そこに住む人から見れば、2つの山はまったく別の山である。登山口も青海黒姫山が青海川流域なら、明星山は姫川の支流の小滝川流域である。

糸魚川市のヒスイ海岸では、砂浜で小さなヒスイが見つかる。このヒスイは青海川や姫川支流の小滝川から流れてきたもので、小滝川のヒスイ峡には巨大な原石が河原の中にある。そこへ行って見れば、宝石の原石とは想像できないほど大きな石がゴロゴロ転がっていて、びっくりする。

ヒスイ峡から見上げれば、明星山の南壁が圧倒的な迫力で立ちはだかっている。岩登りの有名なフィールドだが、ここの岩壁は高度差があり、さらに難易度が高く転落事故も多い。地元では慎重な行動を求めている。

明星山に登るルートは二つあり、東側の岡《おか》集落ルートが一般的である。岡集落から林道をたどり、山の北東側から北斜面を登るが、春先は遅くまで残雪が残るため、雪の状態を確認する必要がある。登れないほど急傾斜ではないが、雪渓の出口が分かりづらい。一方、ヒスイ峡ルートは明星山の西壁の直下を通過するため、ガレ場が多く、上部からの落石にも注意が必要である。山頂の眺望のよさは言うまでもない。

（市川董一郎）

明星山・登山コースガイド

●岡集落コース（往復・約7時間）

岡集落登山口 (2:30) → 岡集落分岐 (1:30) → 明星山 (3:00) → 岡集落登山口

●交通アクセス

マイカー／北陸道・糸魚川ICから国道148号などを経由で岡ルート登山口まで約25分。

●登山口情報（岡集落コース登山口）

駐車場／登山口は車進入禁止。岡集落に入る途中の小滝公民館駐車場へ。

トイレ・売店／ヒスイ峡駐車場にトイレ。

●山行アドバイス

岡集落ルート・ヒスイ峡ルートともに石灰岩地帯のため、コースは荒れ気味。春は残雪が多く状況を確認のこと。水場は岡登山道入口に三国一の冷水があるが、充分な装備で登りたい。

ヒスイ峡でのヒスイの採取は禁止されている。

●見どころ

小滝川を挟んだヒスイ峡の大岩壁は絶景、対岸からは大岩壁を登攀するクライマーが蟻のように見える。

●問い合わせ

糸魚川市役所交流観光課　025-552-1511

●2万5000図　小滝

エリア
新潟・富山県／糸魚川市・朝日町

見どころ
飛騨山脈最北端

行程
一泊〜（日帰り）

登山適期
6〜9月

登山口
■北陸新幹線／JR糸魚川駅から車で約40分（白鳥山）
■マイカー／北陸自動車道・親不知ICから約20分

40 白鳥山《しらとりやま》（栂海新道《つがみしんどう》北部）

■標高／1286.8メートル　標高差／約700メートル
■紹介コース／坂田峠コース（上り・3時間／下り・2時間）
■グレード／体力度★★☆　技術度★☆☆　危険度★☆☆

41 黒岩山《くろいわやま》（栂海新道《つがみしんどう》南部）

■標高／1623.6メートル　標高差／約1000メートル
■紹介コース／白鳥山コース（上り・14.5時間）
■グレード／体力度★★★　技術度★★☆　危険度★★☆

黒部川畔から栂海新道の山並

日本海と親不知

境川下流からの白鳥山

山姥ノ洞

坂田峠

W.ウェストン像

親不知登山口

北アルプス最北端。日本海・親不知から栂海新道・白鳥山へ

飛騨山脈（日本アルプス）の稜線が日本海岸に落ちるところは、いまの糸魚川市親不知《おやしらず》であることを見つけたのは、かのウォルター・ウェストンである。それを顕彰して親不知・天険《てんけん》広場には立派なウェストンの銅像がもうけられ、そこで毎年「海のウェストン祭」が開かれる。そして、標高0メートルの日本海から2932メートル白馬岳に至る主稜線登山道が栂海新道《つがみしんどう》と名付けられ、起点の白鳥山は北アルプス最北端の1000メートル峰として登られる。

新潟、富山県境の日本海岸は山が迫っているため、白鳥山は普段あまり目にする機会がない。かろうじて、北陸自動車道で県境近くの境《さかい》川橋梁を通過する時、瞬間的に見える。残雪期の気高い姿に感動を覚える。

白鳥山の登山口は坂田《さかた》峠である。登山道に当たる栂海新道は、よく整備されている。この道を開削したのは、先に述べたウェストンに関するさまざまな顕彰を行った小野健氏である。山頂には立派な山小屋がもうけられている。小屋の二階に登れば、北アルプス北部の山々が一望できる。

帰路に使える山姥《やまんば》道の山姥ノ洞《ほこら》で不思議な言い伝えのあることを知った。中部地方から北陸にかけて、山姥の話があちこちに伝えられているが、ここ上路の洞窟は信州八坂《やさか》村（現・大町市）上篭《あげろう》の大姥《おおば》山の山姥の洞に通じていて、そこからは海なりの音が聞こえるという。

栂海新道は、白鳥山からさらに南方向に、少しずつ標高を上げながら犬ケ岳、栂海山へと続く。

（伊久間幸広・市川董一郎）

白鳥山山頂の白鳥小屋

地元から…山ファンから…

「海抜0〜3000mまで」

栂海新道は海抜0mから標高3000mまで走破する登山道で、小野健さん達「さわがに山岳会」が10年の歳月をかけて、昭和46年に開通された登山道です。
親不知海岸から8号線に出て、尻高山から坂田峠を経由し白鳥山（山姥岳）へ。山頂には避難小屋「白鳥小屋」があり、近年登山客が増えています。下駒ケ岳、菊石山、黄連山、犬ヶ岳、黒岩山（サワガニ山）で小滝川からの中俣新道と合流し、長栂山、朝日岳になります。

（糸魚川勤労者山岳会／佐藤 幸雄さん）

黒岩山山頂から長栂山

犬ヶ岳山頂

菊石山

長栂山から黒岩山と犬ヶ岳

犬ヶ岳・栂海山荘

栂海新道南部。犬ヶ岳からサワガニ山、黒岩山へ

白鳥山から南の栂海新道の稜線はやや狭くなり、犬ヶ岳に至る。ここには無人の栂海山荘があり、登り降りで利用できる。サワガニ山、文子《ふみこ》の池と情緒ある名のポイントを通過して、標高1624㍍の黒岩山に至る。

黒岩山はエスケープルートの少ない栂海新道の中で、唯一の例外の中俣《なかまた》新道が姫川支流の小滝川から上がってくる。小滝川ヒスイ峡からの登山道は、標高差が1370㍍もあり日帰りがきついが、谷沿いと尾根道で変化に富んでいるうえ、植物が多いので楽しい。

登りついた黒岩山山頂は、お花畑が美しく、さまざまな花が咲き乱れている。長栂《ながつが》山方向を見上げれば窪地に小雪渓を残し、丈の低い針葉樹の緑が美しい。この風景は北アルプスの中でも特異的である。南の樹高の高い針葉樹林でもなく、中部のガレた岩稜でもない、多雪地帯の高山がそうさせているのだろう。

黒岩平の先のお花畑の中の道は、栂海新道でいちばん花が美しい。ヒオウギアヤメが美しいアヤメ平を経て長栂《ながつが》山へ登る。山頂は平坦で木道が続き、池塘が散在している。この先は砂礫の道となって朝日岳へ登りつき、さらに白馬岳へと道は続く。栂海新道は標高0㍍から2900㍍の高峰まで、植物生態は大きく変化し、植生の垂直分布の変化を目の当たりにできる。

（市川董一郎・伊久間幸広）

栂海新道〜朝日岳の山並。戸倉山から

アヤメ平から黒岩山・犬ヶ岳方面

長栂山山頂

吹上のコル

栂海新道・登山コースガイド

●白鳥山・黒岩山・朝日岳コース
(縦走・2泊3日〜／白鳥山往復のみ日帰り)
坂田峠 (1:00) →金時沢の頭 (2:00) →白鳥山 (5:00) →犬ヶ岳 (4:00) →黒岩山 (5:00) →朝日岳

●山行アドバイス
白鳥山は山頂に白鳥小屋があり、坂田峠から往復する登山者も多い。黒岩山から朝日岳へと栂海新道を縦走する場合は歩行時間が長く、山小屋も少ないので充分な装備と体力が必要である。

●見どころ
白鳥山から黒岩山、朝日岳への稜線には化や池塘が多く、標高により植生も変化する。このコースは2泊以上のゆとりをもって山行計画を立て、ゆっくりと歩いてほしい。

●問い合わせ
糸魚川市役所交流観光課
025-552-1511
糸魚川市役所青海事務所
025-562-2260

●2万5000図
親不知

●交通アクセス
マイカー／国道8号より境川左岸を入り、林道大平線、金沢道経由で坂田峠。

●登山口情報（坂田峠登山口）
駐車場／数台。
トイレ・売店／なし。

ハクサンイチゲ

42 朝日岳《あさひだけ》

■標高／2417.9メートル　標高差／約1300メートル
■紹介コース／蓮華温泉コース（上り・7.5時間／下り・5時間）
■グレード／体力度★★★　技術度★★☆　危険度★☆☆

43 雪倉岳《ゆきくらだけ》

■標高／2610.9メートル　標高差／約1500メートル
■紹介コース／蓮華温泉コース（上り・5時間／下り・4時間）
■グレード／体力度★★★　技術度★★☆　危険度★☆☆

山頂からは日本海。お花畑の朝日岳

朝日岳という名前を持つ山は全国各地に多数あり、飛騨山脈最北端にある朝日岳2418メートルは富士山八峰の大日岳（朝日岳）3735メートル、乗鞍岳の朝日岳2975メートルに次いで三番目である。

北アルプス最北端と言われるだけあって、山頂からは日本海を見ることができる。富山県朝日町周辺からもその姿はよく望める。この山の魅力は周辺のどこから登ってもその登山道脇には高山植物が豊富で、季節によっては見渡すかぎりのお花畑が広がる。珍しい植物も多く、その花々を見るために訪れる登山者も多い。

登山道は四方向から入って、どれも人気のコースである。特に近年人気が高まっているのが海抜0メートルの日本海親《おや》不知《しらず》から上がる栂海新道《つがみしんどう》である。

朝日岳への直登ルートがあるのが蓮《れん》華《げ》温泉コースだ。五輪尾根を登り、朝日岳山頂に至る。

蓮華温泉からは途中の花園のお花畑が見ごたえがある。小川温泉、北又小屋からの登りも途中にたくさんの池塘があり、お花畑も多い。急登だが変化に富んでいておもしろいコースである。

朝日岳

白馬岳から雪倉岳（中央）、朝日岳（左奥）

朝日小屋

ウルップソウ

ミヤマキンポウゲ

雪倉岳から朝日岳と赤男山（手前）

最も歩かれているコースが白馬岳からの縦走コースだ。三国境《みくにざかい》から鉢ヶ岳、雪倉岳を通り燕岩、小桜ヶ原は高山植物が咲き乱れている。朝日岳を巻いて朝日小屋へ行く水平道は、その名とは違いアップダウンが激しい。朝日小屋のある朝日平は緩やかな平地が広がり花々に溢れている。

朝日小屋の食事では富山の海産物をかならず一品付けてもらえ、食堂の窓からは日本海へ沈む夕陽を眺めながら夕食を楽しめる。この小屋には富山県警山岳警備隊も常駐していて安心できる。

（伊久間幸広）

北からの白馬連山眺望、豊富な高山植物。雪倉岳

白馬岳と朝日岳の間にある雪倉岳はただ通過してしまう登山者が多い。この山だけを目指して訪れる登山者は二百名山挑戦者か、高山植物が目当ての人達だけだろう。

ただ通過してしまうには、あまりにもったいない山である。他の山域にあれば標高2611メートルの山は第一級の山としての処遇があるはずだ。展望もすばらしく白馬連山を一歩引いた位置から眺めることができて劔岳、立山も眺められ、日本海も望める。北アルプスの奥深く立っている山であることを実

朝日岳から雪倉岳への稜線

雪倉岳山頂

雪倉岳山頂

ライチョウ

ハクサンコザクラ

雪倉岳避難小屋

キヌガサソウ

蓮華温泉～雪倉岳

蓮華温泉～雪倉岳

蓮華温泉ルートから雪倉岳稜線

感できる。

なんといってもその豊富な高山植物には圧倒される。白馬岳方面から向かうと三国境周辺の砂礫に咲くコマクサ群落が迎えてくれる。鉢ヶ岳東面の斜面には雪渓もあり、消え始めた場所からハクサンコザクラなどが咲き始めている。雪倉岳避難小屋を過ぎると山頂への登りが始まり、登山道脇にはさまざまな高山植物が咲き乱れているだろう。一つひとつを眺めていては、とても時間が足りなくなる。

朝日岳に行く途中でも雪倉岳のゆたかな自然のすばらしさを充分に味わって貰いたい。

（伊久間幸広）

蓮華岳・登山コースガイド

●蓮華温泉・雪倉岳コース

（周回・1泊2日～）

蓮華温泉 (4:30) →花園三角点 (3:00) →朝日岳 (4:00) →雪倉岳 (4:00) →蓮華温泉

●山行アドバイス

蓮華温泉から朝日岳までは長いので時間配分に注意する。アップダウンもあり意外と時間がかかる。蓮華温泉から瀬戸川鉄橋までは340m 下る。遅くまで雪が残る五輪尾根はガスが出ると迷いやすい。残雪期の道は夏道と違うのでベンガラで付けられたコースをよく見て進む。

朝日小屋からの水平道はアップダウンが多い。岩場歩きが多いので注意する。鉱山道から蓮華温泉への道はあまり歩かれていないので迷いやすい。

●見どころ

朝日岳・雪倉岳・三国境の稜線はコマクサやハクサンコザクラはじめお花畑の宝庫。

●問い合わせ

糸魚川市役所青海事務所

025-562-2260

●2万5000図

白馬岳・黒薙温泉・小川温泉・親不知

●交通アクセス

マイカー／北陸道・糸魚川 IC から国道148 号を通り、約 20km で平岩駅。そこから交通看板を頼りに 22km で蓮華温泉。

●登山口情報（蓮華温泉登山口）

駐車場／蓮華温泉駐車場。

トイレ／蓮華温泉。　売店／各山小屋。

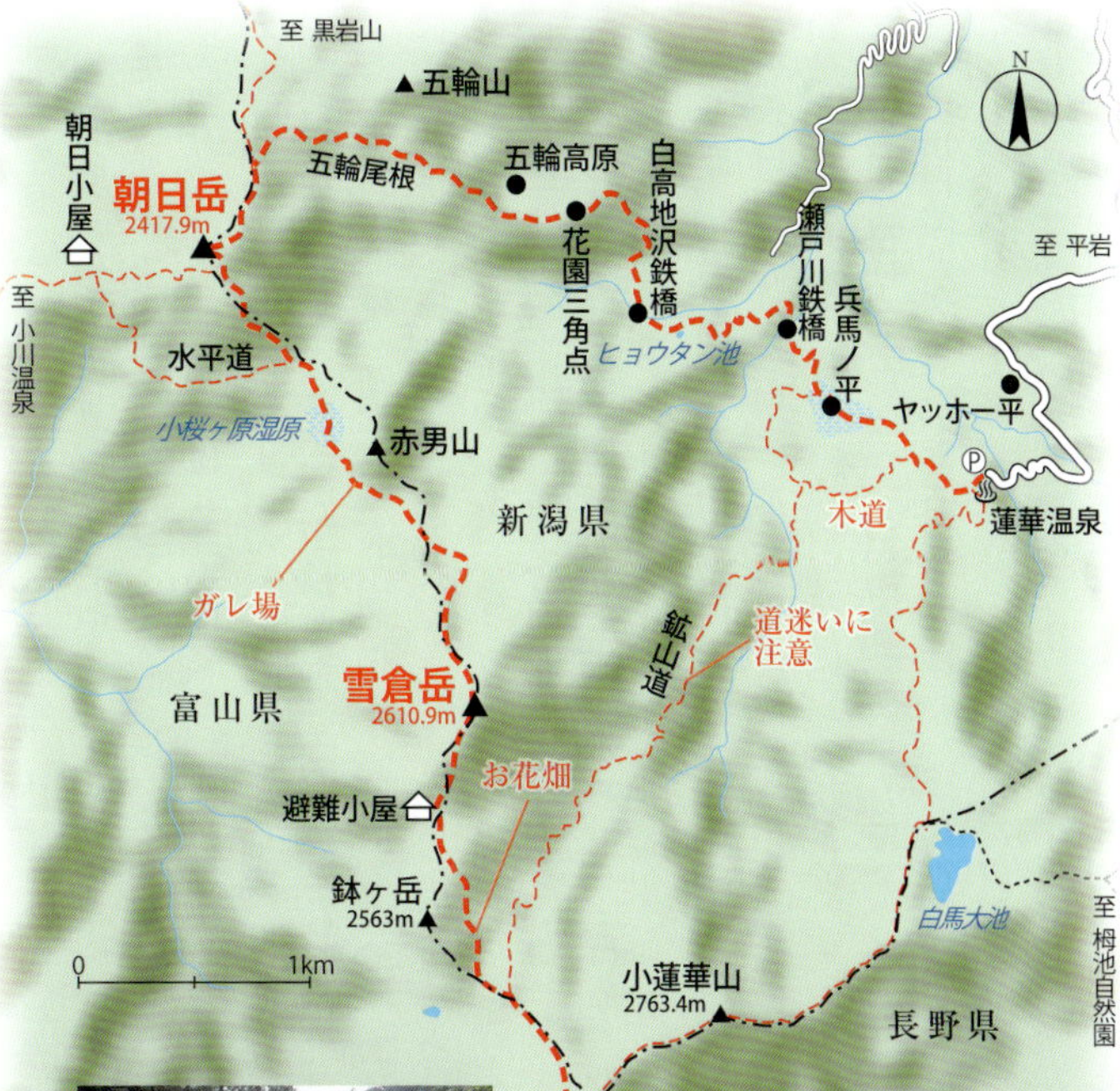

瀬戸川鉄橋

登山口の蓮華温泉

エリア

長野・新潟県／中部山岳国立公園

見どころ

白馬大池・栂池自然園

行程

日帰り・一泊

登山適期

7〜10月

登山口

■北陸新幹線／JR長野駅から車で約1.5時間
■マイカー／上信越自動車道・長野ICから約1.5時間

44 白馬乗鞍岳《はくばのりくらだけ》

■標高／2456㍍（2469㍍）　標高差／約700㍍
■紹介コース／栂池自然園コース（上り・3.5時間／下り・2.5時間）
■グレード／体力度★★☆　技術度★☆☆　危険度★☆☆

45 小蓮華山《これんげさん》

■標高／2766㍍　標高差／約1000㍍
■紹介コース／白馬大池コース（上り・5時間／下り・4時間）
■グレード／体力度★★☆　技術度★☆☆　危険度★☆☆

残雪の白馬乗鞍岳

白馬乗鞍岳（左上）と白馬大池

白馬乗鞍岳登山道

白馬大池。白馬乗鞍岳山頂から

お花畑

白馬大池と風吹大池の分岐

白馬乗鞍岳ケルン

紅葉の栂池自然園

栂池自然園と澄みきった白馬大池。白馬乗鞍岳

白馬乗鞍岳は栂池《つがいけ》自然園や天狗原の池塘が点在する湿原に囲まれている。ゆったりした山体で山頂はほぼ平坦である。しかし、白馬大池火山の噴出物の大岩で覆われた歩きにくい山頂でもある。大岩の間はハイマツや高山植物に覆われていて、残雪期は岩と緑と花々とのコントラストが美しい。

山頂からの小蓮華山、白馬岳方面の眺めはすばらしい。遠く鹿島槍ヶ岳まで連なる後立山連峰まで望める。東側には高妻山、妙高山、火打山、雨飾山など頸城の山々の展望も連なる。山頂は2436㍍三角点山頂のほかに2456㍍最高点があるが、白馬乗鞍岳の山頂標識とケルンのある場所ではない。のっぺりとした白馬乗鞍岳の山頂はわかりずらい。2469㍍ピークが白馬大池の北側にあるが、そこには登山道はない。新潟、長野県境はその地点を通っている。

山頂から西側に少し下ると白馬大池がある。初夏にはハクサンコザクラの大群落がすばらしい。（伊久間幸広）

白馬大池からの緩やかな稜線。小蓮華山

白馬岳の北側にある小蓮華山は、越中側からの信仰の対象の山だった。お釈迦様のお座りになる台座に見立てて大蓮華山と呼ばれた白馬岳とセットで拝まれていたと言う。江戸時代、松本藩や富山藩では後立山連峰の警護のために止め山としていた。そのために明治までこの一帯は山岳信仰の霊場としては開かれず、一般農民の信仰登山も行われなかった。それでもわずかに小蓮華山には江戸時代の石仏が置かれていたと言われる。

白馬大池から登る緩やかな稜線は雲の上へと続くような坂道である。ハイマツと白い砂礫と青い空の上を気持ちよく歩くことがいちばんの魅力の山だ。高度を上げると西側に雪倉岳、朝日岳が見えてくる。正面には白馬岳から続く後立山連峰の険しい稜線が見える。

小蓮華山の山頂部は2007年に崩落してしまった。三角点の標石も落下していたため、国土地理院では以前の三角点を安定した場所に再設置して測定し直した結果、標高2769㍍から2766㍍に下がってしまった。今では鉄剣も建て直されて、通行禁止ロープ以外は通ることができる。

三国境《みくにざかい》は小蓮華山から西南へ1.5㌔㍍ほどの場所で白馬岳、朝日岳、雪倉岳、小蓮華山との分岐点で、長野・新潟・富山三県境となっている。（伊久間幸広）

新雪の白馬岳（中央）と小蓮華山（右）

岩の堆積する小蓮華山から三国境への稜線

小蓮華山からの白馬乗鞍岳

秋の小蓮華山

小蓮華山と山並、小谷村落から

錦秋の小蓮華山

ミズバショウ咲く栂池自然園と小蓮華山（右）

地元から…山ファンから…

「リンネソウ」

白馬乗鞍、小蓮華への道のりは山好きにとっては何時でも行ける山としてお薦めです。緩やかな上りと適度に休める平坦な場所、そして何より登る苦しさを和らげてくれる景色と、足元の花々。
特に雷鳥坂のリンネソウの群落は本州では珍しいと思います。
できれば白馬大池の小屋泊りがお薦めです。
いつでも、素晴らしい自然の姿が眺められますよ。

（山学山遊会／降旗 節子さん）

● **交通アクセス**

マイカー／国道 148 号から栂池高原ゴンドラリフト山麓駅まで約 10 分。

● **登山口情報**
（栂池自然園登山口）

駐車場／ゴンドラリフト山麓駅付近に約 200 台。

トイレ・売店／ゴンドラリフト山麓駅、及び自然園入口に売店・トイレあり。

● **山行アドバイス**

残雪期の天狗原ではガスが出るときは道迷いに注意。夏期は危険箇所はない。白馬乗鞍山頂付近は大岩の転がるコースで歩きにくい。白馬大池から雷鳥坂の上りは、ハイマツと白い砂と岩のコントラストが美しい。

● **見どころ**

栂池自然園からの白馬三山が美しい。栂池自然園はワタスゲなど湿性高山植物の宝庫。天狗原の池塘も眺めがよい。高山性のカオジロトンボや原生イワナ、運がよければオコジョにも出会えることもある。

● **問い合わせ**

一般社団法人小谷村観光連盟　0261-82-2233
白馬観光開発株式会社　0261-83-2255

● **2万5000図**　白馬岳

白馬乗鞍岳／小蓮華山・登山コースガイド

● **栂池自然園コース（往復・約９時間）**

山麓の栂池高原からはゴンドラリフト・ロープウェイ利用で栂池自然園入口の登山口まで約 30 分。ここから自然園北の樹林帯を登り、約２時間で天狗原の溶岩台地に出る。ここからはほぼ平坦な登山道が白馬大池まで続く。

栂池自然園 (2:00) →天狗原 (1:00) →白馬乗鞍岳 (0:20) →白馬大池 (2:00) →小蓮華岳 (4:00) →栂池自然園

46 白馬岳《しろうまだけ》

■標高／2932．3メートル　標高差／約1700メートル
■紹介コース／大雪渓コース（上り・6.5時間／縦走下り・5時間）
■グレード／体力度★★★　技術度★★☆　危険度★★☆

47 杓子岳《しゃくしだけ》・白馬鑓ヶ岳《はくばやりがたけ》

■標高／2903．2メートル（白馬鑓ヶ岳）標高差／約1700メートル
■紹介コース／三山縦走コース（上り・6.5時間／下り・8時間）
■グレード／体力度★★★　技術度★★☆　危険度★★☆

エリア
長野・富山県／中部山岳国立公園

見どころ
大雪渓・お花畑

行程
一泊～

登山適期
7～9月

登山口
■北陸新幹線／JR長野駅からバス等で約1.5時間（白馬岳）
■マイカー／上信越自動車道・長野ICから約1.5時間

大雪渓と高山植物帯。そして代掻《しろか》き馬の雪形、白馬岳

モルゲンロートの白馬三山（左から白馬鑓ヶ岳・杓子岳・白馬岳）と八方池。八方尾根から

御来光と白馬岳

氷河地形をみせるお花畑

長大な白馬大雪渓。葱平から

白馬岳ほどアルプス入門者に人気の山はないだろう。ブナ林を登り、夏でも消えることのない大雪渓を登り、雪渓が終わると同時に斜面一面のお花畑を目の当たりにして、感動の渦に巻き込まれている自分に気がつく。なんと美しい山に登ったのだろうか。

黎明の山頂に立って日の出を待つ。神々しくやって来るご来光は大自然への畏敬を深く感じる。背後に朝日の当たる剱岳、立山を見つけていっそうの感動を味わう。

白馬岳山頂からのコースもバリエーションに溢れている。北へ進んで小蓮華山から白馬大池に下り栂池か蓮華温泉に下るコース、南へ進んで杓子岳、白馬鑓ヶ岳と白馬三山を巡るコース、西へ進んで祖母谷《ばばだに》、欅平《けやきだいら》へ下るコース。どのコースを歩いても変化に富んでいて飽きることがない。

栂池、蓮華温泉、祖母谷、白馬鑓温泉、白馬村のどこに下りても多くの温泉に恵まれ、四季折々に美しい。これも白馬岳登山の大きな楽しみとなっている。四季に応じて何度でも登りたくなる山である。

（伊久間幸広）

地元から…山ファンから…

「大好きな白馬岳」

白馬岳は大好きな山だ。安曇野市の自宅から登山口の猿倉まで、車で小一時間で行くことができるので、若いころは一人でも出掛けた。一人で登るのに不安が出てきた頃、少し遠のいた時期があったが、50歳になったころに、今行っておかないともう一生行かれない思いにかられて、山仲間と行くようになった。
年々登るペースが遅くなるなど課題は増えるが、その課題をクリアして登り続けて行きたいと思っている。毎年、「来年は、来られないかも知れない…」。己との戦いで登っている。

（大町山の会／浅川 とみ子さん）

白馬三山巡りと日本最高所の温泉。杓子・白馬鑓ケ岳

杓子岳、白馬鑓ヶ岳だけに登る登山者は少ない。たいていは白馬岳と合わせて三山巡りで縦走する。杓子岳も鑓ケ岳も白い砂礫の多い山で、遠くからでも雪が積もっているかと思うほど白い山である。その砂礫の稜線には初夏にはコマクサなどたくさんの花々が咲いている。森林限界を越えている稜線なので、岩とハイマツのアルペン的

な稜線歩きを楽しめる。

展望もすばらしく、西側には毛勝《けかち》三山、剱岳、立山が並ぶ。白馬鑓ヶ岳から北側を見ると杓子岳と白馬岳の山稜が非対称なのがよくわかる。南には天狗の頭の先に不帰ノ嶮《かえらずのけん》と唐松岳の峻嶮な岩場が見えている。

白馬三山巡りの楽しみの一つは鑓《やり》温泉である。鑓ヶ岳から下り、大出原《おおいではら》で高山植物の大群落を楽しみ、日本最高所の鑓温泉で眺望抜群の露天風呂に入ることができる。女性専用風呂もあり、足湯もあって宿泊も可能だ。

猿倉までの道は長いが、雪渓歩きと豊富な高山植物を楽しみつつゆっくりと下ろう。

（伊久間幸広）

ミヤマキンポウゲ大群落と杓子岳（左）、白馬鑓ヶ岳（中央）

旭岳（左）と白馬岳（右）

白馬鑓ヶ岳

大出原

白馬岳（左）と代掻き馬の雪形（点線）

白馬岳／杓子岳・登山コースガイド

● **白馬三山縦走コース**（1泊2日〜）

猿倉 (1:30) →白馬尻・大雪渓 (2:30) →葱平 (2:30) →白馬岳 (2:30) →白馬鑓ヶ岳 (2:00) →鑓温泉 (3:00) →猿倉

● **山行アドバイス**

（白馬岳）7月中旬から8月中旬の土日は駐車場・山小屋とも非常に混雑する。平日登山も考えたい。

白馬大雪渓は落石事故が多い。常に上部には注意して登りたい。軽アイゼンも必携。

三山縦走コースは一部に鎖場の難所あり。

（杓子岳・白馬鑓ケ岳）鑓ヶ岳から鑓温泉に下るコースは急な下りで、大岩が積み重なる道なので慎重に下りたい。

● **見どころ**

（白馬岳）日本一の長大な大雪渓と、その上部には広大なカールとお花畑。ウルップソウ、シロウマタンポポなどの稀少種もみられる。

（杓子岳・白馬鑓ケ岳）大出原のお花畑がすばらしい。鑓温泉から猿倉の間も、雪渓やお花畑など見どころが多い。

● **問い合わせ**　白馬村観光局　0261-72-7100

● **2万5000図**　白馬岳・白馬村

● **交通アクセス**

マイカー／上信越道・長野ICからはオリンピック道路等経由で約50km、約1.5時間で猿倉。

長野道・安曇野ICからは国道147号等経由で約1時間。

● **登山口情報（猿倉登山口）**

駐車場／県道322号の終点。約70台分。夏季は早朝から満車になることが多い。山麓の八方口にも登山者用大型駐車場。

トイレ／猿倉荘に売店・食堂・トイレ。

● **周辺情報**

白馬村内には5つの源泉、11ヶ所の外湯がある。

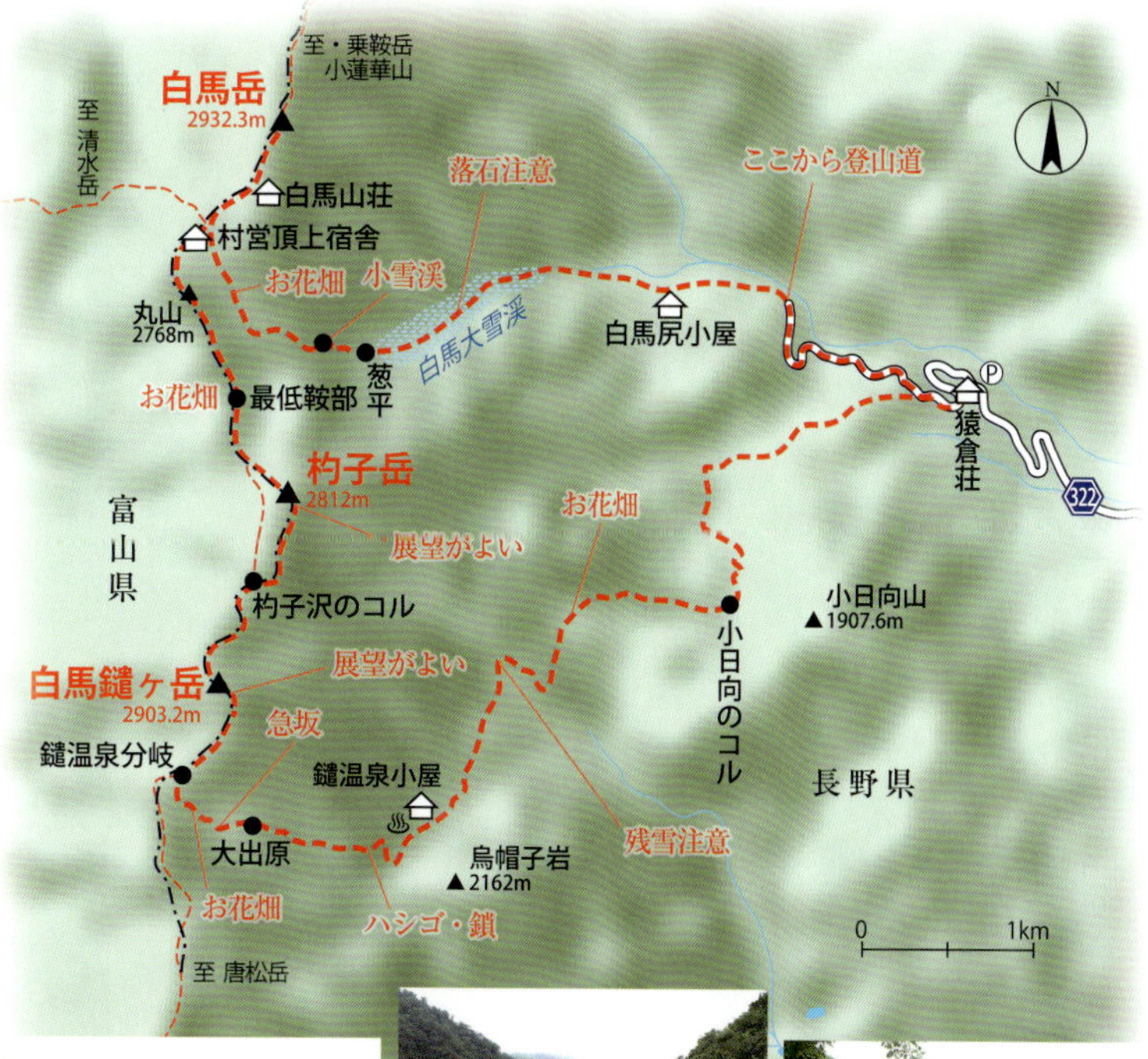

大雪渓に到着

大雪渓手前の登山道

登山口の猿倉荘

エリア

長野・富山県／中部山岳国立公園

見どころ

八方池・トレッキング

行程

一泊～

登山適期

7～9月

登山口

■北陸新幹線／JR長野駅からバス・車で約1時間

■マイカー／上信越自動車道・長野ICから約1時間

48

唐松岳《からまつだけ》（八方尾根《はっぽうおね》）

■標高／2695．9メートル

■紹介コース／八方尾根コース　標高差（八方池山荘）／約900メートル（上り・4時間／下り・3時間）

■グレード／体力度★★☆　技術度★★☆　危険度★★☆

49

五竜岳《ごりゅうだけ》

■標高／2814．3メートル

■紹介コース／遠見尾根コース　標高差（五竜遠見スキー場最上部）／約1200メートル（上り・7時間／下り・5時間）

■グレード／体力度★★★　技術度★★☆　危険度★★☆

唐松岳山頂近く。左後方は五竜岳

唐松岳山頂から黎明の富士山遠望

新雪の唐松岳山頂。右後方は不帰ノ嶮

山域一番人気の八方池

八方尾根トレッキングコース

国内屈指の難所・不帰ノ嶮

タテヤマウツボグサ

八方池上部の丸山

花の八方尾根から北アルプス入門の山へ。

唐松岳

唐松岳は八方尾根からリフトを利用して手軽に本格的なアルペン登山が味わえる山として人気が高い山である。手軽さゆえに安易に登る登山者も多いが油断できない難所も多く、決して甘く見てはいけない山でもある。特に国内屈指の難所として名高い不帰《かえらず》ノ《の》嶮《けん》は、充分な装備と技術と経験が必要な場所である。

その山頂からの展望はすばらしい。西側の正面に剱岳、立山を望み、北側には天狗ノ頭《てんぐのかしら》から白馬三山が見え、東には雨飾山から焼山、火打山、妙高山、高妻山、戸隠山、飯縄山から四阿山、浅間山などと大展望の山である。すぐ南には五竜岳、鹿島槍ヶ岳が大きく見えている。

八方尾根にはオリンピック開催コースでもある雄大なスキー場とジャンプ台があり、日本屈指のスキーリゾート地として名高い。山麓には温泉も多く、海外からの観光客も大勢訪れる観光地である。また、多くの山岳映画や山岳テレビドラマでロケ地として利用されている。

唐松岳山頂からは四方に縦走路が延びていて富山県側の黒部峡谷、祖母谷を経て欅平まで標高差２０００メートルを下る長い健脚者向け登山道もある。

（伊久間幸広）

武田家の家紋の雪形。

五竜岳

後立山連峰の中央にどっしりと構えているのが五竜岳である。どこから眺めてもその立派な山容が目を引く。麓から眺めていると、どうしても登りたくなる山だ。遠くから後立山連峰を見ると五竜岳を探しているのに気が付く。そしてすぐにその堂々とした姿を探し出すことができる。

五竜岳からは西に黒部峡谷を挟んで毛勝《けかち》三山、剱岳、立山を始め薬師岳、黒部五郎岳から裏銀座《うらぎんざ》の山々が連なる。北側には唐松岳から白馬岳が望め南側に大きく鹿島槍ヶ岳が聳えてい

地元から…山ファンから…

「活力の源…不帰の嶮」

不帰ノ嶮が好き。これから越えるぞ、と緊張感のもとに手をかける一峰の冷たい岩肌も、端整だけど少し愛嬌のある顔立ちの二峰も、標高を上げるにつれ迫力を増す、彫の深い三峰も、全部好き。不帰、なんておどろおどろしい名前だけれども、その凛とした山並みを眺めては、白馬に住める幸せを噛みしめ、活力をもらっている。

（白馬村 登山ガイド／藤巻 なつ実さん）

る。

後立山連峰の主脈縦走路から五竜岳を目指すが、そのダイナミックなコースも登山者を魅了している。岩場があり樹林帯の中を歩くコースもあり、さまざまな高山植物も咲いて変化に富んでいる。白馬村神城《かみしろ》からの遠見《とおみ》尾根も深い樹林帯を経て、最後は険しい岩場を登るコースとなっている。唐松岳から五竜岳までと比べてその先の八峰《はちみね》キレットは日本屈指の難所となっていて、その厳しさも大きな魅力の一つである。

（伊久間幸広）

八方尾根から望む五竜岳。左手には鹿島槍ヶ岳

遠見尾根から見上げる五竜岳

10月初旬、新雪を装った五竜岳。唐松岳から

山頂直下の武田菱

五竜岳山頂

白馬山麓からの武田菱

唐松岳山頂からの五竜岳

唐松岳　五竜岳・登山コースガイド

● 唐松岳・五竜岳コース（縦走・1泊2日〜）

八方尾根から唐松岳〜五竜岳〜遠見尾根のコースは、登りと下りにリフトとゴンドラを利用できる。
八方池山荘 (1:00) →八方池 (2:00) →丸山 (1:00) →唐松岳 (5:00) →五竜岳 (2:30) →大遠見山 (2:00) →五竜遠見アルプス平駅

●山行アドバイス

（唐松岳）八方池山荘まで一気にゴンドラリフトで上がってしまうので八方池までは足慣らしとしてゆっくり登りたい。
（五竜岳）西遠見山を過ぎた登りから森林限界を越えて急な岩場の登りとなる。五竜岳山頂直下は急な登り。山頂は主稜線から少し西側に入る。標識を見落とさない事。

●見どころ

（唐松岳）八方尾根は高山植物の宝庫。八方池からの白馬三山が美しいトレッキングコース。
丸山ケルンから森林限界を越えてアルペン的な尾根歩きになる。不帰ノ嶮の岩峰が鋭く見える。
（五竜岳）西遠見山付近から五竜岳東面に武田菱の模様の岩壁が夏でも見える。山頂から立山、剱岳がみごと。

●問い合わせ

白馬村観光局　0261-72-7100
白馬観光開発・八方営業所　0261-72-3280
株式会社五竜　0261-75-2101

●2万5000図　白馬村

●交通アクセス

マイカー／上信越道・長野 IC からはオリンピック道路等経由で約 45km、約 1 時間。
長野道・安曇野 IC からは国道 147 号等経由で約 40 分。

●登山口情報

駐車場／各登山口にそれぞれ広い駐車場あり。
トイレ／各駐車場。

地元から…山ファンから…

「山の厳しさ、喜び、五竜岳」

夏山常駐隊に所属していた頃、初めて赴任し、その後も多く活動した五竜岳。強く、美しい山だ。自分にとっては、山の厳しさにも直面した山でもある。しかし、登頂した人々の嬉しそうな表情、五竜岳山荘の絶品カレー等、山の喜びも知った山でもある。今でも、里から五竜岳を見上げるたびに、山に携わる仕事ができることに感謝を覚える。

（白馬村 登山ガイド／佐藤 利成さん）

白馬五竜高山植物園
青いケシ

爺ヶ岳山頂。後方は剱岳と立山

稜線近くの柏原新道

爺ヶ岳稜線を行く

厳冬の爺ヶ岳。大町市美麻から

柏原新道中間部

爺ヶ岳から鹿島槍ヶ岳を望む

50 爺《じい》ヶ《が》岳《たけ》

51 鹿《か》島《しま》槍《やり》ヶ《が》岳《たけ》

■標高／2669.9メートル　標高差／約1600メートル
■紹介コース／柏原新道コース（上り・4.5時間／下り・3.5時間）
■グレード／体力度★★☆　技術度★☆☆　危険度★☆☆

■標高／2889.2メートル　標高差／約1800メートル
■紹介コース／柏原新道・爺ヶ岳縦走コース（上り・8時間／下り・6時間）
■グレード／体力度★★★　技術度★★☆　危険度★★☆

エリア
長野・富山県／中部山岳国立公園

見どころ
雪形・双耳峰

行程
一泊～

登山適期
7～9月

登山口
■北陸新幹線／JR長野駅からバス・車で約1.5時間（爺ヶ岳）
■マイカー／長野自動車道・安曇野ICから約50分

北アルプス入門の山。春は雪形、秋は紅葉、爺ヶ岳

後立山連峰のほぼ中央に位置する爺ヶ岳は、長野県の北部、大町市から見上げると左にどっしりと大きい蓮華岳（2799メートル）、右に優美な鹿島槍ヶ岳（2889メートル）を従えて、その中央にたおやかな峰をそばだてている。北峰・中央峰・南峰の3峰からなり、西側は黒部川を挟んで立山三山や剱岳などの立山連峰と対峙している。

残雪期には山頂部に現れる種蒔《たねま》き爺さんの雪形が有名で、山名の由来となっており、麓の農耕の指針となっている。種池周辺には線状凹地があり多重稜線が見られる。

登山道は鹿島槍ヶ岳と合わせて登られることが多く、単独では扇沢から登る柏原《かしわら》新道と、北峰を見て赤岩尾根を辿る二つのルートがある。現在は柏原新道を種池に登り、爺ヶ岳の3峰を登頂しながら冷乗越《つべたのっこし》に至り、布引《ぬのびき》山から鹿島槍ヶ岳を目指す登山者が多い。

扇沢からの柏原新道は比較的登りやすく、北アルプス入門の山として学校登山としても多く登られている。種池から南峰までの稜線は広々と気持ちよく、対峙する立山連峰などの大展望が爽快である。高山植物も多く種池周辺はチングルマやコバイケイソウなどの花々に彩られ、秋には柏原新道の落葉広葉樹の紅葉が針ノ木岳や蓮華岳をバックに見事なハーモニーを奏でている。

（野呂重信）

後立山連峰の盟主。秀麗な双耳峰と吊尾根、鹿島槍ヶ岳

後立山連峰にあって白馬岳と並ぶ人気の山で、豊富なバリエイションルートと厳しい岩壁を持ち、玄人好みの奥深さを持った山である。南峰（2889メートル）と北峰（2842メートル）からなる頂きは吊《つり》尾根と呼ばれる稜線で繋がる優美な双耳峰である。

残雪期には山頂直下に二つの雪形が現れる。その一つは南峰直下の「鶴」であり、もう一つは吊尾根を駆け下る「獅子」の姿であり、北安曇野に住む人々の春のシンボルとなっている。山頂からの展望は遮るもののない大展望で、後立山連峰のほぼ中央に位置するために、北アルプスの主要な山々を一望できる。

登山のルートとしては後立山連峰の主稜線縦走路上にあり、一般ルートとして大町市の大谷原から赤岩尾根を登るルートと、扇沢から柏原新道を種池

に至り、爺ヶ岳を経て布引山から南峰に登る二つのルートがある。扇沢ルートは高山植物が多く、展望もすばらしく、また二つの山小屋があるため人気が高い。

また、北峰から北東に切れ落ちる北壁とカクネ里の多年性雪渓の景観は日本離れした大観で、容易に近づくことができないが、遠見尾根上部から見ることが可能である。さらに冷池《つべたいけ》山荘から布引山までの尾根は数々の花々で彩られる。

（野呂重信）

モルゲンロートの鹿島槍ヶ岳。五竜遠見尾根から

鹿島槍ヶ岳山頂

遠見尾根からカクネ里と北壁

爺ヶ岳から鹿島槍ヶ岳（左）への稜線

鹿島槍ヶ岳から八峰キレット

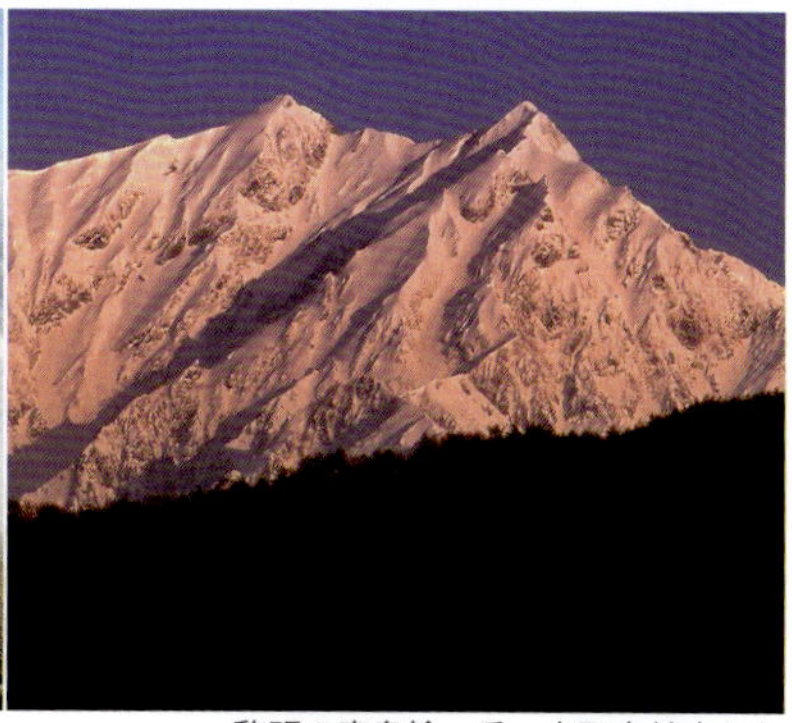
黎明の鹿島槍ヶ岳。大町市美麻から

爺ヶ岳／鹿島槍ヶ岳・登山コースガイド

● 爺ヶ岳・鹿島槍ヶ岳縦走コース（2泊3日）

柏原新道登山口 (3:30) →種池山荘 (1:00) →爺ヶ岳 (1:40) →冷池山荘 (1:20) →布引山 (0:50) →鹿島槍ヶ岳 (0:40) →布引山 (0:50) →冷池山荘 (1:20) →高千穂平 (1:50) →西俣出合 (1:00) →大谷原

ごく無理のない山行としては扇沢から柏原新道を登り、種池山荘で1泊。爺ヶ岳山頂で御来光と鹿島槍を至近で眺め、同じコースを戻ればアルペンムードも充分味わえるだろう。

● 山行アドバイス

水場がなくコースも長いので、水は多めに持っていきたい。赤岩尾根コースは最短だが急坂で鎖場もあり、充分に注意したい。

● 見どころ

容易に人を寄せ付けない北壁をはじめ、多くの岩峰や岩壁はクライマーの憧れの的である。春には“鶴”と“獅子”の雪形が現れる。

● 問い合わせ

大町市観光協会　0261-22-0190

● 2万5000図　神城・十字峡・大町・黒部湖

● 交通アクセス

マイカー／上信越道・長野ICからオリンピック道路、大町アルペンライン（県道45号）等経由で、扇沢まで約1.5時間。

長野道・安曇野ICから国道147号等経由で約50分。

● 登山口情報

駐車場／柏原新道登山口、約100台。（夏山シーズンは満車の可能性）。

トイレ／なし。アルペンライン終点の扇沢駅などを利用。

柏原新道登山口の駐車スペース

布引山付近からの双耳峰鹿島槍ヶ岳

種池山荘へ最後の登り

地元から…山ファンから…

「日々、鹿島槍を仰ぎ見て」

晩年、信濃大町美麻に住むようになって10年、四季を通じてその姿や表情を変える鹿島槍ヶ岳や爺ヶ岳を仰ぎ見て暮らせる有り難さを痛感しています。春・夏・秋の登山、そして冬には現役時代にできなかったスキーを存分に楽しみ、ここ信濃大町美麻に暮らせる喜びを満喫しています。

（大町美麻おおしお市民農園／深澤 一さん）

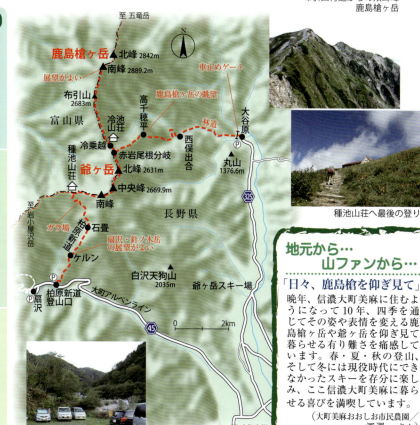

エリア
長野・富山県／中部山岳国立公園

見どころ
針ノ木雪渓・コマクサ

行　程
日帰り・一泊

登山適期
7〜9月

登山口
■北陸新幹線／JR長野駅から特急バス扇沢行で約1.5時間
■マイカー／長野自動車道・安曇野ICから約50分

52 針《はり》ノ《の》木《き》岳《だけ》

■標高／2820．7メートル　標高差／約1400メートル
■紹介コース／針ノ木雪渓コース（上り・6.5時間／下り・5時間）
■グレード／体力度★★☆　技術度★★☆　危険度★★☆

53 蓮《れん》華《げ》岳《だけ》

■標高／2798．7メートル　標高差／約1400メートル
■紹介コース／針ノ木雪渓コース（上り・6.5時間／下り・5時間）
■グレード／体力度★★☆　技術度★★☆　危険度★★☆

後立山連峰の最南端。日本三大雪渓の一つ、針ノ木岳

針ノ木岳を正面に望む。左は蓮華岳。柏原新道から

針ノ木岳は後立山連峰の最南端の山である。ピラミッド型の端正な山で眺望もよく高山植物も多く咲く山だ。西側に黒部峡谷を挟んで立山が大きく聳えている。その右に剱岳もよく見える。薬師岳、赤牛岳、水晶岳から槍・穂高連峰、表銀座の山々など360度の展望を誇る。天気がよければすぐ東の北葛《きたくず》岳の右に富士山も望めるだろう。針ノ木峠を越えて蓮華岳と一緒に登る登山者が多い。

扇沢から日本三大雪渓の針ノ木雪渓を登るコースが最も歩かれるコースだが、この雪渓も針ノ木岳の大きな魅力となっている。9月末になると雪も消えて夏道を歩くようになる。

越中領主の佐々成政が徳川家康に援軍を求めるために雪のザラ峠と針ノ木峠を越えたと言う伝説を持っているが、厳冬期の針ノ木峠を越えるのはカモシカでも無理だが、七倉沢なら越えることができると地元の有識者は言っている。歴史ロマンも針ノ木岳の魅力の一つである。

明治8年に針ノ木峠を越えて富山まで日本初の有料道路「越信《えつしん》道路」として整備されたが、冬季の崩壊破損が激しく明治15年に廃道になった。

（伊久間幸広）

ライチョウの親子

蓮華岳から針ノ木岳を望む

針ノ木峠の針ノ木小屋

針ノ木雪渓。急斜面なので軽アイゼン必須

日本三大雪渓の一つ、盛夏の針ノ木雪渓

地元から…山ファンから…

「静かな山行…針ノ木岳から爺ヶ岳へ」

日本三大雪渓の一つの針ノ木雪渓を登り、針ノ木岳の頂きに立った人は多いと思います。
針ノ木岳は峠から往復する人が大半ですが、この山頂から立山・剱岳を見ながら起点の扇沢を中心とした稜線を半周して爺ヶ岳に達するルートも静かでとてもいいコースです。途中に山小屋もあり安心して縦走できます。

（須坂市在住／粭本 一男さん）

岳都・大町市を見守るどっしりとした山容。
蓮華岳（七倉〜不動山）

蓮華岳のいちばんの魅力は、7月中旬頃から咲き始めるコマクサの大群落である。登山道も平坦な斜面も一面のコマクサの中にあって、足の踏み場もないほどの大群落の中を歩く。時々、シロバナコマクサも咲いていて、それを探すカメラマンも多い。

麓の大町市からは最も近くに大きく、どっしりと三角錐の蓮華岳が見えている。この山に遮られて針ノ木岳は見ることができない。山頂から東に張り出した大きく長い尾根を持つ山容がハスの花が咲いているように見えることから、蓮華岳と呼ばれるようになった。

山頂には麓の大町市に古くからある若一王子《にゃくいちおうじ》神社の奥宮が祀られていて、毎年8月の下旬頃に奥宮例祭が斎行されている。

針ノ木峠を越えて蓮華岳、北葛岳、七倉《ななくら》岳、船窪《ふなくぼ》岳、不動岳と針ノ木谷をぐるりと巡る山々は、裏銀座縦走路の一部となっている。この縦走路は登山者も少なく、地味ながら変化に富み高山植物がたくさん咲くコースで、花の名山としても知る人ぞ知る人気のコースとなっている。七倉岳から不動岳の間はガレ場が続くが慎重に歩けば問題ない。七倉岳の山頂直下の船窪小屋は、ランプの宿として多くの熱心なファンを持っている。

（伊久間幸広）

量感のある蓮華岳

コマクサ

コマクサ（白花）

蓮華岳山頂。後方は針ノ木岳・立山連峰

針ノ木・蓮華岳登山口

登山口のある扇沢

チングルマ

岩礫帯に群生するコマクサ

針ノ木小屋

● 交通アクセス
マイカー／上信越道・長野ICからオリンピック道路、大町アルペンラインを経由で約60㎞、約1.5時間で扇沢駅。
長野道・安曇野ICから約50分。

● 登山口情報（扇沢駅）
駐車場／約1500台分（うち有料1日1000円、約350台。他は市営無料）。
売店・トイレ／アルペンルート扇沢駅に売店、トイレ完備。

● 周辺情報
扇沢から大町市街への途中に大町温泉郷。立ち寄り湯や酒の博物館などもある。

針ノ木岳／蓮華岳・登山コースガイド

● 針ノ木岳〜蓮華岳（往復約11.5時間）
扇沢 (2:00) →大沢小屋 (3:30) →針ノ木峠 (1:00) →針ノ木岳・蓮華岳 (0:40) →針ノ木峠 (4:30) →扇沢

● 山行アドバイス
（針ノ木岳）針ノ木岳山稜からの立山連峰大展望がすばらしい。足元には黒部峡谷の深い谷間と黒部湖が見える。
（蓮華岳）北葛岳・七倉岳・不動岳方面へ縦走するときは、蓮華岳の大下りのザレた斜面に注意する。その先も鎖場・梯子が連続する。

● 見どころ
（針ノ木岳）針ノ木雪渓は急なので軽アイゼンを忘れずに持参する。9月に入ると雪渓を歩くことができなくなり、荒れた急な夏道を登る。
（蓮華岳）広い蓮華岳山頂付近の斜面一面に咲くコマクサはみごと。

● 問い合わせ　大町市観光協会　0261-22-0190
● 2万5000図　黒部湖・大町

エリア

富山県／中部山岳国立公園

見どころ

霊山・アルペンルート

行程

一泊～

登山適期

7～9月

登山口

■北陸新幹線／JR長野駅から特急バス扇沢行で約1.5時間

■マイカー／長野自動車道・安曇野ICから約50分

54

立山《たてやま》（立山三山《たてやまさんざん》）

■標高／3003メートル（雄山）　標高差／約550メートル

■紹介コース／室堂・雄山コース（上り・3時間／下り・2時間）

■グレード／体力度★★☆　技術度★☆☆　危険度★☆☆

立山信仰の霊峰、雄山。山頂から仰ぎ見る神々しい御来光

雄山（中央左）と御前沢カール、大汝山と富士ノ折立（その右）、内蔵助カールと真砂沢（右端）。黒部ダム上空から

後立山連峰・御来光。雄山山頂から

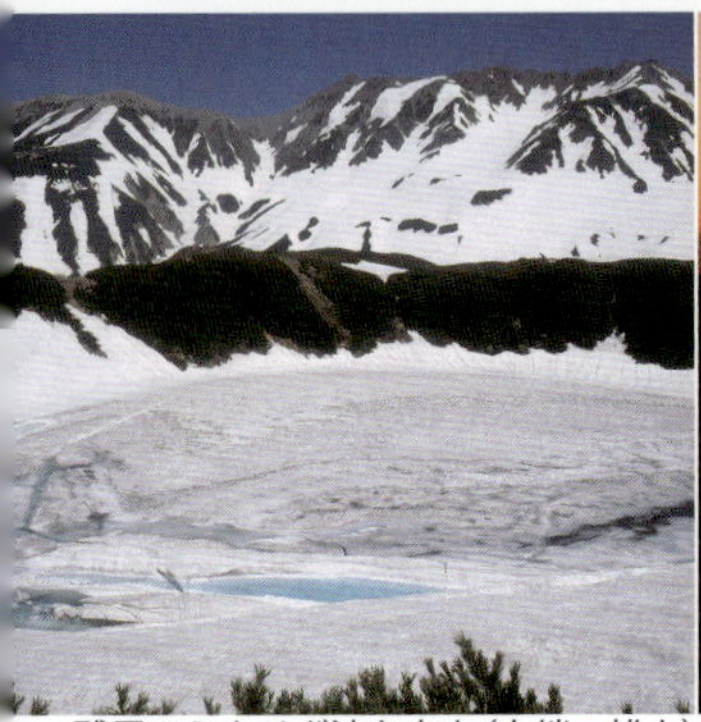

残雪のミクリガ池と立山（右端・雄山）

立山は飛騨山脈北部にあるが立山と言う名の単独の山はなく、雄山《おやま》3003メートル、大汝山《おおなんじ》3015メートル、富士ノ折立《おりたて》2999メートルの三山を総称して立山と言う。また、立山（雄山3003メートル）、浄土山《じょうど》2831メートル、別山《べっさん》2880メートルの三つを称して立山三山と言う。

立山とは単なる地理的な名称ではなく、室堂《むろどう》・地獄谷・弥陀《みだ》ヶ原・立山カルデラ各地域と立山信仰や遥拝登山など精神的な部分を含んだ一体すべてが立山と呼ばれている。富士山、白山と並んで日本三大霊山の一つに数えられ、奈良時代以前から崇められている。

立山は現在も活発な活動をしている火山である。立山火山とは室堂山、浄土山、国見《くにみ》岳あたりを最高地点として いて山体は立山カルデラにあり、元の立山火山の山頂部は浸食で失われている。弥陀ヶ原や五色ヶ原はこの火山から噴出した堆積物や溶岩でできた台地である。ミクリガ池（御厨ヶ池）やミドリガ池（翠ヶ池）などは火口湖であり、地獄谷周辺の火山ガスの噴出と温泉噴出が現在の立山火山の主な火山活動である。2014年11月、気象庁は24時間態勢で観測している活火山の対象に、新たに立山（弥陀ヶ原）などを加えることとした。立山は2012年6月以降、噴気域の拡大や噴気温度の上昇などがみられるためという。

雄山山頂と雄山神社峰本社

雄山神社峰本社前の遥拝

一帯は日本海から蒸発した水蒸気が海岸線からわずか35キロメートルで一気に標高三千メートルもの山々にぶつかり大量の降雪をもたらす世界有数の豪雪地帯であり、そのために立山東面の御前《ごぜん》沢や劒岳の三ノ窓雪渓には日本にわずかに現存する氷河があり、天然記念物に指定された山崎圏谷（カール）がある。

（伊久間幸広）

地元から…山ファンから…

「立山の夜明け」

富山平野からは正面に立山連峰・劔岳が屏風のようにそびえる。
立山の主峰・雄山（3003 m）の雄山神社峰本社から見るご来光は格別である。
浄土山と大日岳の間の室堂平の下部には富山平野の全貌が見下ろせ、富山湾をまたいで能登半島にまで目が届く。遠く南アルプスと中央アルプスのちょうど真ん中に小さいがそれと分かる富士山が茜色に染まっている。薬師岳・五色ヶ原もわずかにさす朝陽でモルゲンロートに染まる。陽が高くなるに従い槍ヶ岳・穂高連峰の姿もはっきり大きく見えてくる。

（黒部市／大村 啓さん）

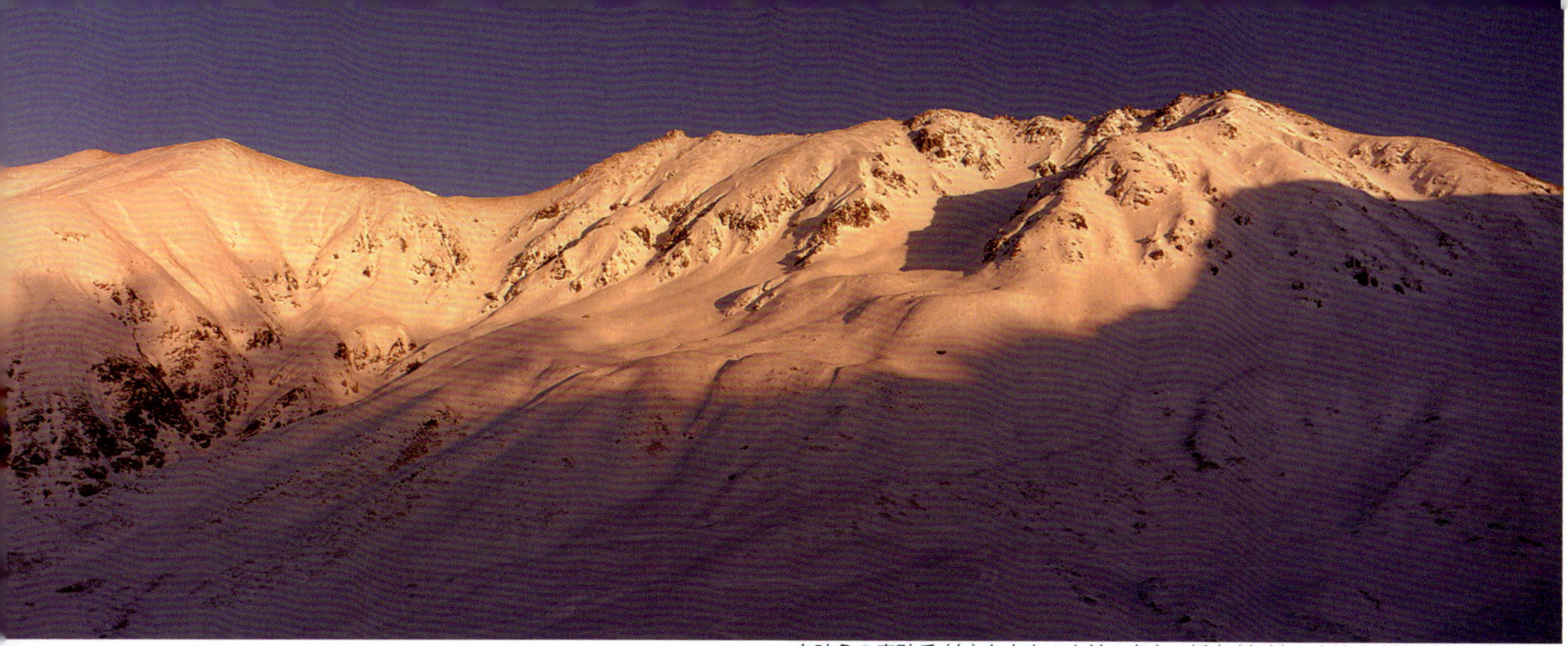

夕映えの真砂岳（左）と立山の山並。富士ノ折立（中央）、大汝山（やや右）、雄山（右）

東一ノ越から龍王岳（右）とカール群

雄山から室堂平と大日岳

富士ノ折立下部より内蔵助雪渓と剱岳

立山・浄土・別山。三山巡りコース

　中心の立山だけを往復して帰ってしまうのはもったいない。この三山を巡るとより深く立山を味わうことができる。三山巡りコースはいくつか考えられるが、最初に別山に登るのがよいと地元の岳人は言う。朝のうちに雷鳥《らいちょう》沢を登り剱御前《つるぎごぜん》、別山から望む剱岳の展望がすばらしく、10時を過ぎるとガスが発生して剱岳が見えなくなってしまうことが多いからだ。別山から少し足を延ばして別山北峰からの剱岳が特によく見える。

　別山から真砂《まさご》岳、富士ノ折立、大汝山、雄山の稜線は白い砂に覆われ気持ちよい山稜歩きが楽しめる。雄山では山頂の雄山神社で神主のお祓いを受けることができる。雄山からの展望もすばらしく天気がよければ富士山も望めるだろう。

　一ノ越《いちのこし》から浄土山へ上がり西側に下った展望台から後立山連峰、五色ヶ原、薬師岳の眺めもよい。時間が許せば室堂平の温泉宿に泊り、池巡りと弥陀ヶ原散策を楽しみたい。（伊久間幸広）

立山（立山三山）・登山コースガイド

●室堂・雄山コース　（往復５時間）

室堂 (1:20) →一ノ越 (1:00) →雄山 (0:30) →富士ノ折立 (0:30) →雄山 (2:00) →室堂

●山行アドバイス

一ノ越から雄山はガレ場で急登が続く。

地獄谷周辺（エンマ台～大日展望台間）の歩道は風向きにより火山ガス濃度が上昇する場合があり注意して通行のこと。

一ノ越山荘、大汝休憩所、内蔵助山荘、剱御前小舎など山小屋が多く急な天候変化などの時は無理せず避難してほしい。

●見どころ

立山信仰の中心地、雄山山頂の雄山神社の厳かな雰囲気が味わえる。

室堂平から大日岳、立山連峰、ミクリガ池などを眺めながらのトレッキングコース。

●問い合わせ

立山町商工観光課　076-462-9971
立山黒部貫光㈱営業推進部　076-432-2819
立山自然保護センター　076-463-5401
富山県警山岳警備隊 室堂派出所 076-463-5537
大町市観光協会　0261-22-0190

●2万5000図　立山・剣岳

●交通アクセス

マイカー／上信越道・長野 IC からオリンピック道路、大町アルペンライン（県道 45 号）等経由で、扇沢まで約 1.5 時間。

長野道・安曇野 IC から国道 147 号等経由で約 50 分。

●登山口情報

駐車場／扇沢駅前に 1500 台（有料 350 台、無料 1150 台）。

地鉄立山駅前に無料駐車場 1500 台。

トイレ・売店／室堂ターミナル、各山小屋で利用できる。

エリア

富山県／中部山岳国立公園

見どころ

室堂・称名滝

行程

一泊～

登山適期

7～9月

登山口

■北陸新幹線／JR長野駅から特急バス扇沢行で約1.5時間

■マイカー／長野自動車道・安曇野ICから約50分

55

大日岳《だいにちだけ》（奥大日岳《おくだいにちだけ》）

■標高／2501メートル（大日岳最高地点）　標高差／約450メートル（室堂）

■紹介コース／室堂・大日岳縦走コース（上り・5.5時間／下り・4.5時間）

■グレード／体力度★★★　技術度★★☆　危険度★☆☆

奥大日岳から剱岳

剱御前から剱岳

立山雄山から大日岳（左）と奥大日岳（右）

日本一の落差、
大日岳登山口近くの称名滝

大日小屋と中大日岳

室堂は日本最高所の
スキーリゾート

一ノ越からの奥大日岳

立山と真向き合う、その名にふさわしい雄大な山容

室堂平から西に大きく見える奥大日岳と大日岳は、富山平野からも毛勝《けかち》三山、剱岳、立山と並んで大きく存在をアピールする。立山、剱岳と同じく霊山として古くから信仰の対象となっていて修験者の修行の場でもあった。剱岳山頂で見つかった平安時代と思われる錫杖《しゃくじょう》頭部と同じ物が、大日岳山頂でも発見されている。

奥大日岳は豪雪地帯として知られる山で、日本最大級の雪庇が見られ冬山訓練も行われている。初夏には高山植物が咲き乱れる花の名山としても知られた山である。登山者は少なく花の山旅が存分に楽しめる。

（伊久間幸広）

大日岳・登山コースガイド

●室堂から奥大日・大日岳縦走コース（縦走・1泊2日～）

室堂 (1:30) →新室堂乗越 (2:00) →奥大日岳 (2:00) →大日岳 (4:30) →称名滝

●山行アドバイス

地獄谷周辺（エンマ台～大日展望台間）の歩道は風向きにより火山ガス濃度が上昇する場合があり注意して通行のこと。室堂から奥大日岳に登るコースか、称名滝登山口から大日岳へ登るコースがある。特に難しい場所、危険な場所はないが大日平から下る牛ノ首が急斜面。

●見どころ

立山、剱岳と比べて登山者は少ないがゆたかな自然と剱岳の展望台として景観に優れていて、それを目当てに登る登山者も多い。称名滝から上った大日平の湿地も近年、弥陀ヶ原とともにラムサール条約加盟湿地に登録された。

●問い合わせ

立山町商工観光課　076-462-9971

立山黒部貫光㈱営業推進部
076-432-2819

富山県警山岳警備隊 室堂派出所
076-463-5537

●2万5000図　立山・剱岳

●交通アクセス

マイカー／上信越道・長野ICからオリンピック道路、大町アルペンライン（県道45号）等経由で、扇沢まで約1.5時間。長野道・安曇野ICから国道147号等経由で約50分。

●登山口情報（立山登山口）

駐車場／立山駅前駐車場。称名滝駐車場（無料）。トイレ・売店／立山駅前駐車場。

特集 立山黒部アルペンルート

大町市扇沢から北アルプスの赤沢岳直下6.1㎞の地下トンネルをトロリーバスで抜けると、世紀の大工事と言われる黒部（くろよん）ダムに出る。さらに立山室堂へとケーブルカー・ロープウェイ・トロリーバスを乗り継ぎ、室堂からは弥陀ヶ原・美女平を経て富山平野へと至る壮大な山岳観光ルートが「立山黒部アルペンルート」である。

1971（昭和46）年6月1日に全通した立山黒部アルペンルートは、国際的にも第一級の山岳観光ルートとなり、年間百万人余りの観光客が訪れている。延長約90㎞、八本の乗り物を乗り継ぐとほぼ一日足らずで、誰もが全ルートを満喫できる。

北アルプス立山連峰、剱岳などをはじめとする雄大な自然美、人間の英知と努力の結晶ともいえる黒部ダムの勇姿、そのすべてが一体となった絶景が見渡せる。

立山黒部アルペンルートの最高地点は標高2,450mの室堂。四季折々の立山連峰や大日岳など360度の山並、咲き乱れる高山植物、ミクリガ池や弥陀ヶ原湿原など見て歩いて楽しめるトレッキングコースも豊富だ。

オコジョ（夏毛）

大自然との絶景。
人間の英知と努力の結晶
黒部（くろよん）ダム

三船敏郎、石原裕次郎主演、熊井啓監督による映画『黒部の太陽』でも知られる黒部（黒部川第四発電所）ダムは2013年、完成から50周年を迎えた。大破砕帯の突破をはじめ昭和の歴史に残る世紀の大工事は7年の歳月、延べ一千万人の人手と尊い犠牲により完成し、北アルプスの只中に壮大な景観をみせている。

美しいカーブを描く黒部ダムはアーチ式ドーム越流型ダムで、高さは186mと日本一。さらに季節によりダイナミックな観光放水も行われる。

長野県から富山へ、
富山から長野へ。
ワイドな縦断プランも

北陸新幹線長野駅から大町市の扇沢まで特急バスで約1.5時間。立山黒部アルペンルートで黒部ダム、室堂から富山へ抜け、その日のうちに新幹線で戻ることもできる。時間があれば日本海のキトキト（新鮮な）海の幸をぜひ味わいたい。

北陸新幹線黒部宇奈月温泉駅には富山地鉄新黒部駅も新設され、宇奈月温泉から黒部峡谷鉄道で黒部峡谷の自然美が堪能できる。登山者は黒部ダムから下ノ廊下を下り、欅平に出て宇奈月温泉に下山するルートもある。

1・新雪の立山。黒部ダムから　2・立山（左）とミクリガ池。室堂から
3・黒部平から大観峰へ。ロープウェイの空中散歩
4・春の人気コース高さ10m以上、「立山・雪の大谷ウォーク」　5・紅葉の立山と黒部ダム

エリア
富山県／中部山岳国立公園

見どころ
大岩峰と大雪渓

行程
二泊～

登山適期
7～9月

登山口
■北陸新幹線／JR長野駅から特急バス扇沢行で約1.5時間
■マイカー／長野自動車道・安曇野ICから約50分

56

剱岳《つるぎだけ》

■標高／2999メートル　標高差／約700メートル（室堂）
■紹介コース／室堂・別山尾根コース（上り・6.5時間／下り・5時間）
■グレード／体力度★★★　技術度★★★　危険度★★★

別山から剱沢（手前）と剱岳

盛夏、スノーブリッジの剱沢

三ノ窓雪渓とチンネ

鹿島槍ヶ岳からの剱岳

岩と雪の殿堂。急峻な岩壁と鎖場、長大な雪渓を往く

憧れの山を登山者に聞くとたくさんの山があると思うが、剱岳と答える人は多いだろう。日本一難しい一般登山道の山と言われながら多くの登山者が憧れるのは、その気高さゆえだろうか。

標高差日本一とも言われる馬場島《ばんば》から早月《はやつき》尾根を上がるルート、剱沢から別山尾根のロッククライミングルートかと思うような厳しい鎖場を上がるコースが一般登山者コースだ。

一般登山者は足を踏み入れることはできないバリエーションルートとして八ツ峰《やつみね》、源次郎稜線縦走ルート、北方稜線ルート、日本に現存する氷河と言われる三ノ窓雪渓、長次郎雪渓ルートなどが知られる。谷川岳、穂高岳とともに日本三大岩場として知られる数々のエキスパートコースに溢れ、まさに岩と雪氷の殿堂である。

剱岳山頂に立つとその高度感に足もすくむが達成感は変えがたい。標高差2200メートルを誇る早月尾根、黒部峡谷を挟んだ向かいの後立山連峰、すぐ南の立山から北アルプスの主だった山々が360度、展開する。

（伊久間幸広）

地元から…山ファンから…

「剱岳の奥座敷・池ノ平」

仙人池は絵葉書やカレンダーでよく知られた光景ですが、ここ池ノ平は通が集う静かな奥座敷である。日本初の氷河に認定された三ノ窓雪渓、小窓雪渓を越えて“平ノ池”に達すれば大小さまざまな池塘に映る剱・八ツ峰はプロの写真家の腕の見せ所。さらに隠れたネタは、歴史産業遺産ともいうべきモリブデン鉱石の採掘坑をひそかに探訪できるかも…？

（黒部市／能登 善徳さん）

●交通アクセス

マイカー／
（長野方面から）
上信越道長野IC・長野道安曇野ICから扇沢駅まで約1時間強。
トロリーバス・ロープウエイなどを経て室堂駅へ。
（富山方面から）
立山ICから立山駅まで約40分。ケーブルカー高原バスなどを経て室堂駅へ。

●登山口情報

駐車場／立山駅前・扇沢駅駐車場。
トイレ・売店／各駐車場・各山小屋。

剱岳・登山コースガイド

●室堂・別山尾根コース（往復・2泊3日～）
室堂 (2:30) →別山乗越 (1:30) →剱山荘 (2:30) →剱岳 (5:00) →室堂

●山行アドバイス
基本的な岩登り技術を身に着けてから挑戦するべき。自信がなければ熟練者に同伴を求めるか、ガイドを依頼したい。

●見どころ
峻嶮な岩の殿堂がみごと。特に残雪や新雪の季節はすばらしい。
剱岳山頂から富山平野と日本海の眺めがよい。北アルプスもほぼ一望できる。

●問い合わせ
立山黒部貫光㈱営業推進部　076-432-2819
富山県警山岳警備隊 室堂警備派出所　076-463-5537

●2万5000図　剱岳・立山

厳冬の剱岳。黒部下ノ廊下上空から

初冬の剱岳。唐松岳から

黒部下ノ廊下からの剱岳

八ツ峰の岩峰群

剱岳の北方に陽が沈む。唐松岳から

三ノ窓、チンネ、八ツ峰…山岳登山史に名を残す特異な山容、裏剱

いつも別山乗越から剱岳を眺めていて、八ツ峰の峨々とした岩峰の向こう側はどうなっているのだろうと興味が湧いてくる。剱岳の北東面は裏剱《うらけん》と呼ばれている。剱沢雪渓を下り二股《ふたまた》から仙人新道を上がる。池ノ平小屋の下の平ノ池付近から眺める八ツ峰周辺が裏剱である。特に仙人池からの逆さ八ツ峰と周囲の景色が美しい。池ノ平、仙人池からはモルゲンロートに染まる裏剱を撮ることができる絶好の場所で、毎年訪れる人も多い。

（伊久間幸広）

仙人池に映り込む裏剱

57

中山《なかやま》

■標高／1255．2メートル　標高差／約550メートル
■紹介コース／馬場島コース（上り・1.5時間／下り・1時間）
■グレード／体力度★☆☆　技術度★☆☆　危険度★☆☆

エリア
富山県／中部山岳国立公園

見どころ
剱岳眺望・立山杉

行程
日帰り（半日）

登山適期
6～11月

登山口
■北陸新幹線／JR富山駅から車で約1時間
■マイカー／北陸自動車道・滑川IC・立山ICから約1時間

中山山頂

五本杉ノ平

中山山頂から剱岳

クズバ山山頂から紅葉と剱岳山頂

馬場島橋手前の中山登山口

中山へ登る途中から馬場島と剱岳、赤谷山

立山杉の巨木。剱岳の大展望台

中山は剱岳の登山基地の馬場島《ばんばじま》の南にあり、立山川と小又川に挟まれた山である。その山頂からは正面に剱岳を望むことができる山として大勢の登山者が訪れている。

登山口からは急登が続くが、五本杉の平に出ると立山杉の巨木が聳える。山頂からの展望はすばらしくクズバ山の稜線の先に剱御前、一服剱、前剱、剱岳、長次郎ノ頭、三ノ窓、マッチ箱、小窓、池ノ平山、大窓、白ハゲ、赤ハゲ、赤谷山、ブナクラ峠、猫又山、大猫山と、東から北まで険しい岩峰が続いている。南には大日岳、西には大熊山が望め、その右手下には富山平野から日本海まで望める。

中山山頂から南にある標高1876メートルのクズバ山にも有志により登山道が付けられている。ほとんどの登山者は中山に登るだけだが、もう2時間ほど足を延ばしてクズバ山山頂に立つと、さらにすばらしい展望が待っている。奥大日岳、立山も望め、猫又山の左に釜谷山と尾根を少し下った大明神山が見えてブナクラ峠の先には朝日岳も遠望できる。

（伊久間幸広）

中山・登山コースガイド

● 馬場島橋登山口から周回コース
（周回・約2.5時間）
馬場島橋登山口（1:45）→中山（0:45）→馬場島（0:15）→馬場島橋登山口

● 山行アドバイス・見どころ
中山は馬場島の奥の東小糸谷からも登ることができて周回コースとなっている。東小糸谷は増水して危険な時期（5月）は登らない。残雪がある場合は、軽アイゼンを携行。

● 問い合わせ
上市町役場産業課　076-472-1111（中山のみ）

● 2万5000図　剱岳

● 交通アクセス
マイカー／北陸道・滑川ICまたは立山ICで下車し、馬場島まで。※馬場島から6km手前にゲートあり。ゲートは冬期閉鎖（12月から4月下旬）。

● 登山口情報
駐車場／馬場島橋登山者駐車場。
トイレ／馬場島キャンプ場。　売店／馬場島荘。

地元から…山ファンから…

「剱岳北方稜線を目で追う」

剱岳への古典道は、富山・上市町馬場島からの「早月尾根」だ。その早月尾根を登山口から剱岳山頂まで展望する展望台地が中山だ。
登山道の途中では天然記念物的な立山杉の巨木に5本余り出合う。岩の露出している台上に立つと、剱岳から北へ伸びる岩峰とコルの連続する峻険な「北方稜線」が望める。

（長野ハイキング倶楽部／樋田 勝さん）

特集 秘境・黒部峡谷

原生の自然への憧憬
北アルプスを貫く大峡谷
「黒部」

黒部。この神秘的な響きは、私たちに原始の自然への憧憬を強烈に思い起こさせる。

黒部峡谷は北アルプスのほぼ中央、鷲羽岳（2924m）を源として産声を上げ、上ノ廊下・下ノ廊下の大岩壁を縫い、八千八谷、四十八ヶ瀬といわれる渓流を合わせて日本海に注ぐ飛騨山脈最大・最深の渓谷である。源流から河口までは86㎞。特に長い川ではない。むしろ90㎞足らずの間に3000m近い高度差を一気に流れ下り、息もつかせぬ原始の自然美を展開するところに、黒部川のすばらしさがある。

優美さと豪壮、深遠と奔放、そのいずれもが黒部であり、自然のあらゆる魅力を合わせ持って、黒部峡谷は北アルプスの只中に深く刻み込まれている。

大自然そのもの
垂直の大岩壁と大暗峡
「下ノ廊下」

夏から秋にかけての２～３ヶ月間のみ、黒部（くろよん）ダムから下ノ廊下を抜け欅平へ出て宇奈月温泉へ下ることができる。しかし、下ノ廊下はその年の残雪や落石状況などにより通行不可となるため、予め状況を必ず確認しなければならない。

下ノ廊下の核心部といえば「十字峡」だろう。黒部川本流に左岸からは剱岳からの剱沢、右岸からは鹿島槍ヶ岳からの棒小屋沢が流れ込む。

さらに下ると深く切れ込んだ峡谷をS字形に蛇行しつつ黒部川は流れ下る。本流は激しくほとばしり、真っ白く泡立って岩峡を疾走する。

下ノ廊下きっての難所「水平歩道」は数百ｍもの垂直の大岩壁に高さ２m、幅80㎝ほどの岩壁をえぐっただけの道が続く。まさに緊張の連続である。

新緑から紅葉まで…
トロッコ電車で峡谷美満喫
「黒部峡谷鉄道」

北陸新幹線黒部宇奈月温泉駅で降りて富山地鉄の新黒部駅に乗り換え、宇奈月温泉へ向かう。

ここから小さなトロッコ電車で峡谷美を楽しむ黒部峡谷鉄道の旅が始まる。ゆっくりとトロッコ電車は走り、高さ60m余りの鉄橋を渡る。黒薙・鐘釣などの素朴な温泉も途中の駅近くにあり、露天風呂はまさに天の恵みだ。

大自然にふれる20.1㎞のトロッコ電車の旅は、終点の欅平に着く。黒部川の清流を堪能しつつ周辺を散策するのもよし、途中下車して露天風呂で疲れを癒すのもよい。

登山者はここから下ノ廊下に入るか、祖母谷温泉から白馬岳へと登ることができる。どちらもハードなロングコースなので、事前情報確認と充分な経験体力が必要である。

1・奥ノ廊下・赤木沢出合付近　2・下ノ廊下・水平歩道（旧日電歩道）志合谷　3・下ノ廊下、棒小屋沢上部から。後方は剱岳岩稜
4・下ノ廊下・十字峡　5・下ノ廊下・S字峡　6・黒部峡谷鉄道

※略図は「剱岳・P77」参照

エリア

富山県／中部山岳国立公園

見どころ

剱岳眺望・塾達者の山

行程

日帰り（一日）

登山適期

8～10月

登山口

■北陸新幹線／JR黒部宇奈月温泉駅から電車・車で約1.5時間

■マイカー／北陸自動車道・滑川IC・立山ICから約1時間

58 毛勝山《けかちやま》

■標高／2414.5メートル　標高差／約1700メートル

■紹介コース／片貝山荘登山口コース（上り・9時間／下り・7時間）

■グレード／体力度★★★　技術度★★☆　危険度★★☆

59 猫又山《ねこまたやま》

■標高／2378.2メートル　標高差／約1650メートル

■紹介コース／馬場島からブナクラ峠コース（上り・6時間／下り・5時間）

■グレード／体力度★★★　技術度★★★　危険度★★☆

越中駒ヶ岳から毛勝山

1479 mから大明神山

モモアセ池

毛勝山山頂から剣岳遠望、右手前が猫又山

毛勝山山頂、三角点とお地蔵様

富山平野からも望める剱岳北方の名山。エキスパートのみの難ルート、毛勝山

富山平野東部の魚津、滑川《なめりかわ》市あたりから南東方向に、姿と形の整った毛勝三山が望める。毛勝三山は一塊の山群で、北から毛勝山、釜谷《かまたん》山、猫又山の三つのピークに分かれる。麓から見ても美しく、里の人に親しまれた山だが、その険しさゆえ最近まで限られた登山者だけしか入山できない山であった。以前の登山ルートは毛勝谷を沢伝いに登るルートであったが、最近、地元の山岳会が西北尾根ルートを開拓して、今はこのコースが一般的になった。

片貝山荘から登る尾根コースは標高差が1700メートル弱ある。この山域には山小屋もないため日帰り登山はややきついが、景色がすばらしいので健脚の人はぜひ挑戦して欲しい。昔から地元の人に登られた山のようで、信仰の対象にもなっていたとみえ、稜線上や山頂には石碑や石仏が残っている。

（市川董一郎・伊久間幸広）

日本海と毛勝三山。魚津市から

地元から…山ファンから…

「緊張と楽しさ…毛勝山」

深田久弥が百名山に入れたかったが登れなかった山。残雪期にベテラン向けの大雪渓（標高差・1,200 m）を踏む緊張と楽しさを併せ持つ山で、稜線に登りきったところで目の前に現れる剱岳の光景に圧倒される。この感動が忘れられず、何度となく訪れた。最近は西北尾根が開伐されて夏でも登れるようになったが、コースが長いので体力を要する。

（黒部市／廣瀬 昭元さん）

毛勝三山の最南、剱岳北面を望む大展望。未整備ながら魅力を秘めた猫又山

毛勝三山の南端の山である。毛勝山が片貝《かたがい》川東俣谷から登るのに対し、猫又山は早月《はやつき》川馬場島から登る。二つの山の間に毛勝三山の最高峰の釜谷山が

猫又山から剱岳北面

大猫山から釜谷山（左）と、猫又山（右）

猫又山山頂

猫又山から富山平野を見下ろす

登山道、ブナクラ谷右岸を登る

ブナクラ谷

ある。猫又山は最近まで一般登山道がなかったが、15年ほど前に市民グループの手によって登山道が開かれた。２０１４年現在、ブナクラ取水堰堤付近は治山工事中で、登山口が分かりづらくなっている。その先の登山道は刈り払われているが未整備なので注意して登山してほしい。

登山道は、取り入れ口から真北に急斜面をかけ登って大猫山を経由するコースと、谷を遡ってブナクラ峠に至る二つの登山道がある。いずれのルートも指導標はまったくなく、現時点では一般的ではないが、猫又山がすばらしい山なので、一度訪れてほしい。とにかくこの山は景色がよい。ブナクラ峠から山頂に至る道は険しいが、背後には常に剱岳が望め、さらに黒部川を挟んで後立山連峰の眺望がすばらしい。

主稜線森林限界から上は、氷河地形かも知れない。大小の露岩が堆積する地形は氷河底を想像させる。露岩帯を登りきると平坦な斜面に出る。そこにはきれいな水をたたえた小さな池があり、まさに天上の楽園である。

（市川董一郎・伊久間幸広）

地元から…山ファンから…

「猫又山から大猫山へ」

剱岳の登山基地の馬場島から白萩川を遡上してブナクラ峠に辿り着くと後立山連峰の全容が展望できる。右に向かえば赤谷山、左を辿って大岩壁の下をくぐり、猫又山を目指す。真夏でもカール状の雪渓帯には可憐な花々が迎えてくれる。帰路は頂上直下で分岐して大猫山に向かうと午後の日差しを受けた剱岳がいつまでも微笑んで見守ってくれる感動の周回コースである。

（黒部市／能登 善徳 さん）

猫又山・登山コースガイド

● 馬場島からブナクラ峠
（往復・約 11 時間）
馬場島 (3:00) →ブナクラ峠 (3:00) →猫又山 (5:00) →馬場島

● 山行アドバイス
ブナクラ谷は支沢が多く本流と間違えやすいので注意する。渡渉も多いが問題ない。ブナクラ峠から急で狭く灌木が茂った尾根を上がる。標高 2200m 付近には遅くまで雪渓が残るので注意する。熟達者のみ。

● 見どころ
山頂から富山平野と日本海、剱岳、後立山連峰がよく見える。登山道ができて間もないので、秘境の雰囲気が残っている。

● 問い合わせ
上市町役場産業課　076-472-1111
（登山口まで）

● 2万5000図　毛勝山・剱岳

● 交通アクセス
マイカー／北陸道・滑川 IC または立山 IC で下車し、馬場島まで。

● 登山口情報（馬場島登山口）
駐車場／馬場島。
トイレ／馬場島キャンプ場。
売店／馬場島荘。

毛勝山・登山コースガイド

● 片貝山荘登山口コース（往復・約 16 時間）
片貝山荘 (7:00) →モモアセ山 (2:00) →毛勝山 (7:00) →片貝山荘

● 山行アドバイス
片貝山荘は魚津市教育委員会スポーツ課に使用日の７日前までに利用申請書を提出しなければならない。無料で無人なので自分で火の管理、掃除を行う。水はない。西北尾根上部は遅くまで急斜面に雪が残り危険である。熟達者のみのハードコース。

● 見どころ
山頂から剱岳の眺めがよい。日本海がすぐ下に見えて能登半島まで見える。雪が消えた所から高山植物が咲きだしてみごとである。

● 問い合わせ
魚津市役所商工観光課　0765-23-1015

● 2万5000図　毛勝山

● 交通アクセス
マイカー／魚津から片貝川を上がり東又谷の片貝山荘まで入る。

● 登山口情報（片貝登山口）
駐車場／橋のたもとに数台。
トイレ／片貝山荘。　売店／なし。

エリア
長野・富山県／中部山岳国立公園

見どころ
大自然庭園・高山植物

行程
一泊～

登山適期
7～9月

登山口
■北陸新幹線／JR富山駅からバス・車で約1.5時間（雲ノ平）
■マイカー／北陸自動車道・富山ICから約1.5時間

60 祖父岳《じいだけ》（黒部源流《くろべげんりゅう》）

■標高／2825メートル　■標高差／約900メートル
■紹介コース／折立・薬師沢コース（上り・13時間／下り・11時間）
■グレード／体力度★★★　技術度★★☆　危険度★☆☆

61 雲ノ平《くものだいら》（高天原《たかまがはら》）

■標高／2500～2700メートル　■標高差／約600メートル
■紹介コース／折立・薬師沢コース（上り・12時間／下り・10時間）
■グレード／体力度★★★　技術度★☆☆　危険度★☆☆

祖父岳（中央下）と黒部源流域。後方は大日岳、剱岳、立山など

祖父岳山頂

祖父岳からの鷲羽岳

おだやかな山容、祖父岳

祖父岳からの槍ヶ岳（北鎌尾根）

水晶岳とコバイケイソウ。雲ノ平から

黒部源流域の中央、雲ノ平へ繋がる祖父岳

黒部川源流の碑は、鷲羽岳北側の岩《いわ》苔乗越《ごけのっこし》付近から下る沢にある。源流碑は登山道を岩苔乗越から下り、三俣山荘への登り口付近に建てられている。鷲羽岳、三俣蓮華岳、黒部五郎岳、北ノ俣岳など源流の山々がぐるりと取り囲み、水晶岳も源流域の山に含まれる。そしてその真ん中に祖父岳から雲ノ平が広がっている。

祖父岳は火山で、その流動性溶岩が流れて作った溶岩台地が雲ノ平である。その溶岩台地や周囲を取り囲む山々の岩肌は世界有数の豪雪に削られて深い谷となり、いくつもの滝を造った。雲ノ平の台地にも周囲を取り囲む稜線にも大小の池塘が点在し、初夏には一面のお花畑となって訪れる登山者を圧倒している。そして険しい岩峰を登るより、そのお花畑の草原を歩くことの方が何倍も気も遣い、むずかしいことに気が付く。その美しさにとても足を踏み入れることはできない。静かに見守って見つめるだけである。

多くの登山者は下界から何日もかけて黒部源流域に入り、そこに求めるのは何なのだろうかと自らに問いかけ、そして安らぎを得る。

（伊久間幸広）

黒部源流域。三俣蓮華岳（左）、黒部五郎岳（右）と雲ノ平。鷲羽岳から

地元から…山ファンから…

「黒部の山賊達の声が…」

雨の日、雲ノ平での天幕の夜、静寂の中、オーイと呼ぶ声が聞こえたような気がした。伊藤正一さんの「黒部の山賊」アルプスの怪の本を思い出した。晴れた朝、ぐるりと山々に囲まれた雲ノ平の台地。池塘やお花畑の庭園に昨夜とは別の世界を見た。そこから二時間くらいで、高天原の温泉に入ることができる。本当の山好きの山旅ができる。

（須坂市在住／大塚 絹子さん）

残雪の雲ノ平と水晶岳

雲ノ平台地

雲ノ平から高天原へ

溶岩台地に咲く花々。雲ノ平

庭園の趣き。雲ノ平

スイス庭園

高天原から薬師岳

雲ノ平山荘

雲ノ平の木道

北アルプスの奥座敷。花と草原の別天地、雲ノ平

どこの登山口から入ろうとしても、その日のうちには辿り着くことができないのが雲ノ平だ。周囲を黒部川源流の川に囲まれ、祖父岳と祖母《ばあ》岳の間に標高２５００メートルの日本最標高のゆったりとした溶岩台地が広がっている。その入りにくさゆえに、ここに憧れる登山者は多い。

折立《おりだて》から太郎兵衛平に登り薬師沢から入るか、裏銀座縦走路から岩苔《いわごけ》乗越、祖父岳コース、新穂高温泉から黒部源流コース、北ノ俣岳、黒部五郎岳から黒部源流コースと、いくつものコースが付けられている。雲ノ平の北には高天原があり、高天原温泉もあって北アルプス最奥の秘境と言われている。かつては黒部湖から登山道が付けられていたが今では廃道となっている。薬師沢から人東《だいとう》新道で直接、高天原に入ることもできる。

雲ノ平のゆったりした台地は庭園のような雰囲気があり、日本庭園、奥日本庭園、スイス庭園、奥スイス庭園、ギリシャ庭園、アラスカ庭園、アルプス庭園、祖父庭園と八つの名前が付けられている。これは奥黒部を開発した三俣山荘の主人、伊藤正一さんがそのあまりの美しさを多くの人に親しんでもらいたいと名付けたと言う。

今も多くの登山者がピークハントではなく、美しい自然とゆったりした時間を求めて雲ノ平を訪れている。

（伊久間幸広）

祖父岳・登山コースガイド

●折立・薬師沢コース
（往復・２泊３日～）
折立 (5:00) → 太郎平小屋 (6:30) → 雲ノ平 (1:30) → 祖父岳 (11:00) → 折立

●山行アドバイス
黒部源流の山々の展望がよい。高原状に広がる台地とその彼方に黒部五郎岳のカールなどが望める。

●見どころ
登山口から２日かかるので充分な装備を持つ。体力配分にも気をつけたい。
雲ノ平は点在するそれぞれの庭園が美しい。７～８月は高山植物が咲き乱れ、時間が足りなくなる。

●問い合わせ
富山市大山総合行政センター
076-483-1211

●2万5000図
薬師岳・三俣蓮華岳・有峰湖

●交通アクセス
マイカー／（富山方面から）北陸自動車道・富山 IC から有峰林道亀谷料金所まで約 30 分、有峰林道・小見線で折立口まで約 40 分
（松本方面から）国道 471 号から高山大山線を１時間、有峰林道東谷料金所へ。有峰林道・東谷線を約１時間で折立口。（有峰林道：普通車 1800 円／６月上旬～ 11 月中旬まで開通／夜間 20:00 ～ 6:00 通行不可）。

●登山口情報（折立登山口）
駐車場／折立駐車場（約 100 台）。
トイレ／各山小屋。

62 黒《くろ》部《べ》五《ご》郎《ろう》岳《だけ》（北《きた》ノ《の》俣《また》岳《だけ》）

■標高／2839.7メートル　標高差／約1500メートル
■紹介コース／折立から太郎兵衛平コース（上り・12時間／下り・10時間）
■グレード／体力度★★★　技術度★★☆　危険度★☆☆

63 笠《かさ》ケ《が》岳《たけ》

■標高／2897.6メートル　標高差／約1800メートル
■紹介コース／小池・笠新道コース（上り・10時間／下り・6時間）
■グレード／体力度★★★　技術度★★☆　危険度★★☆

ワリモ岳付近から黒部五郎岳

モルゲンロートの黒部五郎岳

鷲羽岳から黒部五郎岳と黒部源流域

雪煙舞うカール。黒部五郎岳

カールから黒部五郎岳山頂

ハクサンイチゲと山頂

黒部五郎岳山頂から薬師岳

黒部源流からの黒部五郎岳

名も山容も個性的。カールと花の名山、黒部五郎岳

黒部川源流地域にその存在感は圧倒的である。水晶岳から鷲羽岳へ向かう稜線や笠ヶ岳から三俣蓮華岳への稜線からはいつもその逞しい姿が見えている。その東面深くえぐれた氷河の跡のカールが黒部五郎岳独自の大きな特徴である。

黒部五郎岳カールの中はさまざまな花々が咲き乱れている。まだ残る雪とハイマツと遺跡のような巨石群のコントラストがとても美しい。残雪が溶けた水が流れる沢を渡って進む。カールの淵の急坂を上がると槍ヶ岳から穂高連峰が見えて来て、その足元にはモザイク画のようなカールの全容が望める。登る斜面一面に美しい花々が咲き、飽きることがない。

（伊久間幸広）

黒部五郎岳・登山コースガイド

● **折立から太郎兵衛平・北ノ俣岳コース（往復・2泊3日〜）**
折立 (5:00) →太郎平小屋 (5:30) →黒部五郎岳 (1:30) →黒部五郎小屋 (10:00) →折立

● **山行アドバイス**
折立から太郎兵衛平までの道はよく整備されている。

黒部五郎岳からカールへ下る時、ガスで見通しが悪い時に尾根に迷い込まないように。

● **見どころ**
折立から太郎兵衛平への道は高山植物がたくさん咲いている。薬師岳付近も高山植物が多い。太郎兵衛平から北ノ俣岳へ続く稜線は池塘が多く高山植物も咲いている。風衝草原が広がる稜線は美しい。

● **問い合わせ**
富山市大山総合行政センター
076-483-1211

● **2万5000図**
薬師岳・三俣蓮華岳・有峰湖

● **交通アクセス**
マイカー／（富山方面から）北陸道・富山 IC から有峰林道亀谷料金所まで約 30 分、有峰林道・小見線で折立口まで約 40 分。

（松本方面から）国道 471 号から高山大山線を 1 時間、有峰林道東谷料金所へ。有峰林道・東谷線を約 1 時間で折立口。

（有峰林道：普通車 1800 円／ 6 月上旬〜 11 月中旬まで開通／夜間 20:00 〜 6:00 通行不可）。

● **登山口情報（折立登山口）**
駐車場／折立駐車場（約 100 台）。

トイレ／各山小屋。

槍ヶ岳の南西、穂高連峰と対峙する笠ヶ岳

黒部源流域からの笠ヶ岳

岩稜連なる笠ヶ岳。西穂高岳から

笠ヶ岳山頂から御来光の槍ヶ岳

笠ヶ岳山頂（左）と小笠

登山口近くの蒲田川

笠ヶ岳山頂への稜線

笠ヶ岳は槍ヶ岳が開山される140年前の1683（天和3）年に円空《えんくう》上人によって開かれていたが、1782年に高山宗猷寺《そうゆうじ》の南裔《なんねい》上人が登頂して以来40年間、世人から忘れられていた。その後、1823年に播隆《ばんりゅう》上人が再興したと伝えられている。その時、播隆上人は槍ヶ岳を見てこれを開山しようと決心したと言われる。播隆上人による再興以来、山中にはいくつもの石仏が道標として置かれ、山頂には堅固な岩屋造りの祠の中に銅製の仏像が安置され、飛騨の人々から篤く信仰された山だった。

笠ヶ岳は鋭く尖った頂きを持ち、山全体が笠を伏せたような山容で、御嶽山からでも立山連峰からでも北アルプス各地からもひと目でそれとわかる山頂である。

笠ヶ岳に登る稜線上は高山植物の宝庫で花の百名山にも選ばれている。山麓の新穂高温泉から小池新道か笠新道を登るコースが一般的である。弓折・抜戸岳経由の小池新道はゆるやかな登りで、槍・穂高連峰の眺望もよく、特に鏡平は撮影の絶好ポイントとなっている。一方、笠新道は急登で杓了平付近には遅くまで雪渓が残り、シナノキンバイなどの大群落が広がるお花畑となる。そこからハイマツ帯となり、稜線の岩稜帯と青空のコントラストが美しい。

（伊久間幸広）

●交通アクセス
マイカー／

（富山県側から）

国道41号、神岡経由で国道471号に入り、1時間40分で新穂高温泉。

（長野方面から）

長野道・松本ICから国道158号・安房トンネル経由で471号に入り、約1時間20分で新穂高温泉。

●登山口情報
（新穂高温泉登山口）

駐車場／登山者専用無料駐車場。

トイレ／新穂高センター。

●山行アドバイス
裏銀座の双六・樅沢岳から弓折・抜戸岳を経て笠ヶ岳へ縦走するコースも人気がある。笠新道は急登が続く。杓子平は遅くまで雪が残る。

●見どころ
笠ヶ岳山頂からのご来光は時期を選ぶと槍の穂先からの日の出を拝むことができる。槍穂高連峰から一歩引いた稜線上にある笠ヶ岳は絶好の展望台。

●問い合わせ
奥飛騨温泉郷観光案内所　0578-89-2458
奥飛騨温泉郷観光協会　0578-89-2614
※登山に関する問い合わせ
新穂高登山指導センター　0578-89-3610

●2万5000図　笠ヶ岳

笠ヶ岳・登山コースガイド

●小池・笠新道コース
（周回・2泊3日〜）

新穂高温泉から小池新道を上がり、弓折岳から南西に戻る形で秩父平、抜戸岳を通って笠ヶ岳へ登るコースが大きく迂回するが緩やかな稜線歩きを楽しめる。

新穂高温泉 (5:00) →鏡平 (1:20) →弓折岳 (3:00) →抜戸岳 (1:00) →笠ヶ岳 (5:00) 笠新道→新穂高温泉

エリア
富山県／中部山岳国立公園

見どころ
薬師岳圏谷群・お花畑

行程
一泊～

登山適期
7～9月

登山口
■北陸新幹線／JR富山駅からバス・車で約1.5時間（薬師岳）
■マイカー／北陸自動車道・富山ICから約1.5時間

64 薬師岳《やくしだけ》

■標高／2926メートル　標高差／約1600メートル
■紹介コース／折立から太郎兵衛平コース（上り・8時間／下り・6時間）
■グレード／体力度★★★　技術度★★☆　危険度★★☆

65 五色ヶ原《ごしきがはら》

■標高／約2500メートル　標高差／約1000メートル
■紹介コース／室堂から五色ヶ原・黒部湖コース（上り・5.5時間／下り・7時間）
■グレード／体力度★★☆　技術度★☆☆　危険度★☆☆

富山平野からも望めるおおらかな山容。薬師岳

薬師岳は富山平野のどこからでもゆったりと大きく見える。裏銀座縦走路からもよく見え、特に赤牛岳からは真正面に位置する。黒部川源流域にあり、常願寺《じょうがんじ》川の源流でもある。

どっしりとした山体の東斜面には国の特別天然記念物に指定された薬師岳圏谷群(カール)がある。金作谷《きんさくだに》カール、中央カール、南稜カールと呼ばれている。北カールは崩壊して不明瞭だ。残雪期には岩とハイマツと咲き誇る高山植物のコントラストが美しい。

薬師岳周辺の登山道には「新・花の百名山」にも選定されるほどのお花畑が広がっている。展望もすばらしく遠く富士山や、近くの槍・穂高連峰、裏銀座縦走路、立山、白山や富山平野、日本海などが手に取るように見える。

立山、白山と並んで山岳信仰の山でもあり、全国に数多い薬師岳の中の最高峰である。その名の通り山頂には薬師如来を祀った祠がある。明治以前は女人禁制の山でもあった。

登山道は三方向から続いていて、長い稜線の縦走を思う存分に楽しむことができる。立山から五色ヶ原、スゴ乗越を経て登るコース、黒部五郎岳、北ノ俣岳方面から縦走するコースと、折立から直接登るコースがある。それぞれ他の山と組み合わせて、心ゆくまで奥深いこの山を味わいたい。（伊久間幸広）

山頂の薬師如来の祠

薬師岳山頂

ワリモ岳分岐付近から薬師岳。山頂部には薬師岳圏谷群

薬師岳北面。立山・浄土山から

薬師岳山頂中央カール

薬師岳山荘と薬師岳山頂

戦国の歴史ロマンと静かなお花畑。五色ヶ原

五色ヶ原は立山と薬師岳の稜線の中間付近にある、池塘が広がる大草原である。鷲《わし》岳と鳶《とび》山の東斜面は緩やかに黒部川へと下る。豊富な雪解け水に育まれたお花畑には高山植物が咲き乱れ、訪れる登山者の目を奪う。大勢の登山者で賑わう立山や薬師岳から歩いて来ると、その静かで華やかな風景に

地元から…山ファンから…

「北アルプス一望…秋の薬師岳」

富山平野から眺めると立山の右手に静かにどっしりと鎮座している。
登山口の折立から三角点を過ぎると有峰湖を眼下にその奥には白山を望み、五光岩では眼前にこれから登る薬師山頂を仰ぎベンチで一休み。太郎平からは水晶岳、三俣蓮華岳、黒部五郎岳、そして薬師岳など黒部川源流の山々が一望できる。山頂からは劔岳、立山連峰さらに後立山連峰、加えて槍ヶ岳・穂高、更に黒部源流の山々など北アルプスの峰々が一望でき素晴らしい展望である。
（黒部市／大村 啓さん）

ゆるやかに黒部湖へ下る五色ヶ原。後方は薬師岳

ザラ峠付近から針ノ木岳、黒部湖

針ノ木岳からの御来光。五色ヶ原

刈安峠

五色ヶ原と山荘

五色ヶ原のチングルマ

五色ヶ原と裏銀座

黒部ダム堰堤

平ノ小屋から黒部湖

心も洗われる。ここは時間の許す限り、立ち止まりたい場所である。

戦国の武将、越中領主の佐々成政が厳冬期に越えて信州大町に出たという伝説、「さらさら越え」のザラ峠がすぐ北側にある。今でも富山と大町ではその故事にちなんだ催しが行われている。このルートは古くから信濃野口村（大町）と越中富山を結ぶ裏道だったが、明治8年に日本初の有料道路「越信道路」として整備された。しかし冬季の崩壊破損が激しく明治15年に廃道になった。ウェストンも通ったと言われる常願寺川から立山温泉、ザラ峠の登山道は今では廃道となっている。

立山室堂から浄土山を越えて行くか一ノ越《いちのこし》を越えて行く。浄土山展望台からは薬師岳の手前に五色ヶ原がよく見える。龍王岳の西側を巻いて鬼岳東面を行く。獅子岳から急なザレた岩場を下るとザラ峠に着く。ここから緩やかに登ると木道が続く草原となる。黒部湖へと広く、ゆるやかに下っている草原が五色ヶ原である。

（伊久間幸広）

薬師岳・登山コースガイド

● 折立から太郎兵衛平コース（往復・2泊3日～）
折立 (5:00) → 太郎平小屋 (3:00) → 薬師岳 (6:00) → 折立

●山行アドバイス
折立から太郎兵衛平までの道はよく整備されている。薬師峠からの登りは沢の中を登るので足元に注意。薬師岳山頂稜線は広いのでガスが巻いた時は道迷いに注意。

●見どころ
折立から太郎兵衛平への道は高山植物がたくさん咲いている。薬師岳付近も花が多い。

●問い合わせ　富山市大山総合行政センター 076-483-2593
立山黒部貫光㈱営業推進部 076-432-2819

●2万5000図　薬師岳・有峰湖

●交通アクセス
マイカー／（富山方面から）北陸道・富山 IC から有峰林道亀谷料金所まで約 30 分、有峰林道・小見線で折立口まで約 40 分。（松本方面から）国道 471 号から高山大山線を 1 時間、有峰林道東谷料金所へ。有峰林道・東谷線を約 1 時間で折立口。（有峰林道：普通車 1800 円／6 月上旬～11 月中旬まで開通／夜間 20:00 ～ 6:00 通行不可）。

●登山口情報（折立登山口）
駐車場／折立駐車場（約 100 台）。　トイレ／各山小屋。

五色ヶ原・登山コースガイド

● 室堂から五色ヶ原・黒部ダムコース（周回・2泊3日～）
室堂 (1:30) → 浄土山 (4:00) → 五色ヶ原 (3:00) → 平ノ小屋 (4:00) →黒部ダム

●山行アドバイス・見どころ
立山黒部アルペンルートで室堂まで。浄土山へはきつい登りだが五色ヶ原まで花の楽園。翌日はゆっくりと黒部湖に下り、黒部ダムへ周回する。

●問い合わせ　立山町商工観光課　076-462-9971
立山黒部貫光㈱営業推進部 076-432-2819

●2万5000図　立山・黒部湖

※交通アクセス・登山口情報は P73「立山」を参照。

エリア

長野・富山県／中部山岳国立公園

見どころ

山頂オベリスク・コマクサ

行程

一泊～

登山適期

7～9月

登山口

■北陸新幹線／JR長野駅からバス・車で約1.5時間（烏帽子岳）

■マイカー／長野自動車道・安曇野ICから約50分

66 烏《え》帽《ぼ》子《し》岳《だけ》

■標高／2628メートル　標高差／約1400メートル

■紹介コース／高瀬ダムから往復コース（上り・6.5時間／下り・4.5時間）

■グレード／体力度★★★　技術度★★☆　危険度★☆☆

67 野《の》口《ぐち》五《ご》郎《ろう》岳《だけ》

■標高／2924.5メートル　標高差／約1600メートル

■紹介コース／高瀬ダムから裏銀座縦走コース（上り・9.5時間／下り・7時間）

■グレード／体力度★★★　技術度★★☆　危険度★☆☆

烏帽子岳（中央下）から野口五郎岳、鷲羽岳へと続く裏銀座稜線

霧の中の山頂

烏帽子岳山頂。ごく狭い

オベリスクを想わせる烏帽子岳山頂

裏銀座縦走路

烏帽子岳（左）と南沢岳（右）

登山口手前の高瀬ダムえん堤

登山口近くの不動滝

烏帽子岳登山口

ブナ立尾根の急登、オベリスク状の尖峰。烏帽子岳

烏帽子岳と言う名前を持つ山は日本全国各地に存在する。その形が平安時代からの成人男性の帽子である烏帽子《えぼし》に見えることからその名が付いた。

飛騨山脈の大町市と富山市の境にあり、黒部川支流の東沢谷と高瀬《たかせ》川に挟まれた稜線上に立っている。初夏には周辺にコマクサの大群落があり、高山植物が豊富で、美しい花々が咲き乱れている。周辺に霧がかかる時にはライチョウが出ることが多い。

山頂はオベリスクのように鋭く尖った岩峰で、ニセ烏帽子から眺めると登頂意欲をそそられる。厳しい岩場に見えるがしっかりした足場があり鎖も付けられていて、誰でもその山頂に立つことができるが、一人がやっと立てるほどの広さしかない。山頂からは360度の展望が得られる。南西に東沢を挟んで赤牛岳が大きく、その右手後に薬師岳が、東側には餓《が》鬼《き》岳、唐沢《からさわ》岳が望める。

近くから見ると圧倒的な存在感があるが、小さな岩山なので遠くから烏帽子岳を探すのは意外と難しいかも知れない。すぐ北側の南沢岳から南下する稜線の一部の岩峰に思えてしまうからである。

日本三大急登の一つ、高瀬ダムからあえぎつつブナ立《だて》尾根を上がり烏帽子小屋に到着すると、周辺を散策する時間がたっぷりとある。そこからちょうどよい時間で烏帽子岳を往復できる。プチ岩登りを楽しめる山だが油断せず登らなくてはならない。（伊久間幸広）

裏銀座の中央、ゆったりとした山容。野口五郎岳

裏銀座縦走路を歩いていて、野口五郎岳はどこにあったのだろう、と言う登山者が時々いる。あまりに大きくてその存在すら気が付かずに通過してし

裏銀座縦走路からの野口五郎岳

野口五郎小屋と野口五郎岳

竹村新道からの野口五郎岳

野口五郎岳山頂

五郎池

野口五郎岳右からの御来光。水晶小屋から

国天然記念物・湯俣の噴湯丘

湯俣岳からの槍ヶ岳

稜線のコマクサ

まうほどである。縦走路が山頂を通らずにその下を巻いているのも原因の一つだが、うっかりしていると気が付かずに通り過ぎてしまう。ここからの360度の展望を楽しまずに通過してしまうのはもったいない。

地元では岩が転がっている地形を「ゴーロ」と呼んでいて、麓が大町市の野口集落であることから「野口のゴーロ」、野口五郎岳と名付けられたと言う。全国には五郎の名が付く山が17座ほどあるが野口五郎岳2924メートルが最高峰である。

花崗岩でできたこの山の稜線はハイマツの緑と白い砂礫、岩のコントラストが美しい。その間にコマクサやたくさんの高山植物が咲き乱れている。烏帽子岳から縦走して行くと右手に赤牛岳、その向こうに薬師岳の頭が見え、行く手の左には槍ヶ岳が望める。水晶岳が近くになる頃、野口五郎岳の山頂を踏んでいる。その稜線歩きはもっともアルペン的な気分を満喫できる山域だと言ってもよいだろう。

（伊久間幸広）

烏帽子岳／野口五郎岳・登山コースガイド

●高瀬ダムから烏帽子岳コース
（往復・1泊2日〜）
高瀬ダム (5:30) → 烏帽子小屋 (0:45) → 烏帽子岳 (4:30) → 高瀬ダム

●高瀬ダムから裏銀座縦走コース
（周回・2泊3日〜）
高瀬ダム (5:30) →烏帽子小屋 (3:45) →野口五郎岳 (7:00) →高瀬ダム

●山行アドバイス
高瀬ダムからブナ立尾根を登り烏帽子岳へ。さらに裏銀座縦走路を野口五郎岳へ行くか、高瀬ダムから湯俣温泉を経て竹村新道を上がるコースがある。どちらも頑張れば一日で登ることができる。
烏帽子小屋からの稜線は緩やかな稜線で歩きやすい。野口五郎岳付近では稜線が広いのでガスが巻くと迷うこともあるので注意する。

●見どころ
登山口のある高瀬ダムは巨岩を積み上げた日本最大のロックフィルダム。竹村新道コース近くにある湯俣の噴湯丘は国指定天然記念物。

●問い合わせ
大町市観光協会　0261-22-0190
●2万5000図　烏帽子岳

●交通アクセス
マイカー／上信越道・長野IC、又は長野道・安曇野ICから大町市へ。大町市街地より県道326号線を車で約25分、七倉ダムゲートまで行く。ここから先はマイカー乗入禁止。

●登山口情報
駐車場／七倉ダムゲート前に駐車場。約50台。
トイレ・売店／七倉ダムゲート前。

見どころ
北アルプス最深の山

行程
二泊～

登山適期
7～9月

登山口
■北陸新幹線／JR長野駅からバス・車で約1.5時間（水晶岳）
■マイカー／長野自動車道・安曇野ICから約50分

68 水晶岳《すいしょうだけ》

■標高／三角点標高北峰2977.9メートル（南峰2986メートル） 標高差／1700メートル
■紹介コース／裏銀座コース（上り・14時間／下り・11時間）
■グレード／体力度★★★ 技術度★★☆ 危険度★★☆

69 赤牛岳《あかうしだけ》

■標高／2864.4メートル 標高差／1600メートル
■紹介コース／裏銀座・読売新道コース（上り・17時間／下り・12時間）
■グレード／体力度★★★ 技術度★★☆ 危険度★★☆

別名・黒岳。残雪と鋭利な岩稜、水晶岳

水晶岳は北アルプスの山々の中で、赤牛岳とともに最も里から遠い山である。富山、岐阜、長野のどの登山口から入っても二日はかかる。その頂きから流れる水はすべて黒部川となって日本海へと下ってゆく。山頂は裏銀座縦走路主稜線から少し外れていて、なかなか登りにくい山となっている。

水晶岳からの眺めはすばらしく360度の大展望を誇る。遠く富士山、南アルプス、浅間山、白山などを望み、近くは槍・穂高連峰を始めとして北アルプスの主だった山のほとんどを望むことができる。

裏銀座縦走路からでも薬師岳からでも槍ヶ岳の西鎌尾根からでもその姿は黒く、双耳峰と言う特徴ある黒部川源流部の最高峰はすぐに水晶岳と見分けることができる。山が黒く見えるので黒岳とも呼ばれている。

周辺の登山道脇には珍しいチョウノスケソウなどたくさんの高山植物が咲いている。花の百名山としてそれを目当てに登る登山者も多い。水晶岳周辺には水晶が転がっているとも言われ、何度か注意しながら登ったが見つけられなかった。加賀藩政時代よりの奥山廻りの記録に水晶岳、六方石山などと書かれていたとのことで実際に水晶があったのだろうか。六方石とは水晶の別名である。明治40年に志村烏嶺が黒く見えるので黒岳と命名したそうだ。

（伊久間幸広）

野口五郎岳山頂から水晶岳

鋭利な水晶の結晶を想わせる水晶岳岩稜

赤牛岳へ向かう稜線から水晶岳

水晶岳全景。野口五郎岳から

水晶岳山頂から鷲羽岳、槍ヶ岳

地元から…山ファンから…

「心に残る長い下山路…赤牛岳」

水晶岳は裏銀座コースから離れているためか、登る人は少ない。ここから北西へ伸びる稜線が赤牛岳へのルートになる。このコースで人と出会うのは稀であるが、広々とした稜線歩きが続きゆっくりしたい気分になるが先が長い。赤牛岳からは北東に読売新道の急で長い坂を下ることになる。このルートを上ってくる人と出会い、尊敬の念で見送った記憶があります。きっと登り付いた頂きは、最高の気分だろうと思います。

（須坂市在住／粉本 一男さん）

黒部川源流域、最奥の孤高の山。赤牛岳

赤牛岳は裏銀座縦走路や、薬師岳から黒部五郎岳の間を歩いていると常に望める山である。しかしその頂きは深い谷間を隔てていて、周囲すべてを黒部川源流域の渓谷に囲まれている孤高の山である。山体は赤味を帯びた花崗岩で牛が寝ているような山容から赤牛岳の名が付けられている。

裏銀座コースから水晶岳までは大勢

赤牛岳（中央下）と裏銀座の山々（上）

赤牛岳山頂。水晶岳稜線方向から

赤牛岳。後方に小さく黒部湖

赤牛岳へ向かう稜線から水晶岳

赤牛岳山頂から薬師岳

赤牛岳手前から雲ノ平

水晶岳から薬師岳

の登山者で溢れているが足が一歩、読売《よみうり》新道へと入ると途端に静かな山となる。西側の斜面下には雲ノ平が望め、さらに先に進むと高天原《たかまがはら》が見えてくる。赤い屋根の高天原山荘が小さく、その北側には奥黒部の瞳のような竜晶《りゅうしょう》池が美しい。温泉もあって最近では人気の山域となっている。読売新道の温泉沢の頭から高天原へ下ることができる。

水晶岳から赤牛岳の稜線も上から眺めると緩やかな下りに見えるが歩くと結構なアップダウンがあり、ガレ場もありで注意しながら行きたい。森林限界を越えていて低いハイマツが稜線に生えている。西側にはいつも大きな薬師岳を眺め、東側には野口五郎岳と裏銀座縦走路を見ながら進む。山頂の360度の大展望を楽しんだ後は長大な読売新道を下りつつ奥黒部ヒュッテまで静かな山旅を楽しみたい。

（伊久間幸広）

赤牛岳・登山コースガイド

● **高瀬ダムから裏銀座・読売新道コース**
（縦走・2泊3日〜）
高瀬ダム (5:30) →烏帽子小屋 (3:45) →野口五郎岳 (3:00) →水晶小屋 (0:45) →水晶岳 (3:00) →赤牛岳 (6:00) →奥黒部ヒュッテ (3:00) →平ノ渡・平ノ小屋 (3:00) →黒部ダム

● **山行アドバイス**
水晶小屋から下っているように見えるがアップダウンが多く、登り返しも厳しい。奥黒部ヒュッテから読売新道を登る時は標高差も大きく、途中に水場がないので充分な体力と装備がほしい。

● **問い合わせ**
富山市大山総合行政センター　076-483-2593
立山黒部貫光㈱営業推進部　076-432-2819

● **2万5000図**　薬師岳・黒部湖・烏帽子岳

● **交通アクセス**
マイカー／上信越道・長野IC、又は長野道・安曇野ICから大町市へ。大町市街地より県道326号線を車で約25分、七倉ダムゲートまで行く。ここから先はマイカー乗入禁止。

● **登山口情報**
駐車場／七倉ダム駐車場（約50台）。
トイレ・売店／七倉ダムゲート前。

水晶岳・登山コースガイド

● **高瀬ダムから裏銀座コース（周回・2泊3日〜）**
高瀬ダム (5:30) →烏帽子小屋 (3:45) →野口五郎岳 (3:00) →水晶小屋 (0:45) →水晶岳 (11:00) →高瀬ダム

● **山行アドバイス**
テント場は烏帽子小屋か三俣山荘、雲ノ平にある。それ以外は幕営禁止。野口五郎テント場は廃止された。

● **見どころ**
烏帽子小屋からハイマツの岩稜帯を歩くようになり展望がよい。水晶岳山頂から槍穂高連峰、黒部五郎岳から薬師岳への稜線、雲ノ平の展望がすばらしい。

● **問い合わせ**
大町市観光協会　0261-22-0190
地鉄バステレホンセンター　076-432-3456

● **2万5000図**　有峰湖・薬師岳・三俣蓮華岳・烏帽子岳

70 鷲《わし》羽《ば》岳《だけ》

■標高／2924.4メートル　標高差／約1700メートル
■紹介コース／裏銀座縦走コース（高瀬ダム～鷲羽岳／約16時間）
■グレード／体力度★★★　技術度★★☆　危険度★☆☆

71 三《みつ》俣《また》蓮《れん》華《げ》岳《だけ》

■標高／2841.4メートル　標高差／約1600メートル
■紹介コース／裏銀座縦走コース（高瀬ダム～三俣蓮華岳／約21時間）
■グレード／体力度★★★　技術度★★☆　危険度★☆☆

鷲が両翼を広げた姿、裏銀座コース、人気の山。鷲羽岳

三俣山荘から新雪の鷲羽岳とナナカマド

ワリモ岳から鷲羽岳

鷲羽岳山頂から鷲羽池と槍ヶ岳

三俣蓮華岳から鷲羽岳

裏銀座コースから

チングルマ

　鷲羽岳は三俣蓮華岳から眺める姿が最も雄々しい。その名のように鷲が両翼を大きく広げた姿に見える。その凛とした姿に憧れてこの山を目指す登山者も多い。

　黒部源流域の山で、どの登山口からでも辿りつくのに2日を要する奥深さも魅力の一つかも知れない。この山も単独で登られることは少なく、裏銀座縦走途中で通過して行く山となっていて、槍ヶ岳の絶好の展望台でもある。その山頂の南東側直下にある鷲羽池が槍ヶ岳の姿を逆さに映すかと思われるほど直線上に見えている。

　鷲羽岳は火山であり鷲羽池火口と呼ばれる鮮明な火口地形が残っているが、火山噴火予知連絡会の「概ね過去一万年以内に噴火した火山及び現在活発な噴気活動のある火山」の110火山には入っていない。

　360度の展望があり餓《が》鬼《き》岳から表銀座縦走路すべてが連なり、槍・穂高連峰の右には乗鞍岳、御嶽山、笠ヶ岳が見え、真近に三俣蓮華岳、さらに黒部五郎岳、北ノ俣岳、薬師岳、水晶岳と続き、その真ん中に雲ノ平がゆったりと広がる。すばらしい展望にいつまでも山頂で眺めていたい気持ちになる。黒部五郎岳の左肩には白山も雲の上に望めるだろう。

（伊久間幸広）

地元から…山ファンから…

「黒部川水源の山」

新穂高から入山して鏡平、双六山、鷲羽岳へ。天気が良ければ表銀座を眺めながら歩く山旅はいいものです。ゴロゴロした山容の鷲羽岳は黒部川の誕生の流れに出会うことができ、この流れが日本海まで と…。夏山のざわめきが消えた晩秋には静寂な山が戻り、いつまでも山のふところに抱かれていたい、そんな山です。

（須坂市在住／大塚 絹子さん）

三県の県境、三方からのコース。三俣蓮華岳

　三俣蓮華岳はその名の通り、長野・富山・岐阜県の三県の境である。そして黒部源流域において最も重要な通路の要衝と言える。折立から太郎兵衛平、黒部五郎岳を越えるコース、新穂高温泉から小池新道、双六《すごろく》岳コース、高瀬ダムから裏銀座縦走路コースと三方からのコースが交わる地点で、どこに登るにもこの山を通って行かなくてはならない。

　鷲羽岳との鞍部には三俣山荘があり、登山者の重要な登山基地となっている。付近はハイマツに覆われたゆったりとした平地で、キャンプ場もあり豊富な水場がある。

　三俣蓮華岳周辺もたくさんの高山植物があり花が咲き乱れている。特に双六小屋からの巻道の東斜面のカールには雪渓が残り、豊富な高山植物で溢れている。

　山頂から南へ伸びる登山道はハイマツと砂礫が続くゆったりとした広い稜線で、丸山から双六岳へ繋がっている。双六岳山頂はあまりにも広い稜線でガスが出れば迷ってしまうほどだ。ここからの展望も槍・穂高連峰が正面に見え、鷲羽岳、三俣蓮華岳、黒部五郎岳、笠ヶ岳などがぐるりと周囲を取り囲んでいてすばらしい。

　双六岳も豊富な高山植物の大群落があり花の百名山に選ばれている。樅沢《もみざわ》岳との鞍部の双六小屋も西鎌尾根、小池新道、三俣蓮華岳への道との分岐点にあり交通の要衝となっている。

（伊久間幸広）

黒部源流、鷲羽岳～三俣蓮華岳の山並に沈む夕陽。大天井岳から

三俣蓮華岳（左）と鷲羽岳（右）、後方は薬師岳

三俣蓮華岳山頂

双六岳山頂

双六岳（左）と丸山（中央）、三俣蓮華岳（右）。鷲羽岳から

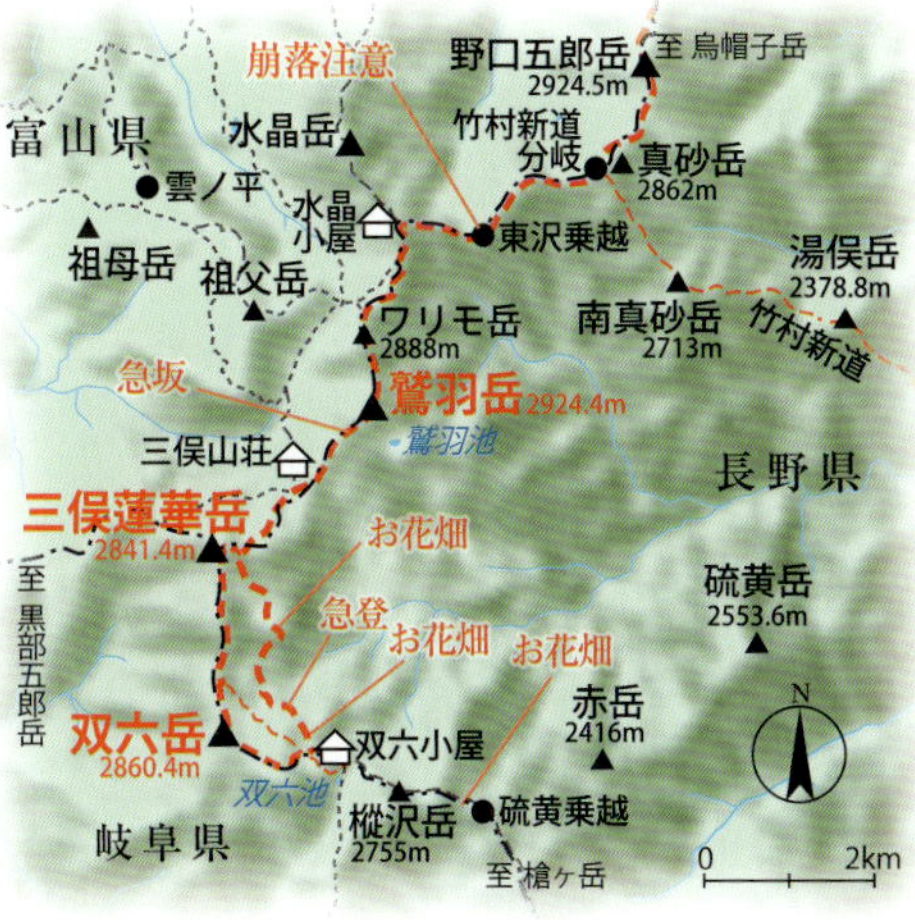

鷲羽岳・登山コースガイド

●高瀬ダムから裏銀座縦走コース（2泊3日～）

高瀬ダム (5:30) →烏帽子小屋 (3:45) →野口五郎岳 (3:00) →水晶小屋 (2:00) →鷲羽岳 (2:00) →三俣蓮華岳

●山行アドバイス

どの登山口からでも2日かかるのでペースを整えて歩きたい。危険個所はないが岩陵が続くのでスリップ、転倒に注意する。

●山行アドバイス

鷲羽岳は三俣蓮華岳山頂から見る姿が翼を広げた鷲のように見えてもっとも鷲羽岳らしい。山頂直下の鷲羽池が槍ヶ岳を映すようで美しい。山頂からは360度の展望。

●問い合わせ　大町市観光協会　0261-22-0190
富山市大山総合行政センター　076-483-2593

●2万5000図　薬師岳・三俣蓮華岳・有峰湖

●交通アクセス

マイカー／（大町ルート）大町市街地より県道326号を車で約25分、七倉ダムゲートまで行く。ここから先はマイカー乗入禁止。

●登山口情報

駐車場／各登山口にあり。
トイレ／各登山口、山小屋で利用（有料）。
売店／各山小屋の売店。

エリア

長野・岐阜県／中部山岳国立公園

見どころ

北アルプス象徴・大展望

行程

一泊〜

登山適期

7〜9月

登山口

■北陸新幹線／JR長野駅から直通バス上高地行で約3時間

■マイカー／長野自動車道・松本ICから沢渡まで約1.5時間

72

槍《やり》ヶ《が》岳《たけ》（表銀座《おもてぎんざ》）

■標高／3180メートル　標高差／約1700メートル

■紹介コース／上高地槍沢コース（上り・9時間／下り・7時間）

■グレード／体力度★★★　技術度★★☆　危険度★★☆

北穂高岳山頂から大キレットと槍ヶ岳

モルゲンロートに染まる尖峰

表銀座・燕岳からの槍ヶ岳

大天井岳から

槍沢お花畑

北アルプスの象徴。天を差す尖峰、槍ヶ岳

多くの登山者にとって槍ヶ岳ほどの憧れの山はないだろう。北アルプスの主な山から必ず探すのがこの山である。遥か遠くにその鋭い頂きを見つけて歓声を上げる登山者は多い。

このような神々しい山を信仰しないはずはなく、江戸時代に播隆《ばんりゅう》上人が開山した。苦難の末に最大の難所、槍の穂先に頑丈な鎖を取り付けて、多くの信者が山頂まで登拝できるようになった。この播隆上人の苦労を偲び、上人（和上）と縁の深かった松本市の玄向寺と槍ヶ岳山荘、槍沢ロッジで毎年9月に播隆祭を行っている。

その山頂からの360度の展望は絶景で北アルプス、南アルプス、中央アルプス、八ヶ岳、富士山、御嶽山、白山など、ほとんどすべてを見渡すことができる。狭いが平らな山頂の北側には祠が置かれている。槍の穂先は大槍と呼ばれ、その西側に小槍と呼ばれる岩峰がある。

槍ヶ岳に登るには、四方に張った尾根を辿る。東から東鎌《ひがしかま》尾根、西から西鎌尾根、南から穂高連峰、南岳、北から北鎌尾根がありそれぞれに登山道があるが、北鎌尾根は一般登山者では立入れない熟達者のみのコースである。

一般登山コース側には槍の肩から急な崖に梯子が二基架けられていて、登り下り専用となっている。日の出前の時間帯にはご来光を拝もうとする登山者で渋滞するが、譲り合って慎重に登ってほしい。

（伊久間幸広）

北アルプスきって。天上のプロムナード、表銀座

槍ヶ岳に登るには上高地から槍沢を登るコース、新穂高温泉から槍平《やりだいら》経由コースなどがあるが、何と言ってもいちばんの人気コースは表銀座縦走コースだろう。

安曇野の中房《なかぶさ》温泉から燕岳へ登り、大天井岳を越え喜作《きさく》新道を通って東鎌《ひがしかま》尾根を上がるコースは本格的なアルペンコースで、まさに天上のすばらしい従走路である。目的の槍ヶ岳が常に見えているのが大きな励みになる。合戦《がっせん》尾根を登り切ると南西にひときわ目立つ槍ヶ岳の姿は神々しい。

表銀座従走路にはいくつもの山小屋があり、多くの登山者の安全を守ってくれる。燕山荘、大天荘、大天井ヒュッテ、ヒュッテ西岳、ヒュッテ大槍そして槍の肩には槍ヶ岳山荘がある。テント場も多く、さまざまな登山需要を満たしてくれる。

（伊久間幸広）

厳冬の穂高連峰（左）と槍ヶ岳（中央）、笠ヶ岳（右）、左手には大天井岳からの表銀座コース

大天井岳から東鎌尾根へと続く表銀座コース

槍と小槍（左）。後方は常念山脈

燕岳から槍ヶ岳遠望

槍ヶ岳・登山コースガイド

● **上高地槍沢コース**（2泊3日～）
上高地バスターミナル (3:00) →横尾 (6:00) →槍ヶ岳

● **北穂高岳大キレットコース**（2泊3日～）
上高地 (9:00) →北穂高岳 (6:00) →槍ヶ岳

● **中房温泉表銀座コース**（2泊3日～）
中房温泉 (4:00) →燕山荘 (2:00) →大天井岳 (3:30) →西岳 (4:00) →槍ヶ岳山荘 (0:30) →槍ヶ岳山頂

● **常念山脈表銀座コース**（2泊3日～）
一ノ沢 (4:30) →常念乗越 (3:30) →大天井岳 (8:00) →槍ヶ岳

● **新穂高槍平コース**（2泊3日～）
新穂高温泉 (4:30) →槍平小屋 (4:15) →槍ヶ岳

● **新穂高双六小屋西鎌尾根コース**（2泊3日～）
新穂高温泉 (5:20) →鏡平小屋 (2:20) →双六小屋 (3:45) →千丈沢乗越 (2:00) →槍ヶ岳

● **山行アドバイス**
表銀座縦走路上には水場はないので充分用意して行く。山小屋で水を買うことができる。東鎌尾根の岩場に注意する。槍ヶ岳に登る時は上からの落石があるのでヘルメットを着用して登りたい。

● **見どころ**
長い表銀座縦走コースの稜線から常に槍ヶ岳を見て歩くことができる。岩稜帯はハイマツと岩と青空のコントラストが美しい。アルペン気分を充分に味わうことができる。

● **問い合わせ**
松本市役所山岳観光課　0263-94-2307

● **2万5000図**　上高地・槍ヶ岳・穂高岳

● **交通アクセス**
マイカー／上高地はマイカー乗り入れ禁止。沢渡の有料駐車場に車を置き、バスかタクシーで上高地に入る。

● **登山口情報**
駐車場／沢渡駐車場（バス、タクシーで上高地）、新穂高温泉駐車場（路上駐車厳禁）。

トイレ／各山小屋（すべて有料）。

売店／各山小屋。

73

穂高連峰《ほたかれんぽう》（上高地《かみこうち》）

■標高／（奥穂高岳）3190メートル　標高差／約1700メートル
■紹介コース／涸沢奥穂高岳コース（上り・11時間／下り・8時間）
■グレード／体力度★★★　技術度★★★　危険度★★★

エリア
長野・岐阜県／中部山岳国立公園

見どころ
大岩峰・涸沢圏谷

行程
二泊～

登山適期
7～9月

登山口
■北陸新幹線／JR長野駅から直通バス上高地行で約3時間
■マイカー／長野自動車道・松本ICから沢渡まで約1.5時間

残雪の涸沢（左下）と奥穂高岳（左上）、涸沢岳（中央）、北穂高岳（右）

雪庇と前穂高岳

日本一の紅葉、涸沢

屈強な大岩峰群。アルピニスト憧れの山域、穂高連峰

穂高連峰とは西穂高岳から奥穂高岳、涸沢《からさわ》岳、北穂高岳と続き、前穂高岳、明神《みょうじん》岳などの峰々からなる山域である。さらに北へ大キレットの峻険な登降を経て、南岳、大喰《おおばみ》岳の先の槍ヶ岳へと続いている。この一帯の稜線はすべて岩の山である。どこを歩いても樹林帯はなく厳しい岩稜帯が続く。

上高地の河童《かっぱ》橋から梓川上流を見ると左手に西穂高岳から続く厳しい稜線が奥穂高岳まで伸びていて、前穂高岳まで吊《つり》尾根が繋いでいる。その右手に明神岳の鋭い岩峰が聳えている。その天へと続く峰々に神が降りると信じられて、神垣内《かみこうち》・上高地と名前が付けられたのが実感できる。

上高地から梓川に沿って歩き横尾谷《よこおだに》に入り、その谷の奥が涸沢である。穂高連峰への登山基地となっていて二つの山小屋がありテント場がある。ここは北穂高岳、涸沢岳、奥穂高岳と前穂高岳に挟まれた圏谷（カール）となっている。遅くまで雪が残り、そこにテントを張る登山者のビールを冷やす冷蔵庫にもなる。秋には日本一と言われる紅葉の名所となる。山には登らずに周囲の美しい景色だけを楽しみに来る登山者も多い。

夏は特別な装備がなくても厳しい穂高連峰の稜線を歩くことはできるが、何の訓練も経験もなしにこの山域に挑戦することは無謀である。それでもいつかは穂高連峰へ登りたいと願う登山者は多く、そのために登ることのできる山で技術と経験を磨く。そうして鍛錬している日本中の登山者の憧れの山域が穂高連峰である。

槍ヶ岳から大キレットを通り北穂高岳、涸沢岳を越えて奥穂高岳縦走、涸沢からザイテングラート（語源はドイツ語の seitengrat 支稜線）を登って奥穂高岳、涸沢から北穂高岳南稜の登りなど、どのコースもいつかは登りたいコースだ。横尾から涸沢入口に聳える屏風《びょうぶ》岩の岩壁や奥穂高岳南稜、ジャンダルムの岩場など岩登りのゲレンデも数多くある。穂高連峰は山の入門者からエキスパートまで誰もが憧れる山域なのだ。

（伊久間幸広）

横尾谷の大岩壁、屏風岩

厳冬の涸沢圏谷と穂高連峰

ロッククライマーの聖地、北穂滝谷

黎明のジャンダルム。奥穂高岳

たそがれの槍・穂高連峰。蝶ヶ岳から

穂高連峰と大正池

梓川と河童橋

徳本峠からの前穂高岳

神々が住まう聖地。山紫水明の絶景、上高地

上高地へは1933（昭和8）年に梓川沿いに道路が開通するまでは、島々《しましま》谷を上がり徳本《とくごう》峠を越えて明神へ下るコースを登り降りした。当時の上高地は生活の場であり観光地ではなかった。木材資源の伐採や炭焼き、薬草採りなどが行われていて、大正時代には馬と牛が放牧されていたと言う。

徳本峠に立った時に目の前に現れる穂高連峰の岩峰群は日本の山岳景観の最高のものとされ、宣教師のウェストン、志賀重昂、小島鳥水など多くの文人達が訪れ、高村光太郎と智恵子も徳本峠を越えて上高地を訪れた。

1915（大正4）年、焼岳が大噴火をおこし、その際に噴出した多量の泥流により梓川がせき止められて池が出現した。これが大正池である。その時に水没した林は幻想的な立ち枯れとなり神秘の景観をもたらしていたが、現在ではすっかり減ってしまった。

大正池付近や田代《たしろ》湿原付近から望む奥穂高岳周辺の姿がすばらしい。そこから横尾まで約10キロメートル、幅約1キロメートルの平地は標高1500メートルあり、日本一の高地平野である。これは梓川の堆積物がもたらしたもので、山と水との山紫水明の地を創り上げた。

明神岳の麓には明神池があり安曇野の穂高神社奥宮が祀られ、奥穂高岳山頂には嶺宮が祀られている。明神池は穂高神社の神域で毎年10月8日に明神池お船祭り（穂高神社奥宮例大祭）が行われている。穂高連峰からの伏流水や湧水を満々と湛え、明神岳との神秘的な情景と古式ゆかしいお船祭りは上高地が信仰の聖地である事を感じさせる。

（伊久間幸広）

地元から…山ファンから…

「滝谷登攀」

真夏とはいえ、滝谷を吹き上げてくる風は冷たい。滝谷第1尾根の登攀が始まった。カーン・カーン・カーン。ハーケンを打つ乾いた音が岩壁に跳ね返されて幾重にも谺（こだま）する。目の前にオーバーハングが現れた。命を友に託して体が反る。

（グループ・ド・モレーヌOB／田村 宣紀さん）

●交通アクセス

マイカー／上高地はマイカー規制により一般車は乗り入れることができない。手前の沢渡に駐車してバスかタクシーで行く。

●登山口情報

駐車場／沢渡の大駐車場。

トイレ／上高地バスターミナル他、上高地各地にトイレがいくつもある。穂高連峰の山小屋のトイレ。

売店／上高地各地のホテル、旅館、バスターミナルに売店あり。

穂高連峰・登山コースガイド

●涸沢奥穂高岳周回コース（2泊3日～）

上高地バスターミナル (3:00) →横尾 (3:30) →涸沢 (3:00) →白出のコル (1:00) →奥穂高岳 (5:30) →岳沢 (2:00) →上高地

●山行アドバイス

槍ヶ岳から奥穂高岳縦走や西穂高岳から奥穂高岳への縦走時には岐阜県警に登山届の提出が岐阜県条例で義務付けられたので注意が必要。また、この山域は長野県で定められたヘルメット着用推奨区間となっているので用意して登りたい。

●見どころ

大正池、田代湿原からの奥穂高岳～前穂高岳の景観がすばらしい。梓川に沿って明神、横尾まで歩くコースはアップダウンもなく気軽に楽しめる。

●問い合わせ　松本市役所山岳観光課　0263-94-2307

●2万5000図　上高地・穂高岳・笠ヶ岳

※略図は P95 参照

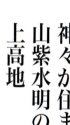

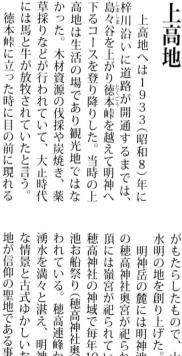

エリア
富山県／黒部市・魚津市

見どころ
雪形・高山植物

行程
日帰り（一日）

登山適期
6～10月

登山口
■北陸新幹線／JR黒部宇奈月温泉駅から電車で約40分
■マイカー／北陸自動車道・黒部ICから約30分

74 僧ヶ岳《そうがだけ》

■標高／1855．5メートル　標高差／約700メートル
■紹介コース／宇奈月尾根コース（上り・3時間／下り・2時間）
■グレード／体力度★★☆　技術度★★☆　危険度★☆☆

75 越中駒ヶ岳《えっちゅうこまがたけ》

■標高／2002．5メートル　標高差／約1050メートル
■紹介コース／僧ヶ岳駒ヶ岳コース（上り・5時間／下り・4時間）
■グレード／体力度★★★　技術度★★☆　危険度★☆☆

農作業の目安、虚無僧の雪形。信仰の山、僧ヶ岳

富山県東部から見える僧ヶ岳の緩かな二等辺三角形の姿は印象深い。初夏には山頂付近に虚無僧《こむそう》や馬、猫、鶏などの雪形が現れて地元の人の農作業の目安になってきた。また、古くから信仰の山として登拝され、山中のあちらこちらに石仏を見ることができる。

7月中旬まで雪が残るが、その頃がいちばん美しい。高山植物が咲き、新緑と残雪と花々のコントラストがすばらしい。宇奈月《うなづき》尾根登山口からの行程は短い。山頂付近は平坦なお花畑で、花を観察しながらゆっくり登りたい。

前僧ヶ岳を巻く水平道は、かつて北駒ヶ岳北側尾根にあったモリブデン鉱山で採掘された鉱石を運搬する道だった。宇奈月温泉に下る尾根道上には、今も鉱石運搬索道の大きな残骸が放置されていて、当時の鉱山規模の大きさが偲ばれる。

山頂からは毛勝三山、劔岳、白馬岳以北の後立山連峰、さらに富山平野の先には日本海富山湾まで望める。

（伊久間幸広・市川董一郎）

僧ヶ岳山頂

僧ヶ岳中腹から富山湾

越中駒ヶ岳稜線から僧ヶ岳

仏ヶ平から宇奈月湖

滑川市内から僧ヶ岳、後方には毛勝三山

COLUMN

劔岳北方稜線踏破

富山平野と黒部川に挟まれた尾根は、宇奈月町から僧ヶ岳に伸びる。稜線は越中駒ヶ岳、サンナビキ山、毛勝三山、赤谷山と徐々に標高を上げながら南下する。その先、劔岳北方稜線と呼ばれる顕著な尾根は、池ノ平山を経て劔岳山頂に至る。夏は登山道がない部分が多く、全行程を歩くのは残雪期に限られる。総歩行距離約35km、5日間を要する。

私は2000年の春、山岳部員3人でこのコースを歩いた。僧ヶ岳付近は穏やかな登山が楽しめたが、サンナビキ山あたりでは巨大な雪庇の下降で、北方稜線に取りついてからは、池ノ平山から小窓への下降が怖かった。最後の、長次郎ノ頭の通過ではほぼ垂直の氷壁のトラバースに肝を冷やした。

（信州大学スキー山岳部ＯＢ・神原修）

春、駒形の残雪。最後の駒ヶ岳登山道、越中駒ヶ岳

越中駒ヶ岳は山の正面にあたる魚津市あたりからは、手前の山の陰に隠れてなかなかうまく見ることができないが、北西側の入善《にゅうぜん》町の黒部川扇状地の扇央付近からはよく望める。5月頃に

僧ヶ岳山頂直下から越中駒ヶ岳

越中駒ヶ岳のオベリスク

越中駒ヶ岳からサンナビキ山、剱岳、毛勝山

駒ヶ岳山名石碑

林道から入善町と宇奈月温泉

越中駒ヶ岳から僧ヶ岳、日本海、黒部市

北駒ヶ岳の稜線に残雪の駒形が表れることから「駒ヶ岳」と呼ばれる。

日本中に数ある駒ヶ岳の中で最後まで登山道のない山だったが、２００２年に西暦と標高が合うことを控えて、前の年に地元のボランティアの手によって登山道が開かれた。それ以来、剱岳や後立山連峰など北アルプス北部の展望台として多くの登山者が訪れるようになった。特に山頂から見える毛勝三山は見事である。山頂には御影石で作られた立派な山名柱が建てられている。

僧ヶ岳から駒ヶ岳へのコース上には多くの花々が咲き、秋には紅葉が美しい。縦走中、オベリスクと呼ばれる尖岩が現われて驚く。駒ヶ岳山頂直下の岩場は、ロープが張られていて特に問題なく登ることができる。

２００１年に宇奈月町の町制50周年記念事業として栃の湯からの「尾の沼コース」が再整備されたが、数年で廃道となっている。

（市川董一郎・伊久間幸広）

僧ヶ岳／越中駒ヶ岳 登山コースガイド

●宇奈月尾根 1043m 地点 登山口コース（往復・約９時間）

1043m 登山口 (3:00) → 僧ヶ岳 (1:40) → 駒ヶ岳 (4:00) → 1094m 登山口

●山行アドバイス

駒ヶ岳直下の岩場の通過に注意する。僧ヶ岳の水平道は残雪期にはトラバースに注意。

●見どころ

僧ヶ岳山頂からの毛勝山、剱岳、後立山連峰、白山、富山平野、富山湾と能登半島の展望やコース上のお花畑がすばらしい。越中駒ヶ岳へはさらに２時間ほど。

●問い合わせ

黒部市役所商工観光課　0765-54-2111

魚津市教育委員会　0765-23-1046

●２万5000図

宇奈月・毛勝山

●交通アクセス

マイカー／宇奈月温泉から森林基幹道別又僧ヶ岳線を上がる。標高 1043m 地点のカーブに広場があり駐車スペースがある。方位盤があり後立山連峰がよく見える。

林道工事がなければ標高 1280m 烏帽子尾根まで行くことができる。

●登山口情報（1043m 登山口）

駐車場／ 1043m 地点の広場、1280m 地点の広場。

トイレ・売店／なし。

エリア
富山県／富山市

見どころ
薬師・剱・立山展望

行程
日帰り（一日）

登山適期
6〜10月

登山口
■北陸新幹線／JR富山駅から電車・車で約40分（鍬崎山）
■マイカー／北陸自動車道・立山ICから約30分

76 鍬崎山《くわさきやま》（大品山《おおしなやま》）

■標高／2089.8メートル　標高差／約900メートル（山頂駅）
■紹介コース／らいちょうバレースキー場コース（上り・5.5時間／下り・4時間）
■グレード／体力度★★★　技術度★★☆　危険度★☆☆

77 鉢伏山《はちぶせやま》

■標高／1781.7メートル　標高差／約800メートル
■紹介コース／林道小口川線コース（上り・3時間／下り・2時間）
■グレード／体力度★★☆　技術度★☆☆　危険度★☆☆

富山のマッターホルン。黄金伝説の尖峰、鍬崎山・大品山

富山平野から東方向に形のよい高峰が並ぶが、鍬崎山はその中でも姿形が美しく、富山のマッターホルンとも呼ばれる。位置的には、この山は立山、薬師《やくし》岳連峰の前衛峰である。北アルプスの主稜線と離れているにもかかわらず、標高が2000メートルを越え、北アルプスの高所からも独立峰のように見え、登行意欲が湧く。

高い山だが、アプローチにらいちょうバレーのゴンドラリフトを使うと、歩行高度差は900メートルで日帰りで登れる。大品山までは一般観光客向けのハイキングコースだが、その先は徐々にきつくなる。鎖が付けられた岩場や、鉄筋の足場が打たれた急坂道もあるが問題なく登れる。

山頂からの眺めは特筆に値する。目の前に薬師岳が聳え、その右手に黒部五郎岳、北ノ俣岳が見え、初夏には残雪と新緑のバランスがすばらしい。見下ろせば、有峰《ありみね》ダム湖が望め大パノラマを満喫する。

（伊久間幸広・市川董一郎）

鍬崎山山頂から薬師岳・黒部五郎岳・北ノ俣岳

鍬崎山山頂の下から剱岳・立山連峰

独標から鍬崎山

鍬崎山山頂

大品山山頂

大品山山頂の先から。夕陽の大日岳

らいちょうバレーを望む

らいちょうバレーゴンドラ山頂

鍬崎山・登山コースガイド

●らいちょうバレースキー場コース（往復・約9.5時間）
ゴンドラ山頂駅 (2:00) →大品山 (2:00) →独標 (1:30) →鍬崎山 (4:00) →ゴンドラ山頂駅

●交通アクセス
マイカー／北陸道・立山ICから約25分でらいちょうバレースキー場山麓駅。

●登山口情報（らいちょうバレー登山口）
駐車場／らいちょうバレースキー場・ゲレンデ周辺3ヶ所（約1400台）。
トイレ・売店／ゴンドラ駅。

●山行アドバイス
ゴンドラは通年運行だが時期によって早朝から動くこともある。下山時のゴンドラ最終時間に注意する。間に合わない時は大品山から粟巣野コースを駐車場まで2時間30分下る。大品山までは遊歩道だがそこから登山道となる。

●見どころ
山頂は360度の展望があり、正面に大きく薬師岳が見える。

●問い合わせ
富山市大山総合行政センター　076-483-2593
らいちょうバレーゴンドラリフト　076-481-1633
富山県立山山麓家族旅行村管理事務所　076-481-1748

●2万5000図　小見

かつては銀山の歴史。深山幽谷の趣き、鉢伏山

らいちょうバレー頂上から鉢伏山

鍬崎山独標手前から鉢伏山

鉢伏山山頂方向

鉢伏山山頂

山頂手前の平坦地

刈り払ったばかりの登山口

亀谷鉱山。鉱滓捨て場跡

鉢伏山山頂から剱岳（左）、鍬崎山（中央）、立山（右）

立山町（現・富山市）常願寺《じょうがんじ》川中流部から見ると、鉢伏山は気になる山である。鍬崎山の右の丸みを帯びた山体は、遅くまで雪を残す秀峰である。

常願寺川は中流部で2本の支流を出す。東に和田川、西に小口川で、鉢伏山は、その2本の支流に挟まれる。和田川の上流部には、今は有峰ダム湖が満水の水をたたえる。

鉢伏山はあまり登られていないようだ。登山口の表示板は朽ち、登山道も荒れ気味であった。ただ、筆者が入山した日は、たまたま刈り払いが行われていて、取り付きがすぐに分かってありがたかった。

この山には、古い鉱山跡が随所にある。江戸時代には大規模な亀谷《かめがい》銀山で銀が採掘され、以後は鉛、亜鉛を産出した。いまは、標高1400メートル付近に、鉱滓《こうさい》を廃棄したあとの荒地がある。この付近は赤茶けた鉱滓がうち捨てられていて、そこには樹木が生えず、シダ類の植物しか見られない。鉱滓捨て場の上部は、薄暗い谷に沿って複雑な地形が続く。古いトロッコ道らしい窪みがあったりして、往時の様子が偲ばれる。

山頂は平坦で足元の眺望が限られるが、独立峰だけに場所を変えれば広い範囲の山が望める。ここからの鍬崎山は平地からの姿と大きく変わって見えた。

鉢伏山の南、和田川の上流部には有峰ダム湖がある。ダムができる前、ここは、かつては平家の落人伝説の山里であった。人里と隔絶された秘境は、多くの登山家や作家に感動を与えた。

（市川董一郎）

富山平野から鍬崎山、薬師岳、鉢伏山（左から）

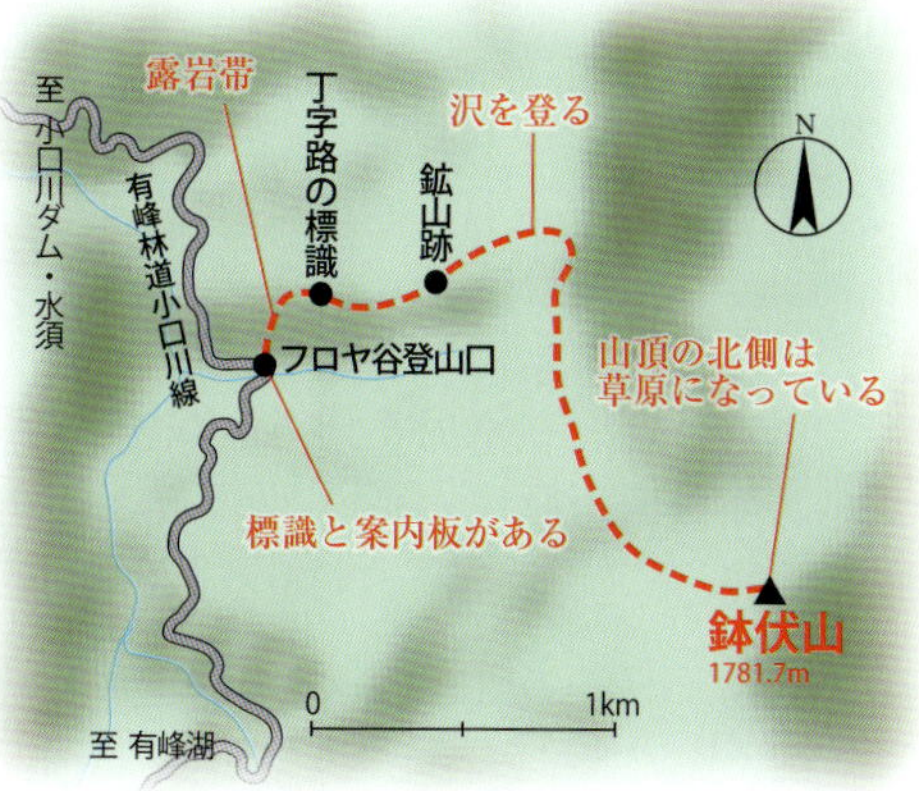

鉢伏山・登山コースガイド　●有峰林道小口川線登山口コース（往復・約５時間）

林道小口川線登山口 (1:10) → 鉱山跡 (2:00) → 鉢伏山 (2:00) → 林道小口川線登山口

●交通アクセス
マイカー／有峰林道で林道小口川線フロヤ谷。

●登山口情報（林道小口川線登山口）
駐車場／フロヤ谷登山口に数台の駐車スペース。
トイレ・売店／なし。

●山行アドバイス
有峰林道は有料で通行時間帯が 6:00 ～ 20:00 なので注意する。小口川線は、例年７月上旬～ 10 月下旬が供用期間。冬季閉鎖期間は和田川左岸、白樺ハイツの対岸あたりから尾根を上がり、烏ヶ尾山経由で登る。

●見どころ
山頂は広く平坦地となっていて展望がよい。鍬崎山の背後に剱岳、立山が見える。銀山跡地は植物が今でも生えていない。

●問い合わせ
富山市大山総合行政センター　076-483-2593
※林道通行に関する問い合わせ
富山県森林政策課（有峰６～ 11 月）076-482-1420
（富山 12 ～５月）076-444-4481

●2万5000図　小見

78

祖父岳《そふだけ》

■標高／831．6メートル　標高差／約300メートル
■紹介コース／谷折コース（上り・50分／下り・40分）
■グレード／体力度★☆☆　技術度★☆☆　危険度★☆☆

79

小佐波御前山《おざなみごぜんやま》

■標高／754．1メートル　標高差／約500メートル
■紹介コース／猿倉山森林公園コース（上り・2.5時間／下り・2時間）
■グレード／体力度★★☆　技術度★☆☆　危険度★☆☆

エリア
富山県／富山市

見どころ
富山平野眺望

行程
日帰り（半日〜）

登山適期
5〜11月

登山口
■北陸新幹線／JR富山駅から車で約30分（小佐波御前山）
■マイカー／北陸自動車道・立山、富山ICから約30分

釣鐘を伏せたよう。短いが急登の山、祖父岳

越中おわら「風の盆」で知られる富山市八尾《やつお》から南は標高1000メートル以下の山岳地帯である。富山県東部の鉢伏山あたりからは、釣鐘を伏せたような山がいくつか見えるが、その中でも特に目立つのが祖父岳である。鐘状火山（溶岩円頂丘）特有の山の形状から、麓の人は瓶山《かめやま》とも呼ぶ。祖父岳は富山、岐阜県境の白木峰から北に延びる尾根が、野積川に落ち込む最後のピークでもある。

古くからの登山道は、谷折《たにおり》経由で山の南側から登るコースである。八尾からは野積川沿いに南下し、布谷から登山口の谷折までの崖沿いの幅1.5車線の車道は狭い。祖父岳の標高はそれほど高くないのに地元の人たちによく登られている。その理由の一つは、麓の谷折集落に住む竹原さんの努力に負うところが多い。急な登りのすべてに固定ザイルを設置し、必要があれば刈り払いをして整備してこられた。

山頂は明るく開放的である。眼下に富山平野が広がっている。ここで一泊すれば、夜は富山湾を行く船舶の灯りが見えるだろう。西に牛岳、南は金剛堂山や白木峰に続く稜線が木の間に見える。

（伊久間幸広、市川董一郎）

登りがいのある祖父岳。谷折峠から

祖父岳山頂

急登に付けられたロープ

祖父岳駐車場

谷折から山頂方向

祖父岳山頂から薄暮の富山平野

● 交通アクセス
マイカー／八尾から国道472号を南下し、東布谷から谷折川左岸を上がる。桂原登山口は西松瀬から祖父岳林道を上がると右手に標識がある。

● 登山口情報
（谷折登山口）
駐車場／谷折橋から谷折に入ると登山者用駐車場がある。
トイレ・売店／なし。

祖父岳・登山コースガイド

● 谷折登山口コース（往復 1.5 時間）
谷折登山口 (0:50) →祖父岳 (0:40) →谷折登山口

● 桂原コース（往復 1.5 時間）
桂原登山口 (0:50) →祖父岳 (0:40) →桂原登山口

● 山行アドバイス
最近になって山の反対側の桂原からの登山道が整備された。登山コースは広く刈り払われているので、安全に登り降りできるだろう。
祖父岳の隣にそびえる双耳峰の「夫婦山」（富山百山・富山県の山・越中の百山）への登山者が近年多い。
谷折集落で竹原さんに会ったら必ず挨拶したい。
谷折神社は私有地なので竹原さんの許可を得てから入る。天然記念物の大きなイチイの木がある。

● 問い合わせ　富山市八尾総合行政センター　076-454-3111
● 2万5000図　利賀・山田温泉・八尾

猿倉山から小佐波御前山への稜線

小佐波御前山へのふるさと歩道

御前山

よく整備された、ふるさと歩道

眼下の神通峡県定公園

風の城

山頂からの富山平野

獅子ヶ鼻岩からの神通川

神通川畔からの小佐波御前山（右）

神通川沿いの三山。「ふるさと歩道」を往く、小佐波御前山

御前山はかつては立山を遥拝する山で、また修験の山でもあった。小佐波御前山は大山町（現・富山市）の小佐波に属するため、こう冠せられた。

富山市周辺の地形を概略すれば、富山平野から岐阜県境に向かって徐々に標高を上げていく。一方、岐阜県北部の水を集めた神通《じんづう》川は、県境を越えて富山市に流れこむ際、激しく台地を侵食した。神通川で削られた御前山塊の西面は急な崖が形成され、その地形は河食輪廻の幼年期にあたる。この山塊は、河川の浸食作用の観察には最適である。

猿倉山森林公園からのハイキングコースは、小さな登り下りをくり返しながら徐々に高度を上げ御前山、さらに小佐波御前山で終わる。コースの右側は常に急な崖で、谷底には神通川が悠々と流れている。猿倉山付近の展望台から見下ろすと、眼下には神通川第二ダムと国体会場にもなった富山県営漕艇場が望める。さらに進むと獅子《しし》ヶ《が》鼻《はな》岩と言う大昔に神通川が刻んだ急崖の岩場に出る。

神通川渓谷から右岸を見あげると、峨々とした御前山連峰が逞しい。渓谷は緑が深く、大地の恵みはゆたかである。大河は淡々と流れ、その姿は穏やかであった。

（市川董一郎・伊久間幸広）

小佐波御前山・登山コースガイド

● **猿倉山森林公園コース（往復・約4.5時間）**
猿倉山森林公園駐車場 (0:20) →猿倉山 (0:50) →御前山 (1:10) →小佐波御前山 (2:30) →猿倉山森林公園駐車場

● **山行アドバイス**
猿倉山森林公園キャンプ場からふるさと歩道を歩く。危険個所はない。JR 高山本線笹津駅から歩いて登ることもできる。その場合下山を楡原駅へ取り縦走できる。

● **見どころ**
猿倉山森林公園の風の城は風力発電で夜間ライトアップされている。獅子ヶ鼻岩の奇岩がおもしろい。山頂から富山平野の展望がよい。

● **問い合わせ**
富山市大沢野総合行政センター
076-468-1111
春日温泉協議会（ゆーとりあ越中内）
076-467-5000

● **2万5000図**　千垣・八尾

● **交通アクセス**
マイカー／北陸道・富山 IC から国道 41 号などを通り、約 30 分で猿倉山森林公園。

● **登山口情報（猿倉森林公園登山口）**
駐車場／猿倉山森林公園駐車場に約 30 台。
トイレ／猿倉山森林公園、小佐波御前小屋。
売店／猿倉山森林公園喫茶さるくら。

エリア
富山県／富山市・砺波市・南砺市

見どころ
道宗道・散居村

行程
日帰り（一日）

登山適期
5～11月

登山口
■北陸新幹線／JR富山駅から車で約40分（牛岳）
■マイカー／北陸自動車道・富山ICから約40分

80 牛岳《うしだけ》

■標高／986.9メートル　標高差／約350メートル
■紹介コース／新牛岳コース（上り・1.5時間／下り・1時間）
■グレード／体力度★☆☆　技術度★☆☆　危険度★☆☆

81 赤祖父山《あかそぶやま》（八乙女山《やおとめやま》）

■標高／1033メートル（扇山）　標高差／約600メートル
■紹介コース／扇山コース（上り・3時間／下り・2時間）
■グレード／体力度★★☆　技術度★☆☆　危険度★☆☆

牛岳。牛岳スキー場若土山頂駅から

牛岳山頂からの白山

夕焼けの牛岳。祖父岳から

牛岳三角点山頂

牛嶽大明神社殿

砺波平野の散居村

二本杉登山口休憩所

モリアオガエルの池

牛岳全景。牛が寝ているよう

穏やかな稜線歩き。里山ハイキングと眺望、牛岳

富山市の市街地から南西を望むとなだらかで、牛が寝そべったような大きな山が見えてくる。山容は優しく、積雪期には雪で覆われ、荘厳さを感じる。

牛岳山頂からは、富山平野や砺波《となみ》平野がよく見渡せ、牛岳の北に位置する鉢伏山からは、庄川扇状地に広がる日本最大の散居村《さんきょそん》がよく見える。平野部に集落を形成せずに、家の周りをカイニョという杉やケヤキの屋敷林に囲まれた農家が点在する。

牛岳の山頂直下までの麓の鍋谷《なべたに》から舗装道路が通じているが、登山者は稜線上の二本杉休憩所からブナ林帯の登山道を歩くとよい。山頂への途中には牛嶽《うしだけ》神社があり、かたわらの石碑には、牛嶽権現の由来と周辺の山嶺交通の隆盛ぶりが記載されている。この地は、昔から海路と放生津潟、呉羽山系、飛騨、若狭を繋ぐ山嶺交通路として栄えた。

山頂からの眺望は優れていて、北東側には遠く北アルプスを雄大に望め、剣岳、雄山の峰々に続き、なだらかで大きな高峰は薬師岳である。

南西側は木の間越しに加賀白山が聳え、その手前に富山、石川県境の山が累々と重なる。（市川董一郎・伊久間幸広）

牛岳・登山コースガイド

●二本杉（往復約1.5時間）・新牛岳コース（往復・約2.5時間）
新牛岳登山口 (0:30) →二本杉登山口 (0:40) →牛岳 (0:40) →二本杉登山口 (0:40) →新牛岳登山口

●交通アクセス
マイカー／八尾町から県道25号、59号、346号を進み牛岳温泉健康センターから牛岳スキー場へ上がる。スキー場最高地点稜線から牛岳登山口へ。

●登山口情報（新牛岳登山口）
駐車場／駐車スペースあり。
トイレ／あり（山頂広場下）。
売店／牛岳温泉健康センターなど。

●山行アドバイス
牛岳温泉スキー場上部から二本杉登山口まで舗装道路でマイカー可。新牛岳登山口からブナ林の中を歩く。牛嶽大明神社殿の右手裏から小牧側登山口への道があり途中から三角点山頂へ登れる。

●見どころ
牛岳山頂からの富山平野、白山、立山連峰の展望がよい。二本杉登山口にモリアオガエルが住む池があり、時期によっては卵塊（天狗の提灯）が見られる。

●問い合わせ
富山市山田総合行政センター産業建設課　076-457-2114
砺波市役所商工観光課　0763-33-1111

●2万5000図　山田温泉

古道「道宗道」復活。赤祖父川上流の山々、赤祖父山

赤祖父山は砺波平野と庄川《しょうがわ》渓谷に挟まれた小さな山脈にあり、この山の北東に八乙女《やおとめ》山、南西に高清水《たかしょうず》山がある。山名の由来は「赤祖父川の上流の山」の意味である。ちなみに「そぶ」とは富山県では泥水のことを指すと言う。地盤が軟弱で川の水が濁りやすいために付けられたと思うが、確かに赤祖父山の登山口の斜面も崩落していた。

この山脈は砺波平野南部から見ると同じ高さの山が連なり屏風のように見えるが、平地から見ると目立ったピークがないため山名の同定が困難である。いったん稜線に上がってしまえば平坦なルートが得られるため、峰々を繋ぐ「道宗《どうしゅう》道」と呼ばれる古道が伸びており、この道は物流の主流であったと言う。

山腹からは砺波平野の特徴的な散居村が望める。信州の平野部の村はまとまった集落を形成することが多いが、富山県の平野部の多くは散居村を成している。木々で囲まれた家屋敷が散在する風景は美しい。

現時点では、赤祖父山はアクセスルートが通行止めだったり、登山口が不明瞭だったりするが、登山道はよく刈り払いがなされていて、近い将来「道宗道」とあわせて整備されると思われる。砺波平野の展望に優れたこの山塊を訪れるのは楽しい。

（市川董一郎）

赤祖父山山群と赤祖父湖

赤祖父山主稜線

八乙女山山頂直下

道宗道はさらに南に伸びる

散居村展望台（砺波市鉢伏山）

赤祖父山山群。城端郊外から

ブナ林の道

砺波平野の散居村を見下ろす

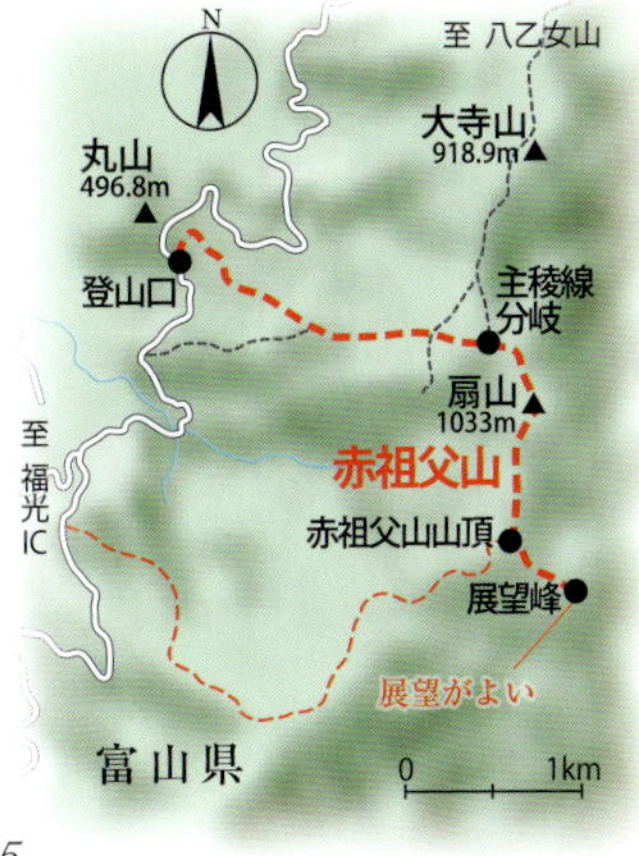

赤祖父山・登山コースガイド

●扇山コース（往復・約５時間）

丸山登山口 (2:00) →主稜線分岐点 (0:20) →扇山 (0:20) →展望峰 (2:10) →丸山登山口

●交通アクセス

マイカー／東海北陸道・福光 IC からトナミロイヤルゴルフ倶楽部の看板に従って進み、林道赤祖父線を通って登山口へ。

●登山口情報（丸山登山口）

駐車場／数台。
トイレ・売店／なし。

●山行アドバイス

早春は残雪が多い。登山適期はブナの新緑の５月中旬から紅葉の 10 月まで。

●見どころ

登山口の南にフクジュソウ自生地があるが、富山県内の唯一の自生地で県の天然記念物に指定されている。山岳自然愛好家は率先して守りたい。

●問い合わせ

南砺市井口行政センター
0763-64-2211

●２万5000図　城端・下梨

地元から…山ファンから…

「春先から初冬まで…」

雪解けが進む４月上旬から中旬にかけて、福寿草が咲く。その群落の周辺に咲く、可愛い雪割草も歓迎してくれる。山頂付近はまだ雪が残る。
晩秋から初冬にかけての小春日和に遭遇すれば、扇山周辺のブナ林で、サラッサラッと落ち葉を踏むのも気持ちが良い。

（好山病友の会／本間 元三さん）

82 白木峰《しらきみね》

■標高／1596メートル　標高差／約300メートル
■紹介コース／八合目コース（上り・1.50時間／下り・1時間）
■グレード／体力度★☆☆　技術度★☆☆　危険度★☆☆

83 金剛堂山《こんごうどうざん》

■標高／1650メートル（中金剛）　標高差／約550メートル
■紹介コース／栃谷コース（上り・4時間／下り・3時間）
■グレード／体力度★★☆　技術度★☆☆　危険度★☆☆

白木峰の草原

白木峰。浮島のある池塘

三段の池周辺

山頂の標識

白木山荘への登山道

八合目登山口から

ニッコウキスゲ

お花畑と池塘、風衝草原の山頂。白木峰

白木峰は標高1596メートルの低山ながら山頂はゆったりとした風衝草原といくつもの池塘を持ち、多くの花々が咲く。特に7月にはニッコウキスゲが山頂一面に見事に咲き乱れる。白木峰北端には浮島を持つ大きな池塘と湿原が広がっている。

富山市八尾《やつお》からさらに大長谷《おおながたに》川沿いに進み、「21世紀の森」森林公園への道を走る。ゲートまで登ると登山者用駐車場があり、そこが白木峰登山口となっている。

尾根伝いの道を1時間ほど登る。急坂を登り切ると、目の前に広い草原が広がっている。左に進むと白木峰山頂がある。石で作られたベンチとテーブルがあり大きな方位盤もある。山頂からは白山、御嶽山、乗鞍岳、槍・穂高から剱岳までの大展望が望める。すぐ南西には金剛堂山がゆったりと聳える。

北側も広い草原がゆったりと延びて、その北端まで行くと浮島のある池塘群があり美しい風景を見せている。

（伊久間幸広）

歴史を刻む名山。風衝草原が広がる金剛堂山

富山藩第十代藩主、前田利保公が登られた山として知られる金剛堂山は加賀藩での呼び名で、富山藩では西白木峰《にししろきみね》と呼ばれていた。

百瀬川に沿って南下すると栃谷《とちたに》登山口がある。富山市八尾から国道472号線でも行ける。

栃谷登山口からブナの樹林帯を登り切るとゆったりとした風衝草原が広がる。池塘に咲く花々を楽しみながらすぐ間近の白木峰から立山連峰、白山、乗鞍岳などを望んで歩く。前金剛には一等三角点と神鏡が収められた石造りの大きな祠がある。そこから中金剛、奥金剛とピークが続くが急登はなく、

地元から…山ファンから…

「一年中楽しめる山…金剛堂山」

標高の割りには、速く登れるような気がします。栃谷や大長谷（八尾）、そして、東俣から。それぞれのルートに、特徴や楽しみ方があるのですが、積雪・残雪期は、栃谷側、もしくは、旧スキー場からがいいようです。紅葉や山菜採り、そして、山スキーやスノーシューなど、一年中楽しむ事の出来る山です。

（山のグループ「ハレルヤ」／本間 比佐恵さん）

ゆったりとした草原の丘となっている。これは冬の積雪と風の影響によるものだ。
そのまま緩やかな稜線を奥金剛へと足を運び東俣登山道入口まで歩く。林道を辿って東俣谷から百瀬川沿いを下り登山口の栃谷まで戻る。

（伊久間幸広）

広い風衝草原、奥金剛から中金剛

奥金剛の標識

1346m 峰から前金剛

ブナ林の中の道

ササユリ

金剛堂山山頂

金剛堂山・登山コースガイド

●栃谷登山口コース
（往復・周回 7 時間）
栃谷登山口 (1:30) → 1346m ピーク (1:00) →金剛堂山 (0:15) → 中金剛 (0:15) →奥金剛 (1:00) →東俣登山道入口 (2:00) →栃谷登山口

●山行アドバイス
登山口からは深い森を登る。1346m のピークに出ると正面に山頂が見える。山頂一帯は草原状で展望がよい。

●見どころ
山頂一帯はなだらかな稜線と風衝草原が広がる。金剛堂山（前金剛）山頂には神鏡を祀る祠がある。

●問い合わせ
南砺市利賀行政センター
0763-68-2111
利賀国際キャンプ場
0763-68-2556

●2万5000図
白木峰・利賀

●交通アクセス
マイカー／八尾町から国道472号、を経由、栃折峠を越し、利賀村の百瀬川沿いに約 1 時間。

●登山口情報（栃谷登山口）
駐車場／栃谷登山口休憩舎前に数十台。
トイレ／休憩舎にあり。広場に水場。
売店／なし。

白木峰登山口の登山者駐車場

白木峰入口、21 世紀の森

白木峰・登山コースガイド

●八合目登山口コース
（往復・約 2.5 時間）
白木峰八合目登山口 (0:40) → 白木峰 (0:25) →池塘 (0:25) → 白木峰 (0:45) →白木峰八合目登山口

●山行アドバイス
登山口から山頂までは 1 時間足らず。山頂から浮島のある池塘までは往復 40 分あまり。
さらに小白木峰までは往復 4 時間弱なので体力に合わせた山行を考えたい。

●見どころ
7 月のニッコウキスゲ開花期には山頂一帯が花で埋まるが、マイカーも渋滞する。

●問い合わせ
富山市八尾総合行政センター
076-454-3117
一般社団法人 飛騨市観光協会
0577-74-1192
飛騨市役所観光課
0577-73-2111

●2万5000図
白木峰・利賀

●交通アクセス
マイカー／八尾町から国道472号、471 号経由、林道大谷線入口まで約 40 分。

●登山口情報（八合目登山口）
駐車場／トイレ横 6 台、ゲート前約 20 台。
トイレ／登山口駐車場。
売店／なし。

84
奈良岳《ならだけ》（赤摩木古山《あかまっこやま》他）

■標高／1644.4メートル
■紹介コース／ブナオ峠コース　標高差／約700メートル（上り・4時間／下り・3時間）
■グレード／体力度★★★　技術度★★☆　危険度★☆☆

85
大笠山《おおがさやま》

■標高／1821.8メートル
■紹介コース／桂湖フカバラノ尾根コース　標高差／約1250メートル（上り・5.5時間／下り・4時間）
■グレード／体力度★★★　技術度★★☆　危険度★☆☆

奈良岳

見越山

大笠山登山道から見越山（左）、大門山（中央）、猿ヶ山（右）

大門山分岐標識

赤摩木古山（あかまっこやま）山頂

奈良岳山頂

ブナオ峠

ブナオ峠大門山登山口

分岐点付近から大門山

白山国立公園北端部四座を走破。大門山・赤摩木古山・見越山・奈良岳

富山県西部と石川県東部、岐阜県北西部の山岳地帯を両白《りょうはく》山地と呼ぶ。その中で、加賀白山を出発点とする主稜線は北に向かって石川・岐阜県境を、さらに石川・富山県境と伸びる。上記三県の境界が合する嶺が笈《おいずる》ヶ岳であり、大笠山、奈良岳はその北側の山で、ここは両白山地の最深部にあたる。

庄川中上流部には五箇山《ごかやま》や白川郷《しらかわごう》などの合掌造りの里がある。この地には、今は東海北陸自動車道で簡単に入れるようになった。五箇山ＩＣからブナオ峠に向かう道は、その昔、富山県五箇山と金沢市を結ぶ塩硝《えんしょう》街道と呼ばれた。五箇山で製造された火薬の原料の塩（煙）硝が、金沢の加賀藩に秘密裏に運ばれたという。近年になって金沢まで車道が通じたが、現在はブナオ峠から先は通行止めになっている。

登山口のブナオ峠は歴史を感じさせる石碑と、大門山《だいもんさん》登山口の表示がある。美しいブナ林の中のよく踏まれた尾根道を登ると、そこは県境稜線である。南に向かって標高１５００メートルの赤摩木古山、少しずつ標高を上げながら見越《みこし》山、奈良岳、大笠山と並ぶ。いずれも目立ったピークではないが、歩いてみればこのあたりは山深い感じで、縦走中は平野部を目にすることはない。赤摩木古山は南側から見ると山腹に赤茶けた露岩帯があり、それがこの山の由来かもしれない。東側の谷を見下ろせば、境川渓谷のダム湖の桂《かつら》湖が見える。

（市川董一郎、野崎公夫）

奈良岳・登山コースガイド

●ブナオ峠コース（往復・約7時間）
ブナオ峠 (1:30) →大門山分岐 (0:30) →赤摩木古山 (1:30) →見越山 (0:30) →奈良岳 (2:00) →大門山分岐 (1:00) →ブナオ峠

●交通アクセス
マイカー／東海北陸道・五箇山 IC から国道 156 号、県道 54 号を通り、ブナオ峠へ 15 分。

●登山口情報（ブナオ峠登山口）
駐車場／ブナオ峠の県道脇に約 30 台。
トイレ・売店／なし。

●山行アドバイス
雪の消える 6 月から雪の降る 10 月末までが登山適期である。残雪期には笈ヶ岳、白山まで歩く人も多い。大笠山まで足を延ばす時は充分な装備と体力が必要。縦走する時は下山地の桂湖に車を置いておくか長い林道歩きをしなくてはならない。赤摩木古山までは気軽に歩くことができる。

●見どころ
白山国立公園内で美しい景観を誇る。新緑と紅葉の時期には大勢の登山者で溢れる。

●問い合わせ　桂湖ビジターセンター　0763-67-3120

●2万5000図　西赤屋

ブナと小ピーク群。奥深い森の山
大笠山

大笠山は富山・石川・岐阜三県境の笈ヶ岳と、前項でとりあげた奈良岳との中間に位置する山である。山深い両白山地の中でも、さらに奥まった地にあり、登山口からの標高差も1260メートルあり、登るには手強い山である。前項で取り上げた奈良岳から縦走することもできるが、ここでは境川ダム湖の桂湖からの登山道を紹介する。

登山口のダム湖から尾根に取りつくまでの道が険しい。ここは下山の際、足に疲労がたまってきて事故を起こしやすいので注意してほしい。いくつか小ピークを越すが、登山道は登りが連続する。中間部から上部の景色はよく、特に南方の笈ヶ岳山頂部の荒々しい山容は目を引く。笈ヶ岳は一度は登りたい山である。石川県白山市の手取川上流部から登山できるが、行程が長いため本著では割愛した。北方に目をやれば、手前にタカンボウ山、遠くに猿ヶ山など、富山県西南部の普段あまり見慣れない山が並ぶ。大笠山は標高1800メートルを超し、このあたりでは笈ヶ岳に次いで高い。山頂からの眺望のよさは言うまでもない。

（市川董一郎・伊久間幸広）

大笠山山頂の平地部

前笈（天ノ又）付近からの笈ヶ岳（左）と大笠山（右）

ヒノキの巨木

フカバラノ尾根

大笠山山頂から笈ケ岳（中央）と白山（後方）

大笠山山頂

大畠谷橋（手前）と桂湖、桂橋

旧大笠山避難小屋跡（水場）で休憩

桂湖登山口

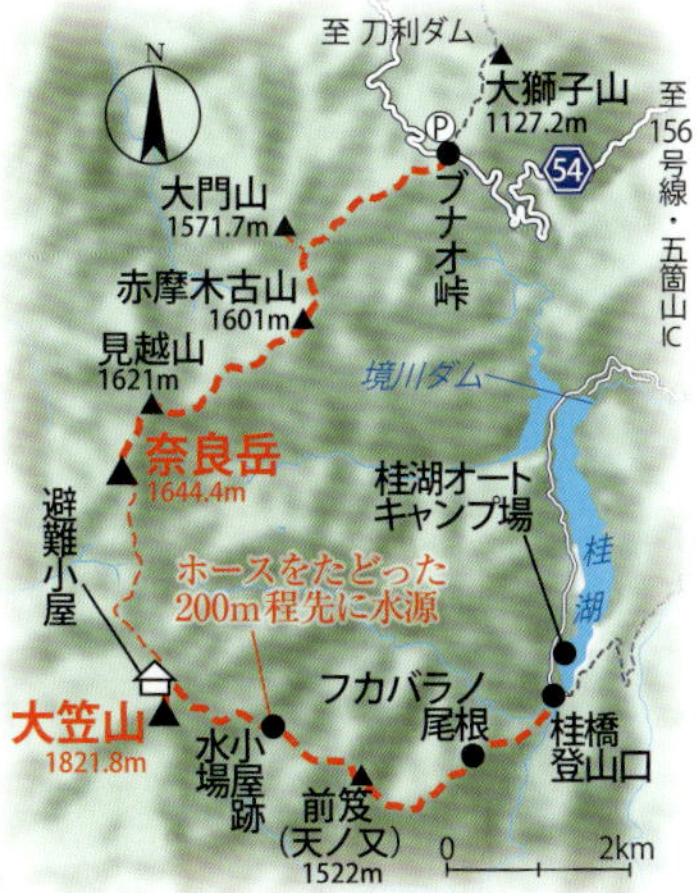

大笠山・登山コースガイド

● **桂湖フカバラノ尾根コース（往復・約 9.5 時間）**
桂湖桂橋 (3:00) → 前笈 (2:30) → 大笠山 (4:00) → 桂湖桂橋

● **交通アクセス**
マイカー／東海北陸道・五箇山 IC より国道 156 号、楮橋を渡り、看板を目印に約 15 分で桂湖。

● **登山口情報**
（桂湖登山口）
駐車場／桂湖小公園に広い駐車場。
トイレ／桂湖小公園。
売店／なし。

● **山行アドバイス**
フカバラノ尾根は急登で長い。日帰りするには早立ちが必要。登山口の大畠谷橋からいきなりの崖を登る。この付近は下山時には特に注意。滑落事故が多い。
春の残雪期にはアイゼンが必要。

● **見どころ**
フカバラノ尾根を登り切ると展望が開けて白山まで望める。前笈から周囲の展望がよくなる。

● **問い合わせ**
桂湖ビジターセンター 0763-67-3120

● **2万5000図**　中西温泉

地元から…山ファンから…

「山深く、歩く醍醐味…奈良岳」

主な登山口は白山市内尾の奥まで林道を進み、奥三方山への分岐から奈良岳へ。もう一つはブナオ峠から赤摩木古山、見越山を経由して奈良岳へ 1500m を越える峰々で、いずれもロングルートです。それだけに山深く、歩けば醍醐味が感じられるルートです。

（金沢市／北村 昌万さん）

エリア
石川県／中能登町・宝達志水町 他

見どころ
霊山遺構・能登最高峰

行程
日帰り（半日）

登山適期
5～11月

登山口
■北陸新幹線／JR新高岡駅から車で約40分（石動山）
■マイカー／北陸自動車道・高岡ICから約40分

86 石動山《せきどうさん》

■標高／564㍍ 標高差／約110㍍
■紹介コース／パノラマ展望台周回コース（周回 上り・80分／下り・40分）
■グレード／体力度★☆☆ 技術度★☆☆ 危険度★☆☆

87 宝達山《ほうだつさん》

■標高／637.1㍍ 標高差／約60㍍
■紹介コース／山の龍宮城コース（上り・25分／下り・20分）
■グレード／体力度★☆☆ 技術度★☆☆ 危険度★☆☆

栄華と没落の歴史。霊山の遺構をたどる、石動山

能登半島中央部、石川県の七尾《ななお》市と羽咋《はくい》市を結ぶ邑知潟《おうちがた》平野に沿うように小さな山脈が走っている。その最高峰の石動山は、「いするぎやま」とも呼ばれ、古来から山岳宗教の中心地であった。石動山は古くは延喜式に伊須流岐比古《いするぎひこ》神社として登場し、中世には山岳信仰の霊場として隆盛を極めた。最近になって、石動山天平寺を支配する別当寺として最大の大宮坊が復元された。

石動山には富山県氷見《ひみ》市と石川県中《なか》能《の》登《と》町から車道が通じている。石動山の台地は標高500㍍ほどの緩斜面が広がっていて、そこには前述の社寺やその遺跡が多数散在している。

石動山資料館駐車場から石動山山頂までは、どのコースを歩いてもさまざまな宗教遺跡が見学できる。山頂の大御前は素朴な社屋で、広場も開放的で休憩によい。山頂登山が済んだら、台地上の施設を見学する。大宮坊に参詣し、現存している宿坊の旧観坊など、見どころはたっぷりある。車で林道亀石線を通ってパノラマ展望台に登れば、木の間越しに遠く富山湾と氷見の港が見える。

（市川董一郎）

パノラマ展望台より石動山

パノラマ展望台

石動山山頂の大御前

伊須流岐比古神社

石動山城跡

復元された大宮坊

中能登町より石動山

石動山・登山コースガイド

● パノラマ展望台周回コース（往復・約２時間）
石動山資料館前 (0:40) →石動山 (0:40) →パノラマ展望台 (0:40) →石動山資料館

● 交通アクセス
マイカー／国道159号から石動山資料館まで約20分。

● 登山口情報
駐車場／石動山資料館駐車場。
トイレ／石動山資料館横。
売店／なし。

● 山行アドバイス
千年の歴史を誇る信仰の山の史跡公園。
史跡公園内はほぼ平坦だが、石動山へは急登する。周遊コースにはパノラマ展望台があり、唯一の好展望地。七尾滝・富山湾、さらには立山連峰までも望める。

● 見どころ
上杉謙信が七尾城攻略の本陣とした石動城跡など見どころが多い。石動山資料館には栄華と没落を繰り返した石動山の歴史が紹介されている。

● 問い合わせ 中能登町役場企画課 0767-74-2806
石動山資料館 0767-76-0408

● 2万5000図 能登二宮

かつては金山。能登半島最高峰、宝達山

宝達山山頂への道

山麓の宝達志水町から宝達山

山頂付近からの日本海

手速比咩神社上社鳥居

宝達山休憩所、山の龍宮城

手速比咩神社上社

日本海の海岸線

こぶしの路登山道

　能登半島の付け根、富山・石川県境に連なる山塊を宝達《ほうだつ》丘陵と呼ぶ。最高峰の宝達山は、富山県の高岡平野からも石川県の河北平野からもよく望める。二つの平野を結ぶ無線回線は中間の高台に中継地を設けるが、宝達山はそのような役割を担った山である。

　宝達丘陵は目立ったピークを有しないため、平地から見て山名の同定がむずかしい。宝達山頂も山の形だけでは確認するのがむずかしいが、山頂部分に無線中継のパラボラアンテナ群があるためすぐそれと分かる。

　宝達山は江戸時代に金山が存在したことが山名の由来だそうだ。山頂直下の山の龍宮城まで立派な舗装道路が通じているので、それを利用する。麓の宝達《ほうだつ》志水《しみず》町東間《あずま》の手速比咩《てはやひめ》神社から登るこぶしの路《みち》もある。山の龍宮城から山頂までゆるい約８００メートルの登りである。道中、パラボラアンテナの建て屋が次々と現れる。山の龍宮城からは西方に遠く日本海が望め、海なし県の長野県民には嬉しい。海岸線がはるか能登半島まで伸びている。

　山頂には手速比咩神社上社の広場があり、そこには一等三角点がある。駐車場を挟んで山頂の反対側の夫婦池周辺もハイキングには最適である。

（市川董一郎）

地元から…山ファンから…

「金鉱山を起源とする名産・宝達くず」

世界一高い634 mのスカイツリーと背比べし、3m 高いと威張る宝達山が町おこしに起用されている。450年前、加賀藩御用金山の頃、過酷な採掘人夫の健康滋養にくず根を掘り、漢方薬に供したことが宝達くずの起源とされ、山頂の休憩舎龍宮城で貴重な「能州宝達葛」が手に入る。

（鶴来山岳会／石森 長博さん）

宝達山・登山コースガイド

●山の龍宮城・山頂ブナ林コース（往復・約 45 分）

山の龍宮城 (0:25) →宝達山 (0:20) →山の龍宮城

●交通アクセス

マイカー／国道 471 号宝達志水町から山の龍宮城駐車場へ上がる。

●登山口情報

駐車場／山の龍宮城駐車場（約 80 台）。

トイレ／山の龍宮城。

売店／山の龍宮城。

●山行アドバイス

山の龍宮城駐車場から舗装道路を歩いてもよいが、舗装道路の西側斜面の林の中に「こぶしの路」があり、時間があれば麓の手速比咩（てはやひめ）神社から「こぶしの路」を歩くコースもよい。

●見どころ

山の龍宮城のテラスから日本海の展望がよい。山頂からは富山側の展望がよい。山頂から北側にブナ林遊歩道がある。山頂の神社の鳥居は、東京スカイツリーの高さと同じ 634m 標高点。

●問い合わせ

宝達志水町役場企画振興課　0767-29-8250

●2万5000図　宝達山

エリア
石川・富山県／金沢市・南砺市

見どころ
金沢市民の山

行程
日帰り（半日）

登山適期
5～11月

登山口
■北陸新幹線／JR金沢駅から車で約40分（医王山）
■マイカー／北陸自動車道・金沢東ICから約40分

88 倉ヶ岳《くらがたけ》

■標高／565.4メートル　標高差／約450メートル
■紹介コース／倉ヶ嶽コース（周回・約2時間）
■グレード／体力度★☆☆　技術度★☆☆　危険度★☆☆

89 医王山《いおうぜん》（戸室山《とむろやま》）

■標高／939.1メートル　標高差／約500メートル
■紹介コース／西尾平・奥医王山・小原コース（周回・約5時間）
■グレード／体力度★★☆　技術度★☆☆　危険度★☆☆

金沢平野を望む歴史と文学の山。

倉ヶ岳

手取《てどり》川扇状地の扇央右岸にある倉ヶ岳は、初めて見たときから印象深い山であった。倉ヶ岳の「倉」はおそらく馬の「鞍」だろう。山頂の形は体操競技の鞍馬にも似ている。白山市、能美《のみ》市の平地のどこからもよく見渡せ、すぐにその山だと分かる。そして、この山は室生犀星や泉鏡花の文学にも登場し、金沢平野に住む人たちに愛されている山である。

倉ヶ岳の山体とその西のせき止め池の大池（ため池）あたりは、地元私立大学所有の自然観察地になっているが、一般者の入山は許可されている。園内には古いがていねいな指導標が完備されていて、安心して散策できる。周遊コースは変化に富んでおり、ロープで導かれる岩場や、山頂から大池の眺望など見どころは多い。

麓の旧・鶴来町（現・白山市）には金劔宮や白山《しらやま》比咩《ひめ》神社、古代に白山を遙拝した舟岡山など宗教史跡が多く、山の帰りに見学したい。

（市川董一郎）

倉ヶ岳。能美市、白山市の境界付近から

山頂の北西方向にある展望台から

倉ヶ岳山頂

ユキツバキが美しい

獅子吼高原方向

大池（ため池）

林道上の標識

金沢市田上町付近から

麓の金劔宮

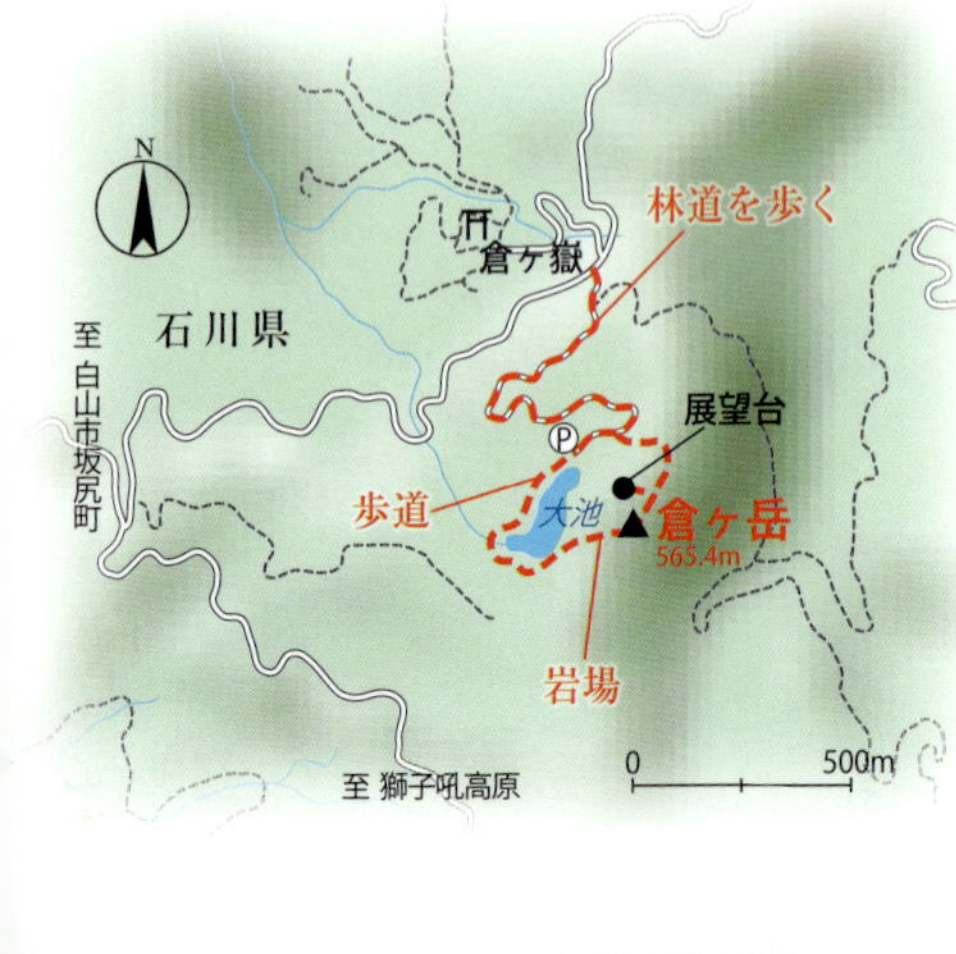

倉ヶ岳・登山コースガイド

●倉ヶ嶽コース（周回・約1時間50分）
倉ヶ嶽 (0:30) →大池駐車場 (0:25) →倉ヶ岳 (0:10) →展望台 (0:20) →林道 (0:25) →倉ヶ嶽

●交通アクセス
マイカー／白山市坂尻町から林道獅子吼高原線に入り、倉ヶ嶽集落に進む。集落入口に喫茶店あり。

●登山口情報
駐車場／倉ヶ嶽集落か大池駐車場。
トイレ／倉ヶ嶽集落の喫茶店。
売店／なし。

●山行アドバイス
倉ヶ嶽からの周遊コースは北陸大学自然観察林内で、指導標が完備されている。私有地なのでマナーを守って登山する。

●見どころ
山頂直下の「のぞき」から金沢平野の展望がすばらしい。

●問い合わせ
金沢市役所観光交流課　076-220-2111

●2万5000図　鶴来・栗生

金沢市民の誇り、歴史と自然の名山。医王山（戸室山）

金沢城から医王山

金沢市郊外からの戸室山

戸室山山頂

キゴ山

医王山寺

西尾平の医王山登山口

金沢城の石垣（戸室石）

戸室権現

富山県側からの医王山

金沢市民にとって医王山は最も親しみのある山である。金沢城から東方を見ると二つのピークが見える。正確に言うと、向って左が金沢の人が一般的に医王山と呼ぶ白兀《しらはげ》山、右が奥医王山である。標高は1000メートルを越えないが、春は遅くまで残雪が残る。医王山は石川、富山県境の山であり、富山県南砺《なんと》市からは西方に秀峰が望める。富山県側からは山頂直下までスキー場のゲレンデが伸びていて、富山県の人にも親しまれている。

金沢側から登るコースは白兀山、医王山を通る主稜と、小原《おはら》町から奥医王山に登る小原尾根がある。二つの尾根を周遊するコース取りをする人が多い。医王山と奥医王山の鞍部の夕霧《ゆうぎり》峠には金沢市と南砺市から車道が通じている。手軽に登るなら、夕霧峠から両山を往復すればよい。

金沢市街地からは、奥医王山の手前に長々と伸びた穏やかな山が見えるが、これが戸室山である。よく見ればその右側に小高いキゴ山が見える。両山の間の鞍部を医王山に向かう道路が走り、鞍部から両山に簡単に登れる。戸室山の麓に立派な医王山寺があり、春は桜が美しい。

金沢城の石垣や市内の建造物に、戸室山から切り出された「戸室石」と呼ばれる巨石が利用されている。金沢城址に立って石垣を見上げると、往時の人が石を切りだして、それを運ぶ様子が目に浮かぶ。

（市川董一郎）

地元から…山ファンから…

「金沢市民の山・医王山」

現在実施の如何は不明だが、その昔、学校の登山遠足が行われた身近な存在の山である。金沢市民の山と言う意識が強い。

トンビ岩を代表とする岩場やブナ林あり、池や滝があり、花も豊かで魅力ある山歩きができる好きな山。春の山菜、秋のキノコ、山を目的としない人達にも愛されてる山。

（金沢市在住／田下 しず子さん）

医王山・登山コースガイド

●西尾平・奥医王山・小原コース（周回・約５時間）

見上峠駐車場 (1:05) →西尾平 (0:50) →白兀山 (1:00) →奥医王山 (1:40) →小原登山口 (1:25) →見上峠駐車場

●交通アクセス

マイカー／県道 209 号から医王山スポーツセンターを越えると見上峠。

●登山口情報（見上峠登山口）

駐車場／ 20 台。
トイレ／あり。

●山行アドバイス

登山道は非常に整備されていて歩きやすいが車道、林道も分岐が多く、コースを間違えやすいので注意する。

●見どころ

自然が豊富で季節の花が咲き乱れる花の名山であり、薬草も多く自生している。奇岩奇勝など見どころが多い。

●問い合わせ

金沢市役所観光交流課　076-220-2111

●2万5000図　金沢・福光

エリア
石川県／金沢市・白山市

見どころ
山頂眺望・カタクリ

行 程
日帰り（一日）

登山適期
5〜11月

登山口
■北陸新幹線／JR金沢駅から車で約30分（奥獅子吼山）
■マイカー／北陸自動車道・白山ICから約20分

90 奥獅子吼山《おくししくやま》

■標高／９２８．２メートル　標高差／約８００メートル
■紹介コース／林業試験場コース（上り・３時間／下り・2.5時間）
■グレード／体力度★★☆　技術度★☆☆　危険度★☆☆

91 口三方岳《くちさんぽうだけ》

■標高／１２６９．４メートル　標高差／約９００メートル
■紹介コース／岩屋敷コース（上り・３時間／下り・２時間）
■グレード／体力度★★☆　技術度★☆☆　危険度★☆☆

奥獅子吼山。朝日がさしてきた山頂方向

奥獅子吼山山頂から白山を望む

奥獅子吼山山頂間近

パーク獅子吼

林業試験場構内

手取川下流方向

登山口

月惜峠（避難小屋）

手取川と金沢平野、さらに白山山系の眺望、奥獅子吼山

手取《てどり》川は石川県最大の河川である。金沢平野を流れる手取川は、下流域で扇状地地形を呈する。手取川右岸沿いの富樫《とがし》丘陵は、北から倉ヶ岳、奥獅子吼山、口三方岳と並ぶ。

奥獅子吼山の西斜面は険しいが、台地に登ってしまうと比較的平坦な尾根が広がっている。奥獅子吼山は市街地に近い割に植物が豊富で、特に春先のカタクリは美しい。また、奥獅子吼山のもう一つの登山口にもなる樹木公園は、林業試験場に併設した施設で、自然観察の目的にかなう。金沢平野は雪が消えれば温暖な気候となり、これらの山麓にある施設に、親子連れで訪れる人が多い。

パーク獅子吼の登山口からの山道はかなりの急坂である。登りつめた情緒ある名前の月惜《つきおしみ》峠には、避難小屋が建っている。小屋の中に三体のお地蔵さんが祀ってあり、それは昭和8年にスキー大会で遭難した中学生を弔ったものだそうだ。この山はスキー発祥の頃からの古いスキー場であった。

月惜峠から山頂にかけて緩やかな道が続く。眼下には手取川が上流部から河口まで長々と見える。奥獅子吼山頂は平坦だが、大きな木がないため周囲の展望はよい。

（市川董一郎）

奥獅子吼山・登山コースガイド

● 林業試験場コース（周回・約 5.5 時間）
加賀一ノ宮 (0:20) → パーク獅子吼 (1:10) → 月惜峠 (1:10) →林業試験場分岐 (0:50) → 奥獅子吼山 (0:40) → 林業試験場分岐 (1:30) → 加賀一ノ宮

● 交通アクセス
マイカー／国道 157 号を南下し、加賀一ノ宮まで約 30 分。

● 登山口情報
（加賀一ノ宮登山口）
駐車場／パーク獅子吼。
トイレ・売店／パーク獅子吼。

● 山行アドバイス
ゴンドラや林道犀鶴線を利用すると時間短縮できる。冬はゴンドラを利用してスキー登山もさかんである。

● 見どころ
眺望がよく、花が多い。特に春、カタクリの群落はみごと。山麓にはハンググライダーが飛び交う。

● 問い合わせ
白山市役所観光課　076-274-9544
獅子吼高原　076-272-0600

● 2万5000図　口直海

天然杉の巨木。日本海を望む里山、口三方岳

　口三方岳は手取川右岸の山の中では最上流部で、かつ最も南に位置する山である。金沢平野から見るとかなり奥まっており、登山口近くの集落は平家落人の村と伝えられており、山頂直下にある「景清《かげきよ》池」は平家の大将、悪七《あくしち》兵衛《べえ》景清が流した涙でできたと言う伝説がある。

　白山セイモアスキー場から林道を約1.2キロメートル進んだ、手取川の支流の直海谷《のみたに》右岸が登山口である。急な山道をよじ登るとすぐに尾根道になり、そこからは歩きやすい。登山口から山頂まで標高差が約900メートルあり、里山としてはきつい登行である。道はしっかりしているが、あまり登山者は多くないようで、自然がよく残っている。中間部の岩屋敷《いわやしき》の斜面には、庭石にでもしたいような形のよい石がゴロゴロ転がっていた。山頂近くまで登ると、サンカンスギと呼ばれる天然杉の林があり、驚くほど大きな古木もある。

　山頂の眺望はすばらしく、石川県南部の高山が手に取るように見える。遠く白山も望めるが、驚いたことに医王山の右側に富山県の砺波平野と富山湾が見えた。この山は地味で目立たないが、素朴さが感じられるよい山である。

（市川董一郎・野崎公夫）

地元から…山ファンから…

「ひたすら登り一方の辛抱の山」

口三方は中三方岳・奥三方山・三方岩岳・三方崩山など地形に由来する三方山群の中で、里山に類する地味な山である。幼い頃、親に連れられワラビを採りながら口三方岳に登っていると、突然目の前にニホンカモシカが現われ、腰を抜かすほどびっくり仰天、大泣きしたことを忘れない。

（野々市市山岳協会／岡田 美智江さん）

奥獅子吼岳から口三方岳（左のピーク）

口三方岳山頂からはるかに富山湾

口三方岳山頂近くの天然杉・サンカンスギ

山頂直下の景清池

岩屋敷

山頂の標識

口三方岳山頂

口二方岳登山口

登山口近くから口三方岳

能美市から見た口三方岳

口三方岳・登山コースガイド

●岩屋敷コース（往復・約5時間）

白山セイモアスキー場登山口 (1:10) → 岩屋敷 (0:50) →水場 (0:50) → 口三方岳 (2:00) →登山口

●交通アクセス

マイカー／口直海から千丈温泉まで市バスがあるが、土日運休。

●登山口情報（白山セイモアスキー場登山口）

駐車場／スキー場奥に約5台。

トイレ／なし。スキー場など利用。

売店／なし。

●山行アドバイス

尾根へ出るまでは急登が多い。岩尾根を過ぎれば視界が開ける。水場を過ぎ、山頂が近くなるとサンカンスギが出てくる。

●見どころ

金沢の山、犀川源流の山、県境の山など、山頂の眺望はよい。サンカスギはみごと。

●問い合わせ

白山市役所観光課　076-274-9544

●2万5000図　口直海

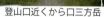

エリア

石川・岐阜県／白山国立公園

見どころ

白山眺望・雪国民俗

行程

日帰り（半日）

登山適期

6〜11月

登山口

■北陸新幹線／JR金沢駅から車で約1時間（三方岩岳）

■マイカー／北陸自動車道・白山ICから約1時間

92 おまい山《やま》

■標高／720メートル　標高差／約200メートル

■紹介コース／白峰バス停コース（上り・50分／下り・40分）

■グレード／体力度★☆☆　技術度★☆☆　危険度★☆☆

93 三方岩岳《さんぽういわだけ》

■標高／1736メートル　標高差／約300メートル

■紹介コース／白山白川郷ホワイトロードコース（上り・50分／下り・40分）

■グレード／体力度★☆☆　技術度★☆☆　危険度★☆☆

白山眺望の里山。豪雪の白峰集落を守るブナの防雪林、おまい山

おまい山がある白峰《しらみね》は日本屈指の豪雪地帯である。その歴史は古く地形的に手取《てどり》川を前にして後ろには「おまい山」など丘陵が重なり、日当たりのよい河岸段丘上に山の幸を糧にした生活が縄文時代から始まったとされる。

江戸中期からは養蚕や製糸が盛んに行われ、山深い山村でありながら豪雪に則した伝統的な集落のたたずまいは、重要伝統的建造物群保存地区として独特の雰囲気を湛えている。

白峰集落の中心地にある林西寺《りんさいじ》の裏手に登山口がある。ブナ林の中を15分ほど登ると忠魂碑があり、車道と合流する。さらに送電線巡視路とされる山路を辿ると、約30分でおまい山の最高地点に着く。このあたりからホンシャクナゲが彩りを添え、急な岩が露出する下山路となる。約10分ほど下ると展望台があり、白山の姿が美しく望める。左眼下に白峰集落も見える。

展望台から約20分で緑の村登山口に着き、登山口を左にとれば白峰集落は近く、約1時間30分で一周できる。

おまい山展望台から白山と別山

おまい山からの白山

スキー場からおまい山

おまい山のブナ林

おまい山登山口

おまい山展望台から白峰集落

林西寺と白山本地堂

白山ろく民俗資料館

手取川からおまい山

地元から…山ファンから…

「近年、名の知れた白山展望の山…おまい山」

白峰集落を雪崩から守るブナが茂る共有山林で、高圧送電線巡視路を利用し、白山の展望台として脚光を浴びている。登り口の林西寺白山本地堂に寄り、廃仏毀釈のため白山から下ろされた下山仏を拝観し、白山信仰の文化遺産に触れて頂きたい。

（白山市山岳協会／永井 徹史さん）

おまい山・登山コースガイド

● 白峰バス停コース（往復・約1.5時間）

白峰バス停 (0:50) →おまい山 (0:40) →白峰バス停

● 山行アドバイス・見どころ

白峰の林西寺は別院格の真宗寺院で壮麗な本堂はみごとで、隣接して白山御本地仏を安置した白山本地堂がある。

白山ろく民俗資料館は重要伝統的建造物群保存地区に選定された白峰地区にあり、雪深い山里のゆたかな自然が生んだ独自の文化・歴史・民俗・信仰などを紹介している。

● 問い合わせ　白山市役所観光課　076-274-9544

● 2万5000図　白峰・加賀市ノ瀬

● 交通アクセス

北陸新幹線金沢駅から白峰行きバスがあるが本数は少ない。

● 登山口情報（白峰バス停登山口）

駐車場／数台。　トイレ・売店／なし。

白山白川郷ホワイトロードから白山を望む展望台、三方岩岳

　三方岩岳は石川県白山市から岐阜県白川村を結ぶ白山白川郷ホワイトロード（旧・白山スーパー林道）の開通によって身近に登れる山となった。

　三方岩岳の名称の由来になった三つの岩が山頂稜線の北から東の三方向に向かって加賀・越中・飛騨と並び、山頂に立つとこの岩壁の真上に立つことになり爽快な気分を味わえる。

　石川県白山市尾添《おぞう》から車でホワイトロードに入り、約40分で岐阜県との県境にある三方岩トンネルを越えるとホワイトロードの最高地点でもある広い駐車場に出る。ここから約50分（標高差約３００メートル）の登りとなる。

　よく整備された緩い登山路は軽装でも短時間で登れるとあって、山頂は多くの登山者で賑わっている。

　山頂からの眺望は広く、南西に白山三峰を間近に望み、北西には大笠山や奈良岳などの県境の山々、好天時には遠く北アルプスの連山を望むことができる。

（野呂重信）

三方岩岳頂上から白山遠望

三方岩岳頂上から北の展望

ホワイトロードからの白山

ふくべの大滝

日本の滝 100 選・姥ヶ滝

白川郷萩町合掌集落

三方岩岳登山口

三方岩岳を望む

● **交通アクセス**
マイカー／白山市から白山白川郷ホワイトロードに入り、約 40 分で岐阜県境。三方岩トンネルを越えると三方岩駐車場。

● **登山口情報**
（三方岩岳登山口）
駐車場／三方岩駐車場（約 50 台）。
トイレ／三方岩駐車場にあり。
売店／なし。

三方岩岳・登山コースガイド

● **白山白川郷ホワイトロードコース（往復・約 1.5 時間）**
三方岩駐車場 (0:50) → 三方岩岳 (0:40) → 三方岩駐車場

● **山行アドバイス**
白山白川郷ホワイトロードから登れるファミリー登山の山。白山を始め加賀・越中・飛騨の山並みが望める。

● **見どころ**
白山白川郷ホワイトロード沿いには、日本の滝 100 選の姥ヶ滝をはじめ、ふくべの大滝・かもしか滝・しりたか滝など名滝が多い。ふくべの大滝は落差 86m、水は地響きを上げて断崖を落下、水煙は霧状に舞い上がる。又、三方岩駐車場下の白山展望台は標高 1350m。白山三山と地獄谷が最もよく見える。

● **問い合わせ**　白山市観光情報センター 076-273 4051
● **2万5000図**　中宮温泉・鳩谷

剣ヶ峰（左）と翠ヶ池、御前峰（右）。大汝峰から

お池巡り、油ヶ池と御前峰

御前峰山頂から白山奥宮と別山

94

白《はく》山《さん》

北陸の象徴、優美にして屹然、花の宝庫。霊峰・白山

■標高／2702.1《メートル》（御前峰）　標高差／約1450《メートル》
■紹介コース／別当出合コース（上り・5.5時間／下り・3.5時間）
■グレード／体力度★★★　技術度★★☆　危険度★☆☆

中部地方の高山に登ってはるか遠くに、夏になっても雪を頂いた白山を見つける。日本人にとって、白山は富士山に次いで親しみのある山ではないだろうか。白山が尊いのはその高さと、その白さである。日本列島では、白山より西に標高2000《メートル》級の山はない。そして、この山は日本海に近い多雪地帯にある。

白山はやや南北に長い成層火山である。山頂部は複数の溶岩丘と噴火口を持ち、17世紀に噴火の歴史を持つ活火山である。山頂部には、この山で最も大きい翠《みどり》ヶ池を始め、大小8個の火山湖や溶岩せき止め湖が存在する。このような地形が山頂部の風景に変化を与えている。

登山コースは多いが、別当出合《べっとうであい》からの砂防新道が最短で一般的。水場やトイレも随所にあり安心だ。また、翌日のご来光や行程の関係から、登山者の大半は室堂《むろどう》に宿泊する。時間に余裕があれば、御前峰《ごぜんがみね》に登頂後、お池巡りをして室堂に戻るのがよい。下山は、好天で足に自信があれば観光新道もよい。

白山登山の楽しみの一つに植物探訪がある。多雪地帯の高山で植物の種類が豊富である。明治の日本の植物学の黎明期に、白山に多くの研究者が入山し探査したため、ハクサンの名が冠せられた植物が多い。

（市川董一郎・伊久間幸広）

COLUMN　白山信仰

1年の3分の2の期間は雪を頂く白山は、原始宗教の時代から人々に崇められてきた。大和時代には麓の平野部から白山を仰ぎ見る遥拝所が創建されている。白山市鶴来町の白山比咩（しらやまひめ）神社近くの舟岡山は、白山から流れ出る手取川右岸の小高い丘である。今、山頂部は樹木が茂り白山は望めないが、古代にはそこで民々が白山を拝んだ。

北陸、中部を始め、全国に広がる白山信仰の本山が白山比咩神社である。境内は広くはないが、そこには杉の大木に囲まれた荘厳な社殿がある。白山信仰は、白が「穢れを清め」、さらに雪が「水や農耕の守り神」を象徴している。

山岳修験道の白山修験は熊野修験と並んで、日本を代表する修験道であった。標高2600ｍを超す高山での山岳修験はさぞかし過酷なものであったろう。さらに、日本海を航行する船乗りは、白山を航海の指標にしたことから、白山は海や船の守り神でもあった。

▼舟岡山

▼白山比咩神社

エリア
石川・岐阜県／白山国立公園

見どころ
霊山・高山植物

行程
一泊～（日帰り）

登山適期
7～9月

登山口
■北陸新幹線／JR金沢駅からバス・車で約2時間
■マイカー／北陸自動車道・白山ICから約1.5時間

御前峰から大汝峰（左）、剣ヶ峰（右）

御前峰から室堂と別山

室堂センターと御前峰

残雪の白山。白山白川郷ホワイトロードから

トンビ岩

御前峰山頂

白山・登山コースガイド

●別当出合コース（往復・約９時間）

別当出合 (2:30) →甚之助避難小屋 (2:00) →室堂 (1:00) →白山・御前峰 (3:30) →別当出合

●山行アドバイス

宿泊施設は白山室堂と南竜山荘の二つがあり、いずれも予約制。毎年、最盛期の週末は、４月１日の予約受付開始後すぐに一杯になる。観光新道はお花畑と展望が魅力だが、水場はなく、トイレは避難小屋の１箇所のみで、急坂もありやや健脚向き。

●見どころ

「ハクサン」の名が冠された高山植物が豊富にある。御前峰からの北アルプスの展望がすばらしい。山そのものがご神体であり、信仰の歴史と文化を学ぶことができる。

●問い合わせ

白山市役所観光課　076-274-9544
石川県白山自然保護センター
076-255-5321

●２万5000図　白山・加賀市ノ瀬

●交通アクセス

マイカー／国道 157 号白峰から別当出合に行く。
7～10 月の週末を中心に市ノ瀬から別当出合までシャトルバス運行となる。

●登山口情報（市ノ瀬・別当出合登山口）

駐車場／別当出合駐車場（200 台）、市ノ瀬駐車（700 台）。
トイレ／別当出合、各山小屋・避難小屋等。
売店／室堂センター、南竜山荘。

地元から…山ファンから…

「開山 1300 年を迎える霊山」

毎朝、庭先から白山が見えれば本日は晴れ、見えなければ雨予報する観天望気の山である。養老元 (717) 年、泰澄大師が登頂以来、来年（2016 年）は開山 1300 年の節目を迎え、室堂平に鎮座する奥宮祈祷殿が改築される。大半の登山者は最短距離の砂防新道を利用しているが、この機に美濃（長滝白山神社）・越前（平泉寺白山神社）・加賀（白山比咩神社）の三馬場から禅定道に挑戦し、白山信仰の神髄に触れて貰いたい。

（鶴来山岳会／石森 長博さん）

白山大汝神社

観光新道登山口

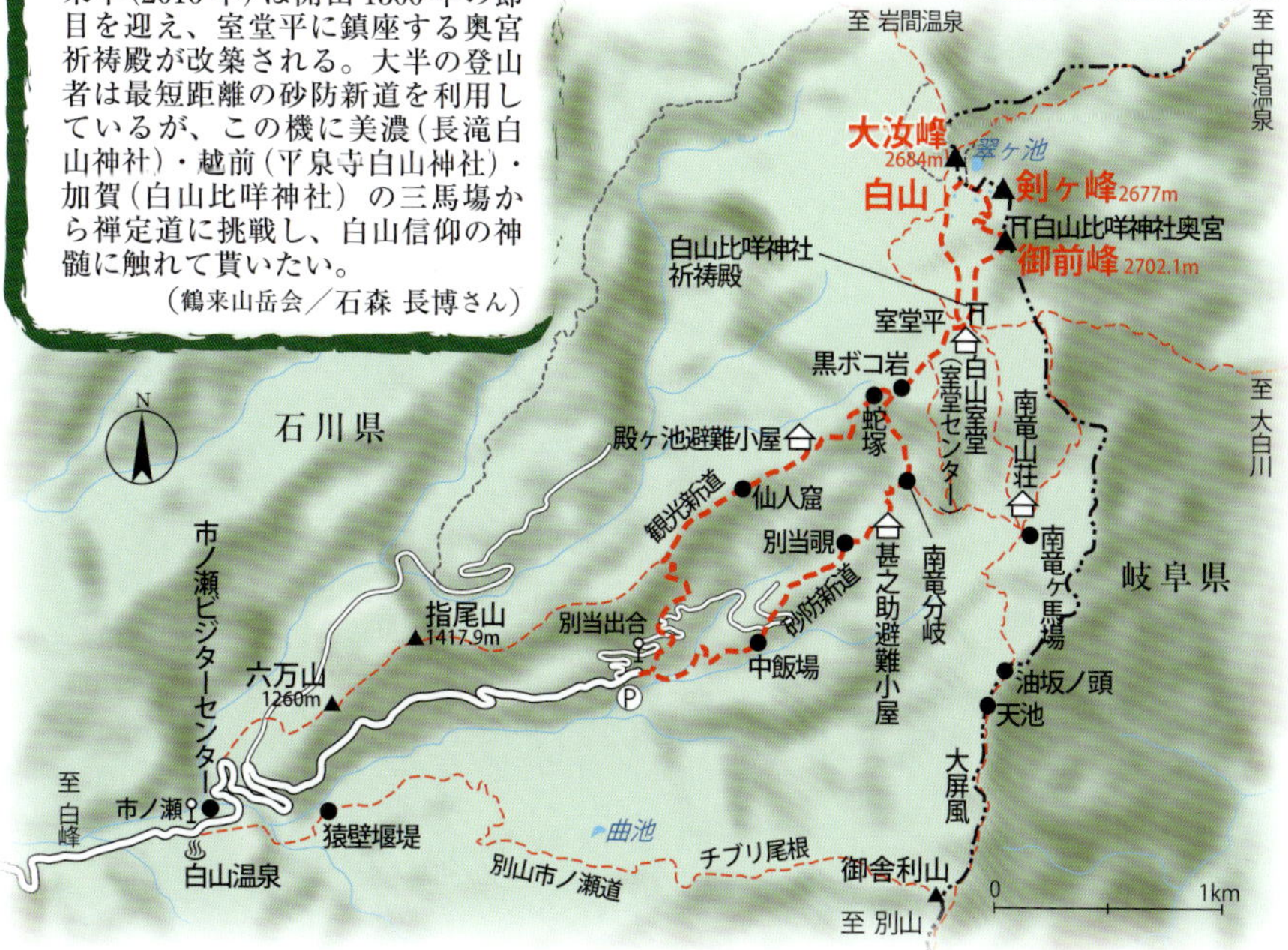

エリア
石川県／白山国立公園

見どころ
白山眺望・高山植物

行程
一泊（日帰り）

登山適期
7～9月

登山口
■北陸新幹線／JR金沢駅から車で約1時間
■マイカー／北陸自動車道・白山ICから約1時間

95
別山《べっさん》

■標高／2399．3メートル　標高差／約1400メートル
■紹介コース／チブリ尾根南竜コース（上り・5時間／下り・5時間）
■グレード／体力度★★★　技術度★★☆　危険度★☆☆

96
白山釈迦岳《はくさんしゃかたけ》

■標高／2053．1メートル　標高差／約1200メートル
■紹介コース／釈迦新道コース（上り・5.5時間／下り・3.5時間）
■グレード／体力度★★★　技術度★★☆　危険度★☆☆

別山山頂の別山神社と御前峰

御舎利山から別山

室堂より朝日を浴びる別山

御舎利山山頂と御前峰

別山山頂

大屏風と御前峰

室堂から別山

白山三山のひとつ、長い稜線が魅力の山。別山

御前峰《ごぜんがみね》、大汝峰《おおなんじがみね》、別山を白山三山と呼ぶ。市ノ瀬《いちのせ》からの千振《ちぶり》尾根は白山山麓屈指のブナ林となっている。古くからの白山登拝の参道、美濃禅定道の石《い》徹白道《としろみち》の途中にあり御前峰の展望がすばらしい。御嶽山から乗鞍岳、槍・穂高連峰、裏銀座、薬師岳から立山、剱岳、後立山までを望むことができる。

美濃禅定道から登る時は、岐阜県郡上市白鳥町の白山中居神社から始まるが、今はいとしろ大杉のある石徹白登山口から一ノ峰、二ノ峰、三ノ峰を越えて別山平を登って別山に至る。

市ノ瀬からのゆたかなブナ林の千振尾根は、いつも御前峰を左に眺めながら登って行く。急坂を登りきった御舎《おしゃ》利《り》山からは目の前に広がる北アルプスの展望がすばらしい。そこから緩やかな稜線をわずかに進むと別山山頂へ着く。かつての神仏混交の頃には聖観音菩薩像が置かれていたが今では別山神社が建っている。

（伊久間幸広）

別山・登山コースガイド

● チブリ尾根南竜コース
（周回・約10時間）
市ノ瀬 (1:20) →最終水場 (2:00) →チブリ尾根避難小屋 (1:30) →御舎利山 (0:10) →別山 (2:00) →南竜山荘 (3:00) →別当出合

● 山行アドバイス
南竜山荘は7月から9月営業、予約必要。チブリ避難小屋はよく整備されていてトイレもある。水場はない。御前峰がよくみえる。
最終水場は豊富な沢水が流れている。御舎利岳直下が急登で残雪期は注意が必要だ。別当出合へは時期によりマイカー規制が行われてシャトルバスが市ノ瀬より運行される。

● 問い合わせ
白山市役所観光課
076-274-9544

● 2万5000図
加賀市ノ瀬

● 交通アクセス
マイカー／北陸道・金沢西ICから国道8号・国道157号を経由して市ノ瀬へ。

● 登山口情報（市ノ瀬登山口）
駐車場／市ノ瀬に無料駐車場。
トイレ・売店／市ノ瀬ビジターセンターにトイレがある。売店はない。ビジターセンターの向かいに白山温泉白峰永井旅館があり温泉入浴、宿泊ができる。

白山釈迦岳（左）、御前峰（右）

七倉山と湯の谷乗越中間付近から釈迦岳

釈迦岳前峰から御前峰と大汝山（左）

白山主稜線から外れた静かな山行と展望。白山釈迦岳

白山の西側に湯の谷川を挟んで聳えているのが釈迦岳である。主に白山からの下山道に利用される釈迦新道の中間付近にあるが、この山だけに咲いているオオサクラソウやミズバショウを楽しみに登る登山者も多い。観光新道やチブリ尾根から見ると釈迦岳は御前峰から下る稜線の西側に小さく立っている。

七倉山と湯の谷乗越中間付近から釈迦岳

釈迦岳山頂

釈迦岳登山口

釈迦岳前峰から釈迦岳山頂

市ノ瀬からは別当出合への舗装道路を進む。1《キロメートル》程のカーブの左側に釈迦新道、白山禅定道、旧越前禅定道と書かれた大きな案内板があるので、そこから杉林の中の登山道へと入る。砂防道路に出ると正面に古い石段があり白山禅定道となっている。左に車道を進んで行く。湯の谷川の橋を渡って少し上がると左に釈迦岳登山道の標識を見て斜面を登る。ブナの林の中を登って行くと水場もあり、よい休憩場所となっている。ブナ林を抜けるとチブリ尾根と別山や御前峰が見えてくる。ほどなく釈迦岳前峰に出ると展望が開けて四塚山《よつづか》、七倉山《ななくら》、大汝峰、御前峰がよく見える。

前峰から少し下り鞍部からわずかに登ると道は釈迦岳の西側を巻いて行く。市ノ瀬と室堂を示す標識があり、その奥に谷間がある。そこに幽かな踏み跡があるので入る。笹の中の踏み跡を登って行くと三等三角点のある釈迦岳山頂に出る。背の高い笹と栂の木が生えていて展望はよくない。展望は前峰から望む方がよい。

（伊久間幸広）

地元から…山ファンから…

「白山の前衛として君臨する…白山釈迦岳」

お釈迦様の仏名を戴く大層な山名だが、白山信仰との関わりや由来が判らずもどかしい。約15キロある釈迦新道を利用して白山へ登る人は少ないが、釈迦岳を越えた湯ノ谷乗越に咲くオオサクラソウ目当ての人は結構多い。

（松任山岳会／清水 静治さん）

白山釈迦岳・登山コースガイド

●市ノ瀬より釈迦新道コース（往復９時間）
市ノ瀬 (2:00) →登山口入口 (3:30) →白山釈迦岳 (3:30) →市ノ瀬

●大汝峰より釈迦新道下山コース（7時間）
室堂 (4:00) →白山釈迦岳 (3:00) →市ノ瀬

●山行アドバイス
特に危険な場所はないが釈迦岳前峰直下の東側が崖になっているので注意する。
湯の谷乗越の水場は湿地からの水で緊急時のみの利用に留めたい。ブナ林の途中の水飲場の水は豊富な水が出ている。

●見どころ
砂防新道、観光新道からでは見ることのできない白山の姿は釈迦岳からはよく見える。

●問い合わせ　白山市役所観光課　076-274-9544
●2万5000図　加賀市ノ瀬

●交通アクセス ／ ●登山口情報　別山（P120）を参照

エリア
石川・福井県／白山国立公園

見どころ
加越国境・白山大展望

行程
日帰り（一日）

登山適期
6〜10月

登山口
■北陸新幹線／JR金沢駅から車で約2時間
■マイカー／北陸自動車道・小松ICから約1.5時間

97 大長山《おおちょうやま》

■標高／1671.4メートル　標高差／約600メートル
■紹介コース／小原峠コース（上り・2.5時間／下り・2時間）
■グレード／体力度★★☆　技術度★☆☆　危険度★☆☆

98 赤兎山《あかうさぎやま》

■標高／1628.6メートル　標高差／約550メートル
■紹介コース／小原峠コース（上り・2時間／下り・1時間）
■グレード／体力度★☆☆　技術度★☆☆　危険度★☆☆

大長山の登りから白山（左：御前峰・大汝山／右：別山）

赤兎山からの大長山

大長山の登りから赤兎山

大長山の頂きへ

加越国境の盟主、山頂から白山大展望。大長山

石川県と福井県の境をなす谷峠から取立山、鳥岳、大長山、赤兎山までの山々は加越《かえつ》国境と呼ばれ、その山々の盟主が大長山である。

「越前禅定道」復活

平成20年、白山市三ツ谷《みつや》から小原《おはら》峠までの越前禅定《ぜんじょう》道が復活され、石川県側からのルートが開いた。峠には地蔵堂があり、大長山、赤兎山への分岐であり、石川県からの道と福井県からの道が交差する四ツ辻である。

駐車場から右前方の西俣谷川を渡るとすぐ前に「川上御前《かわかみごぜん》」の札が立っている。そこから「越前禅定道」の標柱を見て林中へ入る。約20分で川上御前社に着く。さらに40分で小原峠だ。

大長山には右に折れ、アップダウンを繰り返しながら約30分で刈安《かりやす》山に着く。展望のない稜線の上り下りを数回繰り返しながら頂上直下の急な登りを終ると、広い頂上に到着する。

山頂は南北に広く、遮るもののない白山の大展望はすばらしい。夏にはニッコウキスゲなどの花々も咲き、秋にはナナカマドの赤が彩りを添える。白山連山、荒島岳、経ケ岳、そして後方には赤兎山と展望が広がっている。

大長山はかつて「白山に相対する山」として「応頂山《おうちょう》」と表記されていた立派な山だ。白山の壮大なパノラマを楽しんだら来た道を引き返す。

（野崎公夫・野呂重信）

高層湿原と花々、白山展望の山。赤兎山

石川県と福井県の県境に聳える山で、優しくたおやかなその姿から赤兎と名前が付いたと言われる。頂上付近の赤兎平に高層湿原を有し、初夏から夏にかけてニッコウキスゲやササユリなどの花々が咲く。

（県道33号から三ツ谷橋、小原峠までは大長山の項を参照いただきたい。）

小原峠は白山への越前禅定道の6宿目の伏拝である。小原峠から左にブナ林の中の急坂を登り、途中大舟山への分岐を経て約50分で三角点と方位盤のある頂上に着く。

山頂からは白山の展望がすばらしい。左に御前峰・大汝峰、弥陀ヶ原が、そして右には別山がパノラマのように広がっている。さらに足下には赤兎山避難小屋へと続く笹原や、のどかな赤兎平の中を道が一直線に続いている。広々とした風景の中、高層湿原のお花畑と高原気分が満喫できる。

また、赤兎平にある避難小屋をベースに、ゆったりとした自然を楽しむ登山者が近年増加している。ここから杉峠へとロングコースが続いているが9キロメートルの道のりがあり、約5時間の健脚向けコースだ。

（野崎公夫・野呂重信）

赤兎山山頂から白山（左・御前峰、大汝山／右・別山）

赤兎山の登りから大長山

大長山山頂のにぎわい

赤兎山避難小屋

赤兎山、山頂直下を行く

大長山から赤兎山

小原峠

川上御前社。越前禅定道

赤兎山より避難小屋へ続く道

地元から…山ファンから…

「ニッコウキスゲが群れ咲くミニ尾瀬…赤兎山」

小原林道（協力金一人300円）を利用して小原峠へ登り、ブナ林を抜ければ池塘が点在する高層湿原で、木道を歩くと尾瀬沼を思い浮かべる。ニッコウキスゲやコバイケイソウが咲く初夏も良いが、ブナの紅葉時期に眺める新雪の白山も素晴らしい。

（小松山岳会／関本 邦晴さん）

赤兎山・登山コースガイド

● 小原峠コース（往復・約3時間）
杉峠登山口 (1:00) →小原峠 (0:50) →赤兎山 (1:20) →杉峠登山口

● 山行アドバイス
赤兎避難小屋は大野市が整備。水はないが快適な小屋でトイレあり。

● 見どころ
山頂付近は広々とした草原状で展望もよい。

● 問い合わせ
大野市役所　0779-66-1111

● 2万5000図
加賀市ノ瀬・願教寺山

小原峠。越前禅定道の遺構

越前禅定道の標柱

大長山・登山コースガイド

● 小原峠コース（往復・約4.5時間）
杉峠登山口 (1:00) →小原峠 (0:30) →刈安山 (1:00) →大長山 (2:00) →杉峠登山口

● 山行アドバイス
小原峠までは沢沿いのルート。小原峠から大長山は右に折れ、赤兎山へは左に折れる。二山を登り返しても日帰りに充分な時間がある。

山頂は石川・福井の県境で広く、白山の大展望が楽しめる。さらに稜線をゆくと取立山となり福井県側への登山道はあるが、石川県側にはない。

● 見どころ
越前禅定道の遺構。川上御前社は泰澄大師由来の女神像をまつる。小原峠付近には越前禅定道の面影が濃い。

● 問い合わせ
勝山市役所観光政策課
0779-88-8117

● 2万5000図
加賀市ノ瀬・願教寺山

● 交通アクセス
県道33号から山伏林道間はロープ施錠されているが登山者の通行は可。通過後は施錠し直す。悪路・工事車輌に注意のこと。

マイカー／北陸道・小松ICから約1時間20分。

● 登山口情報（杉峠登山口）
駐車場／登山口付近に数台。

トイレ／赤兎避難小屋。

売店／なし。

エリア
石川県／小松市・加賀市

見どころ
江沼三山・深田久弥

行程
日帰り（一日）

登山適期
5～11月

登山口
■北陸新幹線／JR金沢駅から車で約1.5時間（大日山）
■マイカー／北陸自動車道・片山津ICから約1時間

99
大日山《だいにちざん》

■標高／1368メートル　標高差／約750メートル
■紹介コース／池洞・徳助新道コース（上り・3.5時間／下り・3.5時間）
■グレード／体力度★★☆　技術度★☆☆　危険度★☆☆

100
富士写ヶ岳《ふじしゃがだけ》

■標高／942.0メートル　標高差／約800メートル
■紹介コース／我谷・枯渕コース（上り・2.5時間／下り・2.5時間）
■グレード／体力度★★☆　技術度★☆☆　危険度★☆☆

加賀甲から大日山

大日山山頂。東方向を見る

富士写ヶ岳から大日山

徳助の頭から小大日山

大長山山頂から大日山

大日山方向に下り、加賀甲を見返す

池洞新道登山口

ブナ林の中のよく踏まれた道

江沼三山の盟主。名にふさわしい山容、大日山

北陸新幹線が金沢まで延伸し、長野県民にとっても石川県の山はより身近な登山の対象になった。ここで石川県の中でも長野県から最遠の名山を紹介する。大日山は石川県南西部を代表する江沼《えぬま》三山の代表格の山である。福井県境に近い加賀市大聖寺からは、遠く南東方向に秀麗な三角形の山容が望める。

登山口の真砂《まなご》集落は山中温泉から大聖《だいしょう》寺《じ》川を18キロメートル溯った深い山の中である。平成10年に真砂で暮らしていた最後の住人が集落を後にし、今は住む人はいない。

ブナ林の美しい池洞《いけぼら》新道を登ると、立派な避難小屋のある加賀甲《かがかぶと》に着く。加賀甲山頂からは南東方向に越前甲が望め、その後ろには穏やかな石川、福井県境の山が広がる。大日山山頂は平坦で足元の眺望は制限されるが、周囲に大きな木が少ないので開放感がある。徳助新道は神社跡登山口から徳助ノ頭、小大日山と小ピークを乗り越えて山頂に達するが、よく手入れされていて景色もよい。

大日山は穏やかで地味な山だが、福井県境の山深い地にあり、本当に山が好きな人が静かに登れる山である。

（市川董一郎）

大日山・登山コースガイド

●池洞・徳助新道コース（周回・約7時間）
真砂集落跡 (0:20) → 池洞新道登山口 (2:30) →加賀甲 (0:30) → 大日山 (1:00) →小大日山 (2:30) → 真砂集落跡

●山行アドバイス・見どころ
山体は大きく登山道は急登多いが、花が多い。春、カタコガ原にはカタクリやムラサキヤシオが咲き誇る。
尾根道は地元の山中山岳会により、よく刈払いされている。

●問い合わせ　加賀市山中温泉支所　0761-78-1111
小松市役所観光交流課　0761-24-8076

●2万5000図　山中・龍谷

●交通アクセス
北陸道・片山津ICから国道364号等経由。

●登山口情報（真砂集落跡登山口）
駐車場／林道舗装終点に駐車スペース（数台）。
トイレ・売店／なし。

深田久弥ゆかり、ホンシャクナゲ咲く富士写ヶ岳

ホンシャクナゲ

富士写ヶ岳山頂

我谷ダム

富士写ヶ岳登山口

坂井市丸岡町山竹田から富士写ヶ岳

江沼三山の一つの富士写ヶ岳は本著で採り上げる山岳の中で最も西に位置し、加賀市大聖寺の人にとっては郷土の山として親しまれている。一方、県境を越えた福井県丸岡町からも、丸みを帯びた重量感のある山体が望める。

加賀市大聖寺出身の作家・深田久弥は小学生の頃、富士写ヶ岳に登った時に教師に健脚ぶりを褒められて、登山が好きになったという。深田久弥は山岳に関する著作が多く、特に名著『日本百名山』は登山者にとってバイブルと目される。

山中温泉からさらに大聖寺川を遡った我谷《わがたに》ダム湖が富士写ヶ岳の登山口である。吊橋を渡ると急坂の登山道が始まる。この山は植物が豊富で、特に春のゴールデンウイークの頃に咲くホンシャクナゲは美しい。ここでは、ブナ林の中でシャクナゲが生育していて、長野県内の山岳ではあまり見かけない光景が楽しめる。ホンシャクナゲは、この山からさらに南の火燈《ひともし》山にかけても多い。

（市川董一郎）

地元から…山ファンから…

「新道でぐるり一周…大日山」

大日山は昭和42年の正月に6人が遭難し、そのあと加賀甲山頂に避難小屋ができました。冬の山頂は3mも雪が積りますが、5月下旬のカタクリは見事です。15年前に徳助新道が拓かれ、池洞新道から徳助新道へぐるり一周できるようになりました。山中山岳会は小屋を管理し、年に2回、登山道の整備をおこなっています。

（加賀市在住／家出 實さん）

地元愛着の山。鞍掛山

江沼三山の中では最も低いが、地元の人に親しまれ、ハイキングに訪れる人が多い鞍掛《くらかけ》山を最後に要約紹介したい。山の形が馬の鞍によく似ているため、遠くから眺めてもすぐに分かり、人気がある。登山口のハッチョウトンボの生息するトンボの池周辺の公園は整備されており、登山道は急だが安全に登れるよう考慮されている。

（市川董一郎）

鞍掛山。加賀市山代温泉の北東から

鞍掛山山頂で憩う

鞍掛山から富士写ヶ岳

西ノ谷登山道が一般的

急斜面のステップ

富士写ヶ岳・登山コースガイド

●我谷・枯淵コース（周回・約5時間）

我谷吊橋 (1:20) → 661m 地点 (1:00) →富士写ヶ岳 (1:00) → 九谷ダム (1:30) → 我谷吊橋

●交通アクセス

JR 北陸本線加賀温泉駅から山中温泉経由で柏野までバス。さらに登山口まで 3km タクシー。

マイカー／北陸道・片山津 IC から約 30 分。

●登山口情報

駐車場／数台。

トイレ・売店／なし。

●山行アドバイス

枯淵ルートは登山口から 1.2km 滑落のおそれあるため通行止め。新しく枯淵ルートにつながる五彩の尾根登山口から登れる。

●見どころ

登山道沿いには、春はトクワカソウやカタクリなどが咲く。661m 地点からはホンシャクナゲが咲き誇る。

●問い合わせ

加賀市山中温泉支所　0761-78-1111

山中温泉観光協会　0761-78-0330

深田久弥 山の文化館　0761-72-3313

●2万5000図　越前中川・山中

索引

あとがき

本書の出版が決まってから、どんな本にしたら読者から喜んで頂けるか、スタッフ全員で何度も検討を重ねた。さらに、現地に赴いて実際に登ってみて、取り上げる山を絞った。

北陸新幹線沿線となると長野県以外の山も紹介する必要があった。「長野県の人間が、他県の山の本を出すことはおこがましいのではないか」と指摘する人もいた。しかし、県外の山を長野県民の目から見て、紹介する本も面白いだろうと考えて、取材範囲を広げた。一方、長野県内の山は、他県の方がよく理解できるように写真を選び、記載内容にも考慮した。限られた時間の中で、それも少人数での取材や山行はきつかったが、それなりに得るものも多かった。

取材を通じて、多くの地元の方と知り合いになって、交流が深まるのは本当に楽しいことであった。遠方から登山に訪れた方とも親しく会話ができたし、地元の山岳会の方たちが登山道の刈り払いをしているところでお行き会いし、いろいろ教えて頂くこともあった。そんな縁から、地元の山ファンの方などにコラムの執筆をお願いすることができた。

取材が佳境に入った平成26年の夏は天候不順の日が多く、現地に行っても山に登れなかったり、登れてもよい写真が撮れないこともあって気が急いた。幸い秋になって晴天の日が続くようになって、取材がはかどった。

北陸新幹線沿線の山の中でも富山中部以西は、私たちにとっては未知の山が多かった。登山口までは、高速道路を使っても片道２００キロメートルを越える山もあり、週末の午後に長野を出て現地の山の中で一泊して、翌日登頂して長野に帰る、といった日々が続いた。

本著の記載内容は山のことだけではなく、現地の気候、地理、風土にも及んだ。取材撮影にあたっては、現地の関係者の方にも種々御教示をお願いしたが、それでも内容に誤りがあればお許し頂きたい。

編集にあたり、長野県以外の山については未だ知識経験等、不充分な点も多々あり、各県山岳登山団体の指導的立場にある方々に監修の労をお願い申し上げた。

最後に本著の企画に賛同され、貴重な写真資料等を提供頂いた方々と、出版の機会を頂いた信濃毎日新聞社出版部に厚く御礼申し上げたい。山の状況は常に変化しているので、本書をベースに最新の情報を入手して、安全な登山をして頂きたい。

栗田貞多男・市川董一郎・伊久間幸広

執筆協力、写真・資料提供

※敬称略50音順

浅川とみ子	家出　　實	石森　長博	市川　滋彦	岩見　孝之	大塚　絹子
大村　　啓	岡田美智江	片平　俊介	神田　　威	神原　　修	北村　昌万
久根内　彰	小林　育代	佐藤　利成	佐藤ななえ	佐藤　幸雄	佐藤　　豊
清水　静治	関本　邦晴	高野　賢一	高橋　隆雄	竹内　伊吉	竹内　俊子
武部　哲央	田下しず子	塚口　　肇	樋田　　勝	永井　徹史	名取　健一
野崎　公夫	能登　善徳	野呂　重信	廣瀬　昭元	深澤　　一	藤巻なつ実
藤巻　哲男	降旗　節子	本間比佐恵	本間　元三	松井　知美	桝本　一男
宮澤沙耶香	宮澤　仁志	村田　悦男	村田　英之	吉田　節子	和田　純子

関係各県市町村　　各地区山岳登山・自然保護団体　　関係観光交通機関

［著者紹介］

《編・著》

栗田 貞多男（くりた・さだお）

1946年、長野県長野市生まれ。蝶と山・川など自然を題材とした写真を撮り続けている。主な著書に『千曲川』『ゼフィルスの森』『黒部峡谷』『信州百水』『信州ふるさと120山』(共著)『日本の屋根』(共著)など。『ゼフィルスの森』にて日本蝶類学会第3回江崎賞を受賞。クリエイティブセンター主宰。日本写真家協会、日本昆虫協会、日本蝶類学会会員。

現住所：長野県長野市上松3丁目4-43-8　　e-mail：cckurita@bj.wakwak.com

《著》

市川 董一郎（いちかわ・とういちろう）

1946年、長野県中野市生まれ。信州大学第二内科、県立須坂病院勤務を経て市川内科医院院長。高校時代から長野県内の山と植物を中心に取材撮影を続ける。著書に『信州百花』『続・信州百花』『信州・薬草の花』『信州ふるさと120山』(いずれも共著)などがある。日本医師会認定産業医、医学博士。

伊久間 幸広（いくま・ゆきひろ）

1951年、長野県下伊那郡松川町生まれ。中学生頃から伊那谷の山野を駆け巡る。定年まで外資系コンピューター関連会社員として勤める。全国各地の山々を登る。著書に『日本の屋根』(共著)。飯田山岳会会員。

PCN倶楽部

Photo Creation Naganoの略。長野県内在住の山岳自然写真愛好家を主とした写真クラブ。長野県内外の山岳や自然景観・動植物などを撮り続けて写真集『四季光彩』を出版し、カレンダー発行や写真展などを開催している。

《監　修》

田村 宣紀（たむら・のぶよし）　長野県山岳協会・元会長

《各県監修》

橋本 正巳（はしもと・まさみ）　日本山岳会・越後支部長

佐伯 尚幸（さえき・なおゆき）　立山町山岳協会・会長

石森 長博（いしもり・ながひろ）　石川県山岳協会・元理事長

企 画・構 成＝栗田貞多男　　編集デザイン＝クリエイティブセンター
制作進行＝山口恵子（信濃毎日新聞社）

北陸新幹線沿線百名山

2015年3月14日　初版発行

◉著　者 ――― 栗田貞多男（代表）・市川董一郎・伊久間幸広・PCN倶楽部

◉発行者 ――― 信濃毎日新聞社
〒380-8546 長野市南県町657番地
TEL 026(236)3377

◉印刷所 ――― 信毎書籍印刷株式会社

◉製本所 ――― 株式会社渋谷文泉閣

ISBN 978-4-7840-7261-3 C0026

■本書に掲載した地図の作成に当たっては、国土地理院の承認を得て、同院発行の数値地図200000を複製したものである。（承認番号　平26情複、第653号）